U0534846

本书为秦天宝教授主持的国家社会科学基金重大项目"整体系统观下生物多样性保护的法律规制研究"（19ZDA162）的翻译成果

REGULATING FROM NOWHERE
ENVIRONMENTAL LAW AND THE SEARCH FOR OBJECTIVITY

无根的管制
环境法与客观性的追寻

[美] 道格拉斯·A.凯萨 ◎ 著
(Douglas A.Kysar)

庄 汉 汪再祥 ◎ 译

中国社会科学出版社

图字：01-2019-0354 号

图书在版编目(CIP)数据

无根的管制：环境法与客观性的追寻／（美）道格拉斯·A.凯萨著；庄汉，汪再祥译．—北京：中国社会科学出版社，2022.5

书名原文：Regulating from Nowhere：Environmental Law and the Search for Objectivity

ISBN 978-7-5203-9662-2

Ⅰ.①无⋯ Ⅱ.①道⋯②庄⋯③汪⋯ Ⅲ.①环境法学—法哲学—研究—美国 Ⅳ.①D971.226

中国版本图书馆 CIP 数据核字（2022）第 025303 号

出 版 人	赵剑英
责任编辑	梁剑琴
责任校对	郝阳洋
责任印制	郝美娜

出　　版	中国社会科学出版社
社　　址	北京鼓楼西大街甲 158 号
邮　　编	100720
网　　址	http：//www.csspw.cn
发 行 部	010-84083685
门 市 部	010-84029450
经　　销	新华书店及其他书店

印　　刷	北京君升印刷有限公司
装　　订	廊坊市广阳区广增装订厂
版　　次	2022 年 5 月第 1 版
印　　次	2022 年 5 月第 1 次印刷

开　　本	710×1000　1/16
印　　张	16.5
插　　页	2
字　　数	279 千字
定　　价	98.00 元

凡购买中国社会科学出版社图书，如有质量问题请与本社营销中心联系调换

电话：010-84083683

版权所有　侵权必究

Regulating from Nowhere: Environmental Law and the Search for Objectivity, By Douglas A. kysar /978-0300120011
Copyright © 2010 by Yale University
Originally published by Yale University Press.

我们多管闲事的理智,
错误地塑造了事物的美丽形式
我们杀人是为了解剖
——威廉·华兹华斯(William Wordsworth)(1770—1850)

中文版前言

自《无根的管制》十年前首次出版以来，世界各国在应对气候变化的法律和政策方面几乎没有取得进展，而气候问题本身却急剧恶化。大气中的二氧化碳浓度从 2010 年 1 月的 388‱ 上升到 2020 年 1 月的 413‱，这是地球上至少 300 万年所未见过的浓度。2020 年 6 月，西伯利亚正在经历一场史无前例的热浪。2020 年 6 月 20 日，俄罗斯韦尔科扬斯克镇的气温达到 38 摄氏度，据世界气象组织称，这可能是有记录以来北极圈以内的最高气温。由于全球新冠肺炎（COVID-19）大流行期间许多国家按下了大规模的经济和社会发展的"暂停键"，2020 年有一段时间，全球温室气体排放确实下降了。然而，这些碳减排措施只代表暂时的行为变化，而不是持久的结构性转变。专家们仍然怀疑，世界各国是否会把这场疫情大流行视为一个契机，根据一个更可持续的、碳中和的蓝图，从根本上重塑社会。事实上，一些国家的领导人似乎已经在以疫情为借口，转而使用致命的、过时的技术，比如燃煤发电，以快速实现经济效益。

《无根的管制》提出的观点是，在面对气候危机和其他大规模环境威胁时，我们无法集中力量做出应对承诺，这与科学风险评估和经济成本效益分析在当代环境法律和政策中显得如此重要有关。在那些技术官僚的镜头中，环境决策中至关重要的道德层面变得模糊不清，普通人欣赏和参与创造绿色未来的能力也变得模糊不清。环境问题的核心是关于我们对环境他者的道德义务问题：居住在其他国家的人、未来世代的成员以及与我们共享这个地球的其他生物。在转向诸如风险评估和成本效益分析等客观决策机制之前，必须先解决这些基本的和不可避免的道德难题。然而，这些机制往往给人一种已经以某种方式解决了潜在道德问题的假象，让公众误以为重大经济社会决策的所有相关方面都得到了妥善考虑。过去 30 年美国在气候变化问题上采取的行动非常少，尽管决策者们利用成本效益分析来证明这是合理的，但这个问题已经变得更糟了。与此同时，气候变化问题日益恶化,"整个地球都在燃烧"①。

美国国家环境法律和政策的近代史说明了这种危险的动态。美国总统奥巴马和特朗普在气候变化等重要环境问题上的立场和行动截然相反,但他们都通过科学风险评估和经济成本效益分析来为自己的立场和行动辩护。特别是成本效益分析,变得比以往任何时候都更具有不确定性和灵活性,实际上,管制成本效益分析的"游戏"正是这样一种结构化的实践:在这种实践中,相互竞争的利益不是通过直接的争论和劝说,而是通过使用替代假设、估值技术、贴现率以及成本效益方法的其他表面上的技术陷阱,来追求对其有利的政策结果。因此,普遍道德和政治话语的主题通过一种程式化的成本效益"话语"进行辩论,这种"话语"既能赋予权力,又使权力变得难以接近和不可问责。

即使是支持环境保护的奥巴马总统也受到了这类批评。奥巴马的竞选纲领中包含了强烈的环保信息,并承诺迅速、积极地应对气候变化问题。在他的政府开幕式上,奥巴马总统表达了修补成本效益分析模式而不是终结它的强烈愿望。当涉及成本效益分析时,奥巴马总统通过提名成本效益分析的支持者卡斯·桑斯坦(Cass Sunstein)担任国家的环境管制"沙皇",将管制的成本效益分析方法保留在他的政府公告中,但要求必须对成本效益分析进行彻底的重新评估,以确保符合各种进步环境政策的目标,如施政透明度、纳入分配和公平问题、尊重后代的利益以及避免在制定规则方面出现不当的拖延。② 不幸的是,2009年的全球经济衰退也与这些事态发展同时发生,破坏了美国对环境、卫生和安全进行改革的所有明显的政治意愿,尤其是在气候变化领域。相反,在第一个任期内,奥巴马总统把医疗保险作为他的施政重点。

奥巴马时代的环境行政措施主要是由一种名为"碳的社会成本"(social cost of carbon)的分析模型指导的,该模型旨在以货币形式捕捉每增加一吨温室气体排放的影响。理论上,碳排放的社会成本使得管制机构能够证明强制减排的合理性,因为这样做,工业界付出的成本要低于不减排对社会造成的危害。为了制定统一的联邦碳排放社会成本衡量标准,奥巴

---

① 源自英语中的一个成语"while Rome burns…"("当罗马燃烧时……"),意在指出气候变化问题已经到了积重难返、不可救药的程度。——译注

② See Memorandum for the Heads of Executive Departments and Agencies, 3 C.F.R.343 (2010).

马总统领导下的一个跨部门工作组参考了现有的综合评估模型,这些模型来自学术文献,比如,诺贝尔奖获得者威廉·诺德豪斯（William Nordhaus）颇有影响力的气候变化社会经济影响全面综合模型（DICE）。工作组在其结果报告中承认,适用于气候变化问题的成本效益方法存在严重的局限性和缺陷。[3] 在这些坦率和谦逊的表达中,有些讨论甚至触及了基本的环境伦理主题,比如,对未来几代人的利益打折扣是否合适,而这正是成本效益支持者倾向于回避的。由于这些和其他原因,工作组的报告应该受到赞扬。

然而,在考虑《无根的管制》中详细列出的各种局限性和缺陷之后,我们很难不去反思碳排放的社会成本评估是否有用。更自然的结论似乎是,碳排放的社会成本是解决气候变化问题的错误工具。事实上,对于气候变化所引发的最基本的道德和政治问题,这个工具在其假设中深藏着看似狭隘而有限的答案。这种情况在特朗普政府上台之前就已经初现端倪。特朗普政府上任后,就把经济成本效益分析变成了一种毫不掩饰的权力操纵行为,而不是一种近乎学术般严谨和客观的做法。

要理解环境语境下成本效益分析的核心缺陷,可以将追求社会福利最大化想象为攀登一座高山。通过从增加的福利后果的角度来评估对现状所提出的改变,成本效益分析承诺,其能够确定任何给定的政策改变是否会让我们的社会福利水平略有上升或下降。然而,气候变化背景下的根本问题是,成本效益分析不能告诉我们,我们是否站在正确的山上。在精心推敲任何关于成本效益计算的细节时,人们很容易忽视这样一个事实：计算的基础在于一系列基本假设,即资源权利、收入分配、人口规模、代际公平、国际义务、技术创新的可能性、经济的发展轨迹,等等。这些假设的条件改变了,你就站在了另一座山上,成本效益分析可以再次提供建议,说明所提议的增量步骤会让我们上升抑或下降。

在气候变化背景下,自然科学家的普遍观点是,势易时移,我们现在

---

[3] See Interagency Working Grp. on Social Cost of Carbon, U. S. Gov't, Technical Support Document: Social Cost of Carbon for Regulatory Impact Analysis 4（2010）["在此背景下,认识到分析的局限性并呼吁进一步研究的声明具有特殊意义。这个跨部门组织提出了新的（碳排放社会成本）价值,并对其中蕴含的不确定性表现出应有的谦逊态度,并真诚地承诺将继续努力改进这些价值。"]。

站在了错误的山上。事实上，由于处在生态系统和社会经济系统的转折点，我们正在攀登一座山顶上的悬崖。因此，如果以固定于现状假设的边际主义成本效益分析来衡量，当下我们被强烈建议采取的环境政策措施可能显得无效。在我们再次开始攀登一个不同的山峰之前，我们可能需要先往下降落一段时间。最终的结果是，我们将站在一座视野更好、更持久的大山上俯瞰，但转型的道路布满荆棘，不会像边际主义的成本效益分析所假设的那样是平坦的、连续的、递增的。

奥巴马政府特别工作组的报告强调了选择一座山和爬一座山之间的根本区别，或者更严格地说，是一般均衡与局部均衡、综合与边际分析之间的关系。然而，作者在报告中自信地表示，他们对碳的边际社会成本的估算将是管用的，因为联邦管制行动预计只会对全球排放产生很小的影响。[④] 这里的危险是，作者的主张将陷入自我循环论证：环境法能否为改变温室气体排放轨迹提供边际或超边际的可能性，在很大程度上取决于环境管制机构是否决定以其设计的强有力的、变革的"牙齿"来实施这些环境法规。例如，从个人角度来看，是否为新的燃煤电厂颁发许可证的能源投资决策，似乎只是对当前碳排放增长轨迹的微调。但是，考虑到这些能源投资的持久性，再考虑到这些投资是在国家政策空间允许范围内进行的，而在国家政策空间内，人们会不断重复做出许多这样的个人决策，那么，许可证管制很可能会被视为一个国家能源基础设施未来发展轨迹的边际决策。

工作组所依赖的这些综合评估模型均建立在对气候变化核心问题的假设上，但这些问题无法进行直接的核查。换言之，综合评估模型的成本和效益产出在很大程度上取决于如下假设：经济是否能够以及能多快通过技术创新来实现"去碳化"；社区需要多大程度的适应能力来减轻气候变化的影响；国家将采取什么样的人口政策；在国内行动之后，预计国际行动将达到什么样的水平；等等。这些问题被视为模型的固定输入信息，而不是将其本身作为政策选择的主题。同样，成本效益分析的基本核心价值问题，比如关于如何将社会生活货币化或考虑子孙后代权利之间的争论，通常被成本效益支持者视为专家学者或正统学科关注的学术问题，而不是有争议的道德和政治问题。因此，成本效益分析的主要原则和假设很少受到

---

④ Id. at 2.

公开和持续的批评，尽管它们经常极力反对基于保护环境、健康和安全而采取的积极的监管行动。

即使是奥巴马政府的特别工作组，这个在许多方面都表现为一个公开透明和自我批评的环保督察的典范，在分析决策的关键时刻，即环境基本问题浮出水面的时刻，也显得犹豫不决，而这些基本环境问题的答案很可能会证明采取更大力度的气候行动是合理的。例如，工作组令人钦佩地拒绝将其对气候变化影响的分析局限于美国，而是同时计算了国内和全球的碳排放社会成本（尽管在评价域外影响时可能严重低估了其实际的福利意义）。然而，工作组考虑这个问题的理由很奇怪。特别工作组注意到，联邦法令被假定不具有治外法权效力，部分是为了确保美国的国内法律尊重其他主权国家的利益。⑤ 反对美国的法律域外适用的推定实际上尊重了外国的主权权威。但是假设美国法律没有域外影响，结果将适得其反：它将把美国法律和活动的治外法权效果视为没有定价的外部性，把世界变成了美国的垃圾桶，这很难算得上是"尊重"他国主权。是否将美国环境法律适用于域外的行为，与在制定美国环境法律和政策的内容时是否考虑其域外影响，是两个完全不同的问题。特别工作组认为有必要对其对限制美国环境法律域外适用的考虑进行辩护，这表明孤立主义的默认立场已经在很大程度上影响了美国政治。

特朗普政府采取的首批行政措施之一是解散跨部门工作组，并否认碳排放社会成本报告的效力。政府官员很快明确表示，在特朗普的领导下，成本效益分析的游戏会有所不同。发生了三个显著的变化，极大地限制了政府应对气候变化和其他环境问题的能力。首先，特朗普政府采取了高得多的社会贴现率，以降低采取气候缓解政策的表面价值。其次，政府禁止各机构在考虑环境法规的成本和收益时，考虑任何发生在美国境外的利益。最后，各机构还被禁止权衡"共同利益"，即在规定的主要目标之外产生的附带利益。例如，在强制要求减少二氧化碳排放时产生的汞减排。通过对管制成本效益分析等方法的调整，特朗普政府已经能够系统地撤销奥巴马总统在气候变化和环境保护方面采取的几乎每一项联邦行动，同时，根据成本效益分析，证明撤销这些联邦措施是为了社会福利最大化。

至少在美国，环境管制的成本效益分析只不过是用另一种更专业的

---

⑤ Id. at n.6.

"语言"进行游说：环境问题是另一种含义的政治问题。它是一种少数人使用的语言，更没有占据主导地位。尽管它声称对解决任何环境问题都是有意义的，但用词却极为贫乏。《无根的管制》旗帜鲜明地反对这种技术官僚主义和疏离环境问题的方法，并主张回归到由我们与地球的关系所引发的公开的道德问题上来。即使是特朗普破坏性的环境政策，也可以通过成本效益分析来"证明"其合理性，这一事实表明，这种方法已经彻底失败了，回归环境法的基本原则——"预防原则"——是极为必要的。因为一切都危在旦夕。

道格拉斯·A.凯萨教授

于耶鲁大学法学院

2021 年 9 月

前　　言

对于已故哲学家伊曼纽尔·列维纳斯（Emmanuel Levinas）来说，尽管整部圣经律法错综复杂、盘根错节，其精髓却可以概括为一个简单的诫命——"你不可杀人"，这条诫命的颁行无须任何他者的话语，因为他者首先激活了我们的意识，并引导我们发挥主体性。他者的另一种说法是，一旦我们不再将伤害行为视作个人的、不可挽回的错误，即使是不可避免的错误，我们也不知道自己会遭受什么损失。列维纳斯认为，我们肩负着与生俱来的责任，这种责任既无法推卸，也无法完全履行。

这本书是为了反对一种主导环境法的惯性思维方式而写的，并且本书的观点与这种思维方式之间存在着深深的张力。本书的中心论点是，为了认识和思考我们最紧迫的环境问题，我们必须采用"主体互涉"①的治理概念，基于"主体互涉"理念，我们特定政治共同体的成员，被公认为是一个具有反思能力和负责任的主体，浸透着政治共同体的身份、历史和仍在形成中的遗产，并且能够推理出，他不仅对本共同体成员而且对其他共同体成员负有义务。同理，其他群体也不应被概念化为仅仅是经验主义的赋予者或理性主义的自动传输机；无论我们所瞥见的他者是否存在地理上、时间上抑或是生物学意义上的差异，他者和作为他者的环境必然再次成为人们最重要和最深切的关注点。

对环境法和环境政策的主流思考方式遮蔽了这些需求。它们追求客观性和最佳性，然而它们的观念是扭曲和混淆的。在人类行为潜在破坏性后果的不确定性面前，关于如何行动的决定被统计程序所掩盖，尽管

---

① "主体互涉"（agent-relative）也称为"主体相关性"，该模式强调每个个体从幼年时期就具有自我意识，即对世界的能动性和感受力，但该模式同时承认他人在此时此地的存在，而不仅仅是存在于象征层面。这些识见须融入个人的体悟，并在行动中成为一种切身的生命体验，才能真正成为"主体互涉"的东西，才能焕发出道德理性的光芒。——译注

统计程序技术复杂，但它依赖于对物质世界的毫无根据的假设。社会对避免环境损害的承诺程度，是根据真实的或人为的市场决定而定的，在这个过程中，最好的情况是仅仅被方法上的困难所困扰，最坏的情况则是误解了环境问题本身的性质。关于如何影响未来世代的环境情境的复杂的和不可避免的选择——从一个重要的意义上说，这个选择将会影响他们生活的内容和品质，却通过一个精心设计的数学上的虚构——贴现率——被省略了。

这些局限在管制的成本效益分析背景下表现得最为明显，这是一种决策方法，它以对环境和长期的、系统的理性分析不敏感为代价，而呈现出个案特有的合理性。本书认为，政策制定者不能满足于传统的成本效益分析所确定的局部均衡，而必须致力于改变。随着时间的推移，在相当大的宏观尺度上，经济和技术力量结合在一起，共同构成了任何特定政策的制定背景及其微观快照，似乎只有一个"最优"解决方案。为了有效地实现这些雄心勃勃的目标，环境法必须成为社会黏合剂的一部分，将一个政治共同体凝聚在一起，以追求长期且不确定的目标。反过来，服务于上述功能，法律必须与真实的人所表达的概念、价值观和话语保持连续性。环境法研究的主流方法在字面上否认了生命的神圣性和任何事物的独特性，未能通过上述环境法价值观的测试。

在准备这份手稿时，我从太多的同事、学生和朋友的评论和建议中获益良多。我特别感谢几位阅读并深刻地批判了整部手稿的朋友——他们是布鲁斯·阿克曼（Bruce Ackerman）、里克·布鲁克斯（Rick Brooks）、伯尼·迈勒（Bernie Meyler）、格斯·斯皮斯（Gus Speth）和耶鲁大学出版社的两位匿名评审者。一路上，我也收到至关重要的反馈意见和指导，经常只有真正富有同理心的听众可以深入了解我的不够规范的观点，它们来自马特·阿德勒（Matt Adler）、比尔·阿尔弗德（Bill Alford）、萨哈德·布尔布尔（Sahand Boorboor）、朱尔斯·科尔曼（Jules Coleman）、帕克·杜因（Park Doing）、比尔·埃斯克里奇（Bill Eskridge）、丹·法伯（Dan Farber）、罗恩·加雷特（Ron Garet）、瑞安·古德曼（Ryan Goodman）、鲍勃·霍凯特（Bob Hockett）、丹·卡亨（Dan Kahan）、罗伯·卡（Rob Kar）、瑞安·凯勒（Ryan Keller）、马克·凯尔曼（Mark Kelman）、丽贝卡·凯泽（Rebecca Kysar）、唐·麦尔（Don Maier）、丹尼尔·马可维兹（Daniel Markovits）、杰瑞·马萧（Jerry Mashaw）、特雷弗·莫里森

(Trevor Morrison)、乔希·欧博（Josh Ober）、杰夫·洛奇林斯基（Jeff Rachlinski）、查尔斯·赖希（Charles Reich）、苏珊·罗斯·阿克曼（Susan Rose-Ackerman）、J. B. 鲁尔（J. B. Ruhl）、马克·萨戈夫（Mark Sagoff）、乔安妮·斯科特（Joanne Scott）、泰德·塞托（Ted Seto）、西娜·希夫林（Seana Shiffrin）、桑蒂普·蒂瓦里（Sandip Tiwari）、汤姆·乌伦（Tom Ulen）和史蒂夫·伊泽尔（Steve yzell）。

我非常感谢汤姆·麦克加利（Tom McGarity）和我在相关项目上的合作者李亚伟（Ya-Wei Li），他们对这个项目的发展做出了很大的贡献；这些项目中的一些短语或段落很有可能会出现在本文中。保罗·比顿（Paul Beaton）、李亚伟（Ya-Wei Li）、阿什利·麦克道威尔（Ashley McDowell）、迈克尔·佩奇（Michael Page）、威廉·雷纳（William Rinner）、斯蒂芬妮·唐（Stephanie Tang）和戴安娜·瓦拉特（Diana Varat）在本书的各个发展阶段都提供了杰出的研究援助。该书的研究得到了耶鲁大学法学院、康奈尔大学法学院和国家纳米技术基础设施网络的支持。我要特别感谢迈克·奥马利（Mike O'malley），作为一名编辑他的才华和技能是出类拔萃的；我还要特别感谢杰克·博雷巴（Jack Borrebach）、凯特·戴维斯（Kate Davis）、托马斯·科扎切克（Thomas Kozachek）和亚历克斯·拉森（Alex Larson），他们也为这本书的写作做出了杰出的贡献。最后，我非常感谢克里斯汀·金（Christine Kim），她最近才参加这个项目，给这个项目注入了新的生命。

第三章的部分内容来自与汤姆·麦克加利（Tom McGarity）合著的一篇论文《国家环保署淹没了新奥尔良吗？》（《杜克大学法律期刊》2006年第179期）上的结论。第五章摘自两篇论文，一篇是发表在《得州法律评论》2005年第83卷中的《可持续发展和全球私人治理》，另一篇是与李亚伟合著的《无根的管制：国内环境法和民族国家主体》，该文发表在由贝弗利·克劳福德（Beverly Crawford）、米歇尔·贝托（Michelle Bertho）和埃德·福格蒂（Ed Fogarty）编辑的《全球化对美国的影响》系列丛书第二卷（2008）中。第六章是对发表在《芝加哥大学法律评论》2007年第119期上的《夸张做作的贴现率》一文的扩展。第八章的研究首先出现在《食鱼传说》一文中，该文刊登在温斯顿·哈林顿（Winston Harrington）、丽莎·海因策林（Lisa Heinzerling）和理查德·摩根斯特恩（Richard Morgenstern）主编的《管制影响分析的替代方法：成本效益分析的倡导者和怀疑者之间的对话》（2009）一书中。全书的主旨和论点建立在佛罗里达州立大学法律学院的一场讲座的基础上，该讲座的主要内容后来以《它可能是：风险、预防和机会成本》为名，发表在《土地利用和环境法杂志》2006年第1期上。

目　　录

导论 ··· （1）

第一部分　无根的管制

第一章　能动性与最优性 ····································· （23）
第二章　命令和预防 ··· （42）

第二部分　预测的风险

第三章　复杂性与灾难 ·· （65）
第四章　利益与涌现性 ·· （91）

第三部分　另一种环境

第五章　其他国家 ··· （113）
第六章　其他世代 ··· （139）
第七章　其他生命形式 ······································· （165）

第四部分　我们环境的未来

第八章　生态理性 ··· （191）
第九章　环境立宪 ··· （217）

附录　环境可能性法案 ······································· （242）

译后记 ·· （249）

导　　论

　　迄今为止，美国现代环境法的故事已被改编成一个熟悉的剧本，在这个剧本中，我们早期试图管制人类对环境影响的过度行为，受到了可靠的科学和经济理性的约束，从而避免了管制过程中的危言耸听、效率低下和政府干预。这个剧本现在排练得很好，获致广泛的认可，它构成了美国知识输出贸易的一个主要组成部分：通过多边条约谈判和国际论坛，如世界贸易组织和国际食品法典委员会，美国一贯推行这样一种观点，即保护环境和人类健康的努力必须以来自科学风险评估的经验性理由为前提，并且，仅仅根据相应的成本考量是否可接受，来量身定制环境或人类健康保护水平。美国的环境法剧本展示了管制措施应该以一种与市场协调的方式来设计，而不是相反；应当运用税收、可交易许可和其他经济手段，在私营企业响应政府的环境政策指令时，为它们提供最大的灵活性，这样的环境管制才被认为是具有正当性的。美国官员告诉他们的国际同行，曾经的惨痛教训是，任何背离这一方针的行为都将招致不必要的高成本合规行为、健康和安全问题上的杞人忧天、变相的对国内产业的贸易保护，以及其他各种管制引发的问题。

　　无论这个剧本曾经多么管用，它现在都已成为了解并改进我们的环保成效的消极阻碍力量。它的逻辑和结论开始变得如此强大，以至于我们已经失去了大量的实用的和道德上的智慧，这些"过度"地保护自然资源、减少污染、拯救物种、增进人类的健康和安全的智慧在我们早期的环境法中仍然存在。这个熟悉的剧本在本质上造成了人们对早期环境法的遗忘，也使人们失去了对环境法为何如此紧迫的认识。用不了多久，工具主义的语言将激发我们对于权衡、效率和福利最大化的讨论，这些工具主义语言将会占据主导地位，以至于我们将完全丧失使用那些可替代的、曾经引起共鸣的语言的能力。我们将忘记我们曾经讨论过的：环境权利而不是最优的风险权衡；关于人类行动可能造成灾难性或不可逆转后果的不确定性的严重挑战，而不是风险规避和延迟的选择价值；我们为子孙后代承担的管理责任，而不是在福利最大化的托词下对环境保护大打折扣；我们肩负着领导国际合作而尽力保护全球生物圈的责任，而不是因世界经济内部管制差异分化而引起的关于竞争力的担忧。简而言之，我们将忘记那些外观丰富多彩、有时错综复杂、但始终必不可少的环境法的道德和政治视野，正是这种视野使得那些从经济理论的角度来看毫无意义的环境法的某些方面，被赋予了存在的价值。

对美国环境法占主导地位理论的批评由来已久，许多有价值的批评观点已经公开发表。[①] 本书旨在通过阐明被遗忘的曾经作为传统智慧、现在却备受嘲讽的环境治理的预防原则，来对上述批评做一个补充。在整个过程中，我将会指出环境法主流理论的诸多不足之处，凸显这些不足，是为了从尊重过去的经验中获得积极的教训。在学术界，一个被广泛引用但很少被反思的口头禅断言："用一种理论击败另一种理论。"在环境法和政策的语境中，这句口头禅的意思是，如果占主导地位理论的批评者想要获得成功，他们必须做的不仅仅是指出风险评估、成本效益分析和经济改革议程的其他相关组成部分的缺陷。他们还必须在环境法革新的道路上提供一些新的和建设性的东西。

就其本身而言，这是一个很好的观点，但它掩盖了一个重要的问题：

---

① The literature criticizing economic approaches to environmental law and welfare economics more generally is vast. For a sampling of important contributions, See Frank Ackerman & Lisa Heinzerling, Priceless: on Knowing the Price of Everything and the Value of Nothing (2004); Sidney A. Shapiro & Robert L. Glicksman, Risk Regulation at Risk: Restoring a Pragmtic Approach (2003); Mark Sagoff, the Economy of the Earth: Philosophy, Law, and the Environment (1988); Amy Sinden, Cass Sunstein's Cost-Benefit Lite: Economics for Liberals, 29 Columbia J. Envtl. L. 191 (2004); Thomas O. McGarity, A Cost-Benefit State, 50 Admin. L. Rev. 7 (1998); Elizabeth Anderson, Value in Ethics and Economics (1993); Duncan Kennedy. Cost-Benefit Analysis: An Ethical Critique, 33 STAN. L. REV. 387 (1981); Steven Kelman, Cost - Benefit Analysis: An Ethical Critique, REGULATION, Jan./Feb. 1981, at 33; Mark Kelman, Choice and Utility, 1979 Wis. L. Rev. 769 (1979); Mark Kelman, consumption Theory, Production Theory, and Ideology in the Coase Theorem, 52 S. CAL. L. REV. 669 (1979); Laurence H. Tribe, Policy Science: Analysis or Ideology? 2 PHIL. & PUB. AFF. 66 (1972). For recent and important attempts to recast economic analysis in less divisive terms, see Richard L. Revesz & Michael A. Livermore, Retaking Rationality: How Cost - benefit Analysis Can Better Protect the Environment and Our Health (2008); and Matthew D. Adler & Eric A. Posner, New Foundations of Cost-benefit Analysis (2006).

我们已经有了一个理论，它是凌乱的、多元的、务实的，它当然产生了一些可以改进的特定的管制目标和方法，但它仍然表达了各种各样的环境治理智慧，而这些智慧在今天被严重低估了。这些传统智慧一旦获得恢复和阐明，就能解释为什么我们当下遇到如此多的非常棘手的环境问题，例如，为什么国际社会在应对气候变化问题上迟迟不采取行动，因为美国不愿采取行动，更不用说发挥领导作用了。这些智慧还表明，经济改革议程的许多工具和技术可以在环境法律和政策中发挥重要作用，但前提是必须将其严格限制在合理的能力范围内。如果没有一种用来确定和评价环境义务的竞争性观点来挑战主流话语的权威，经济分析的观点就会显得一家独大，甚至被认为是绝对正确的。然而，这种过度扩张的、隐含的通过经济学方法解决其从未被设计出来的问题的诉求，现在不仅威胁到环境法的完备性，还威胁到环境经济学科自身的一致性。因此，本书的目的不是解构和取代占主导地位的环境法理论，而是通过强调、解释，并期待在此过程中保护我们濒危的环境法传统智慧，以恢复不同环境法理论之间的均势。

通常认为环境问题的经济分析方法与美国现代环境法相伴而生，这是一段在环境、健康和安全领域空前活跃的立法时期，1969年年末，国会通过的《国家环境政策法》（NEPA）。各种凸显文化变迁的事件，如第一次从太空俯瞰地球的图像，蕾切尔·卡逊《寂静的春天》的成功，在大峡谷修建水坝的有争议的尝试，凯霍加河污染导致的燃烧事件，还有参议员盖洛德·尼尔森组织的第一个"地球日"，这些事件助推了美国的环保主义运动，以至于没有任何一位政治家能够忽视这场运动的力量。因此，在两党极其热情的支持下，国会通过、总统签署了一系列法案，不仅包括《国家环境政策法》，还包括《清洁空气法》《职业安全与健康法》《联邦杀虫剂、杀菌剂及灭鼠剂法》《海洋哺乳动物保护法》《清洁水法》《濒危物种法》《有毒物质控制法》《资源保护与回收法》以及《综合环境反应、补偿与责任法》。[②]

这些早期的联邦法案中，有许多法案规定了雄心勃勃的环境、健康和安全目标，但故意对实现这些目标的成本漠不关心。例如，《清洁空气法》要求美国环境保护署不计成本地为某些特定空气污染物制定以健康为基础的联邦环境空气质量标准。《食品、药品和化妆品法》（FDCA）中的德莱尼

---

② See Richard Lazarus, The Making of Environmental Law (2004).

条款同样禁止美国食品和药品管理局（PDA）批准任何"被发现可导致人或动物患癌"的食品或食品色素，而没有给添加剂带来的风险与好处的权衡留下任何余地。人类并不是唯一受惠于这种严格保护标准的物种。由联邦最高法院解释的著名的田纳西河谷管理局诉希尔案中，《濒危物种法》反映了国会的一种信念，即濒危物种的价值确实是"不可估量"的，联邦机构必须不惜代价，积极采取一切行动来避免损害这类物种的生存利益。同样地，《清洁水法》也对"高质量"水域提出了抗降解要求，这意味着，无论其限制污水排放的规定有多么严格，各州必须保护这些水域的水质。

在其他领域，设定环境、健康和安全目标时，成本是一个考量因素，但这只是作为一种建立外部限制的方式，以确定政府可以要求受管制的行为者采取何种程度的保护。③例如，尽管《清洁水法》的序言宣布，在1985年要实现消除所有污染物排放至通航水域的目标，但该法案的许多执行条款通过要求列管设施只能采用"最佳可获得的""切实可行的"或"经济上可实现的"污染控制技术，从而减弱了这一约束力度。同样，职业安全与健康管理局（OSHA）的组织法授权其制定行政规章，以"尽可能保障全国所有劳动者安全和健康的工作条件"。然而，职业安全与健康管理局颁布的实际管制标准，充分考虑了实现这些标准的"可行性"，这一条款允许该机构考虑，遵守其拟议的法规，对行业和其他受管制的企业来说，在财务上造成的负担到底有多大。④

这些基于标准的、技术的、可行性的传统管制方法，即使是根据经济框架提供的狭隘的成功标准，在各种情况下中都被证明是成功的。例如，回顾性的成本效益分析显示，《清洁空气法》所产生的健康效益远远超过了公营和私营机构为获得这些效益的支出。⑤美国在对某些破坏臭氧层化

---

③ See Thomas O. McGarity, The Goals of Environmental Legislation, 31 B.C.Envtl. Aff. L. REV. 529, 538-545（2004）（reviewing examples）.

④ See David M.Driesen, Distributing the Costs of Environmental, Health, and Safety Protection: The Feasibility Principle, Cost-Benefit Analysis, and Regulatory Reform, 32 B.C.Envtl.Aff.L.Rev.I（2005）.

⑤ See, e.g., U.S.Environmental Protection Agency, the Benefits and Costs of the Clean Air Act, 1970 TO 1990, at ES-8（1997）, available at http://www.epa.gov/air/sect812/812exec2.pdf（finding compliance costs of more than $500 billion but benefits in excess of $22 trillion（发现合规成本超过5000亿美元，但收益超过22万亿美元）. See also ShiLing Hsu, Fairness Versus Efficiency in Environmental Law, 31 Ecology L.Q.303, 342（2004）（加总研究）.

学物质的危险性进行强有力的实证论证之前，就决定逐步停止其使用，并带头发起一项国际努力，要求其他国家也这样做，事后看来，这种预防性的举措颇受好评。尽管取得了这些成就，在罗纳德·里根1981年就任总统前后，出现了反对传统环境法做法的浪潮，并且持续至今仍无衰退的迹象。那时和现在，想要改革的人谴责早期环保法案的绝对主义和表面上的幼稚，并敦促对国家在环境、健康和安全管制方面的做法进行全面改革。诚然，这些批评人士承认传统的管制方法在摘取一些唾手可得的果实方面是成功的。但是，他们认为，随着国家继续寻求更高水平的环境质量和人类安全，环境管制的重点必须转向更加平衡的、以经济为导向的方法，以免冒着带来有悖常理、无效的和潜在的贫困后果的风险。⑥

针对传统环境、健康和安全管制的诉讼已在几个方面展开。管制革新者指出，关于特定的设计或技术需求，强制执行一种遵从性技术可能很容易管理，但它也可能排除了企业通过其他成本更低的手段来实现同样程度保护的机会。更严格地说，这种"命令与控制"式的管制模式重复了计划经济的巨大错误：它没有意识到市场竞争固有的多样性、活力和创新能力，相反，它相信忠诚的官僚们能够从华盛顿办公室的座位上找到正确的污染控制技术。⑦更糟糕的是，这种做法可能会在受管制的企业中引发一种自满的文化：一旦企业在"命令—控制"型制度下安装了可接受的设施或实施了某项技术，它们似乎就没有进一步减少污染排放的动机了。另外，一项经济罚款或排放税，却可以让企业尝试寻找最便宜、最有效的减少排放的技术，并为它们提供持续的激励，以消减直至消除污染物。有了这些理论上的优势，管制革新者们认为环保主义者似乎更看重抽象的原则，而不是对空气和水质的实际改善，同时，仍然可以听到环保主义者批评税收和允许企业购买"排污权"等其他经济管制工具的声音。

统一的环境或健康质量标准也受到了抨击，管制革新者们注意到，在不同的地方或不同的企业，达到一个统一标准付出的成本可能会有巨大的

---

⑥ For two of the most powerful academic statements of the reform agenda from this period, see Bruce A.Ackerman &Richard B.Stewart, Reforming Environmental Law, 37 Stan.L.Rev.1333（1985）, and Stephen Breyer, Breaking the Vicious Circle: Toward Effective Risk Regulation（1993）.

⑦ 实际上，这种常见的重复在很大程度上错误地描述了基于技术的法规。在几乎所有情况下，以技术为基础的规章确定了一种单一的技术，其目的只是确定受管制的公司必须达到的业绩标准，使这些公司可以自由选择实现环保标准的最具成本效益的方式。

差异。为了保持管制对整体社会福利影响的敏感性，一种更有效的方法是可以根据合规成本、人口密度、个人偏好等因素对环保标准进行修改。可交易排放许可是提供这种灵活性的一种手段，它引起了管制革新者的极大关注。这种政策工具也开始主导全球有关气候变化政策的讨论。运用这种方法，管制机构不是要求某一特定行业的每家公司都将污染排放降低到统一的水平，而是发放与减排后期望达到的污染水平相等的排放总量的许可证。能够以低成本减少排放的公司将拥有宝贵的、未使用的许可证，可以与排污治理成本高昂的公司进行交易，最终以比统一强制减排低得多的成本，产生同样的净得环境效果。管制革新者还对政府机构应寻求为所有公民提供同等水平的环境质量或健康保护的假设提出质疑，因为控制污染的成本可能因个人、行业或地区而异。例如，为什么一个小城镇的市政供水设施必须达到与一个大城市地区的设施相同的饮用水标准？而这样做的人均成本对规模较小的设施来说，可能要高出一个数量级。管制革新者认为，由于标准统一，无论小镇居民是否真的想要更高水平的饮水安全，他们都要被迫为饮用水支付比城市居民更高的单价。

对基于可行性管制方法的批评进一步扩展了这一推理。在实践中，基于可行性的管制方法往往成为"成本曲线的膝盖法则"[⑧]的探索性步骤。也就是说，管制机构往往要求越来越高的环境或人类健康和安全保护，直至合规成本开始急剧上升。在经济分析人士看来，这种方法只做对了一半。管制革新者认为，人们误以为更多的保护总是更好，但事实并非如此。也不是说，只要不需付出巨大代价，更多的保护就总是更好的。有时，巨大的成本可以通过获致更大的利益来证明是正当的。相反，有时较小的成本却是不合理的，因为它们产生的效益也更小。"多安全才算足够安全？"在每个案例中，这个问题的答案都取决于对安全投入的成本和收益的仔细评估。在环境保护方面的投资也是如此。在这两种情况下，管制机构的相关任务是评估各种环保标准的成本和收益，并根据该机构的计

[⑧] "成本曲线的膝盖法则"是一个专业术语，主要用于节能减排。在实施节能减排过程中，并非投入越多越好。在基数较小的情况下，如果增加投入，减排效果很明显，这时成本曲线的斜率是陡峭的。而当投入达到一定数值之后，曲线的斜率会变缓。而由线上斜率发生最大转折的点，被称为"膝盖"，它代表了在一定情况下，节能减排投入产出比最为经济的节点。——译注

算，选择能够使整体社会福利最大化的标准。

当然，如果要用这种方式来比较成本和收益的话，经济分析方法就要求管制机构将金钱的价值放在人类生命、濒危物种、原始森林以及环境、健康和安全法律规范的其他受保护对象之上。许多传统管制方法的拥护者认为，这种把生命和金钱相提并论的努力是完全站不住脚的，就像授予"污染权"的努力，在他们看来是非法的。然而，正如管制革新者们所指出的那样，每当我们在某些不属于绝对保护的事物上划定一条监管界线的时候，这种把生命和金钱等量齐观的现象就悄然发生了，在实践中，每时每刻都是如此。此外，在许多情况下，该管制机构发现自己明显处于一种相互矛盾的局面。20世纪七八十年代发表的一些有影响力的研究成果似乎表明，安全法规本身可能会产生意想不到的、增加风险的后果。强制使用安全带的法律可能会鼓励人们更快地开车，因为人们有更大的安全感，这至少部分抵消了系安全带带来的安全利益；防护儿童的容器要求可能会导致家长不太注意把药瓶藏起来不让孩子看到，因为家长们貌似又被安全装置所提供的保护哄骗了。[9] 在其他情况下，受到管制审查的产品或活动除了可能存在的风险外，还可能带来潜在的环境上或安全上的利益。因此，转基因作物种子可能会造成不可预测的生态危害，但由于生产力水平的提高，它们也可能会降低杀虫剂的使用，或减少将雨林转化为农田的压力。同样，严格的药物科学审查可能有助于防止有害产品进入市场，但这种审查也可能阻碍患者在此期间获得有益的治疗。

在这种风险对冲的情况下，人们不可避免地需要采取成本效益的逻辑进行权衡和比较。因为人们熟悉的生命和金钱之间的区别已被解构（同理，政府的"作为"和"允许"损害之间的区别也已经被解构），那么，当研究"风险—风险"的文献被研究"健康—健康"的文献所补充时，

---

[9] See Sam Peltzman, The Regulation of Auto Safety, in Auto Safety Regulation: the Cure or the Problem? 2 (Henry G.Manne &Roger LeRoy Miller eds., 1976); W.Kip Viscusi, The Lulling Effect: The Impact of Child-Resistant Packaging on Aspirin and Analgesic Ingestion, 74 AM.ECON.REV.324 (1984). 指的是一种更普遍的现象，即公众政府安全法规的引入产生了误解，导致消费者降低他们的安全预防措施，因为他们高估了产品的安全性。W. Kip Viscusi, Fatal Tradeoffs: Public and Private Responsibilities for Risk 234-242 (1992).

这种逻辑就变得更加清晰了。⑩ 根据广泛观察到的较高收入水平与改善健康和寿命之间的相关性，一些评论人士主张，仅仅是为了执行环保标准而需要支出费用的，就会减少私人收入，从而造成不良的健康后果。这些评论人士声称，至少从理论上来说，除了管制旨在实现的健康利益之外，管制成本还必然意味着统计上的人口损失。通过这种激进的简化论者的视角，所有的公共管制都变成了生命与生命的对立，而不是像环保主义者所说的生命与金钱或预防与利益之间的对立。虽然持这种相同观点的倡导者还没有将他们的方法应用到环境损害方面，但他们这样做貌似存在合理的基础。具体来说，根据旨在探寻人均国内生产总值（GDP）增长与环境质量之间的因果关系的实证研究，⑪ 分析人士可能会说，至少在理论上，减少或延缓人均经济增长的管制开支必然意味着改善环境质量方面的成本。从这个角度来看，管制不仅需要一种固有的健康与健康的权衡，而且

---

⑩ For Key contributions to the risk-risk literature, see Jonathan B.Wiener, Precaution in a Multirisk World, in Human and Ecological Risk Assessment: Theory and Practice 1509 (Dennis D.Paustenbach ed., 2002); Jonathan Baert Weiner, Managing the Iatrogenic Risks Maagement, 9 Risk: Health, Safety & Env't 39, 40 (1998); John D.Graham & Jonathan Baert Wiener, Confronting Risk Tradeoffs, in Risk v.Risk: Tradeoffs in Protecting Health and the Environment Ⅰ (John D.Graham & Jonathan Baert Weiner eds., 1995); W.Kip Viscusi, Risk-Risk Analysis, 8 J.Risk & Uncertainty 5 (1994); Aaron Wildavsky, Searching for Safety 212 (1998); Chauncey Starr & Christopher Whipple, Risks of Risk Decisions, 208 SCI.1114 (1980). For contributions to the health-health literature, see W.Kip Viscusi, Regulating the Regulators, 63 U.CHI.L.REV.1423, 1452-1453 (1996); Randall Lutter & John F.Morrall Ⅲ, Health-Health Analysis: A NEW Way to Evaluate Health and Safety Regulation, 8 J.Risk & Uncertainty 44 (1994); Randall Lutter, John F.Morrall Ⅲ &W.Kip Viscusi, The Cost-Per-Life-Saved Cutoff for Safety - Enhancing Regulations, 37 Econ. Inq. 599 (1999); Frank B. Cross, When Environmental Regulations Kill: The Role of Health/Health Analysis, 22 Ecology L.Q.729 (1995); Ralph L.Keeney, Mortality Risks Induced by the Costs of Regulations.8 J.Risk &Uncertainty 95 (1994); W.Kip Viscusi & Richard J.Zeckhauser, The Fatality and Injury Costs of Expenditures, 8 J.Risk & Uncertainty 19 (1994); 值得注意的是，即使是"健康—健康"分析的支持者也承认，收入和健康之间确定的统计相关性远不能证明两者之间存在因果关系。事实上，将管制支出与健康水平下降联系起来的论点，需要人们对管制机会成本的一系列与事实相反的假设抱有相当大的信心。See Revesz &Livermore, supra note Ⅰ, at 67-76; Richard W. Parker, Grading the Government, 70 U. Chi.L.Rev.1345, 1403 n.220 (2003).

⑪ See Douglas A.Kysar, Some Realism about Environmental Skepticism: The Implications of Bjorn Lomborg's The Skeptical Environmentalist for Environmental Law and Policy, 30 Ecology L.Q.223, 249-252 (2003).

需要一种环境与环境的权衡。

再一次,在这样的主张面前,工具主义平衡的逻辑似乎是不可避免的。因此,管制革新者将他们的方法描述为应对风险管制挑战的唯一"理性""明智"或"现实"的方法,也就不足为奇了。为了进一步支持他们的论点,指出成本效益分析方法依赖于对环境、健康和安全条件的严格的实证评估,而传统的美国环境法方法似乎太过频繁地使用模糊的或纯理论的依据,并将其作为实施严苛管制的契机。他们认为,传统的方法分享了在国际环境法中更为熟悉的"预防原则"。[12] 对环境决策采取预防措施的支持者强调,人类知识的局限性以及技术和工业的发展经常带来令人不快的意外;因此,他们主张,只要拟议的活动达到可能对人类健康或环境造成严重损害的阈值时,政府就应事先采取预防措施。例如,试图通过警告引发公众监督和管制的过程,一个经常被引用的关于预防原则的表述是:"当一项活动对人类健康或环境损害造成威胁时,即使某些因果关系没有科学地建立起来,也应采取预防措施。"[13] 根据预防原则,监管机构应采取与感知到的威胁相称的措施,并随着知识的发展而适时修订,但在完全科学地证明其危害之前,该项活动被默认假设为违反了政府的管制要求,而应该受到监管机构的管制。[14]

尽管很少被明文提及,但在20世纪70年代通过的美国环境法、行政解释和司法裁决中,预防原则确实有所体现。正如斯凯利·赖特(Skelly Wright)法官在一宗适用《清洁空气法》重要的早期案例中所说的那样:"法律在本质上是预防性的,因为证据处于科学知识的前沿,其往往难以获得、不确定或相互矛盾,旨在保护公众健康的规则以及专家管理人员的决策,诸如此类均使得我们不会要求严谨的按部就班地证明因果关系。如

---

[12] See Daniel Bodansky, The Precautionary Principle in U. S. Environmental Law, in Interpreting the Precautionary Principle 203 (Timothy O'Riordan & James Cameron eds., 1994).

[13] "Wingspread Statement on the Precautionary Principle", available at http://www.gdrc.org/u-gov/precaution-3.html.

[14] Commission of the European Communities, Communication from the Commission on the Precautionary Principle, Feb.2, 2000, available at http://ec.europa.eu/dgs/health_consumer/library/pub/pub07_en.pdf.See also "Treaty Establishing the European Community", art.130r.2, para.Ⅰ("欧盟环境政策应遵循预防原则和采取预防行动、应优先从源头治理环境损害和以污染者付费原则为基础。")。

果要实现法令的预防目的,严谨的证据可能无法获得。"⑮ 在经济分析人士看来,这种预防性取向导致了各种弊病。通常,法院和管制机构似乎只基于存在损害威胁的推测性证据,就倾向于禁止这些行为、给予赔偿或要求技术革新。重要的是,管制革新者认为,这种保守主义不仅会带来不必要的合规成本或经济机会的丧失;它还发挥了上面所描述的所有风险——在这些场景中,为了拯救一些生命和环境,人们无意中牺牲了另一些生命和环境。在这方面,预防原则似乎对政府行为的后果提供了一种不对称的关切;它只关注管制所能预防的危害,而不考虑管制所造成的危害,尤其是管制所放弃的利益。因此,根据预防原则的批评者的意见,该原则要么必须扩充内涵,以包括考虑管制活动的环境、健康和安全成本的义务,在这种情况下,预防原则将变得非常不确定,需要用更全面的东西来替代,比如成本效益分析;否则,该原则作为一种片面的工具必须被拒绝适用,因为它可能延长一系列的损害,如果没有这项原则,这些损害将会减轻。

鉴于这样的争论,美国学术界和决策圈的众多评论家得出的结论是,在规范的情况下,以经济分析方法来管制环境是主流的方法,而与之竞争的方法,如与预防原则相关的那些作为风险管理的框架,要么是不连贯的,要么是不妥当的。这些思想家的结论应特别值得注意,因为他们承认,经济分析工具,如成本效益分析,本身存在一些概念上和实践上的局限性。然而,经济分析方法的支持者越来越相信,关于该方法的规范性、可行性的"第一代"辩论已经结束,今天的重要问题涉及"第二代"辩论,即如何在环境、健康和安全管制背景中最好地实施成本—效益分析的问题。⑯ 换言之,对环境、健康和安全进行管制的经济方法的基本优越性已不再受到严重质疑。他们认为,必须在国内巩固这一认识,从而使美国环境法得以改革,摆脱其重视预防性的初心,而且在国际上推广,以便其他国家开始将其环境政策建立在经济分析和合理科学的双重基础之上。

这只是经济分析故事的一个简化而不完整的版本。在后面的章节中,我

---

⑮ Ethyl Corp.V.EPA, 541 F.2d Ⅰ, 28 (D.C.Cir.1976).

⑯ Cass R.Sunstein, Risk & Reason: Safety, Law, and the Environment 5-6 (2002); See also Robert W.Hahn & Cass R.Sunstein, The Precautionary Principle as a Basis for Decision Making, 2 Economist's Voice, no.2, art.8 (2005), at 6 ("我们认为,如果不尽最大努力平衡一项政策的所有相关成本与收益,就没有任何原则性的决策方式。")。

们将更详细地回顾刚才总结的许多论点。这篇引言的目的仅仅是转述经济分析剧本的主旨,并认为它已经变得足够普及,足以将人们长期熟悉的替代语言排挤出去,并用于构思和应对环境问题。2007年年初,白宫管理和预算办公室(OMB)在讨论所谓的"社会规制"(如环境、健康和安全规则)时,提供了一个更简化的版本。管理和预算办公室的报告声称,提供了一个严密的描述,说明管制实际上应该如何进行,"使用性能标准而不是设计标准,或采用市场导向的方法而不是直接控制的规则,通常更符合成本效益原则,因为它将竞争压力用于社会目的……"建立在坚实的经济分析和科学基础上的管制,将以更低的成本为社会带来更大的利益。因此,更明智或更好的管制方案依赖于合理的分析,并利用竞争来促进经济增长和个人福祉。[17] 本书的目的,是要再次展示这种推理的不完整性,强调广泛适用的经济分析方法掩盖了它的漏洞和不一致性。在无所不在、看似无害的"经济分析和可靠科学"的呼唤背后,隐藏着巨大的道德和政治困境——经济分析范式不仅不能充分解决这些困境,而且由于该范式的存在还遮蔽了这些困境。

暴露这些局限性以及铭记环境法的任务,需要预先解决环境法律和政策的传统预防性方法中似乎最站不住脚的方面:预防原则对环境、健康和安全管制成本的明显忽视,包括其本身以环境、健康和安全损害的形式存在的成本。尽管对预防原则的经济批判逻辑看似无懈可击,但对采取行动和机会成本,以及作为和"允许"损害的利益权衡,实际上比管制革新者的描述要复杂和耐人寻味得多。毫无疑问,管制革新者指出,任何社会都不应完全忽视预防性管制所带来的利益和其他负面影响。但这是一个微不足道的观察,因为任何预防原则的真正支持者都不同意这一点。尽管预防原则经常被讽刺为一种粗糙的绝对主义原则,但它的支持者实际上只是把该原则看作一个更为复杂的管制过程的一个方面,在这个过程中,预防性原则的应用是基于一种合乎比例的回应性以及与时推移的适应性。[18]

---

[17] Draft 2007 Report to Congress on the Costs and Benefits of Federal Regulations 32, available at http://www.whitehouse.gov/omb/inforeg/2007_cb/2007_draft_cb_report.pdf.

[18] "作为一个有前瞻性的评论员观察,预防原则的智慧并不一定在于其能为特定风险困境提供详细的政策建议,而是作为一套规则体系的一部分,扮演着更广泛的角色,它旨在引导人类行为朝着环境可持续性与经济发展协调并进的理想方向发展。" James Cameron, The Precautionary Principle in International Law, in Reinterpreting the Precautionary Principle 113, 113 (Tim O'Riordan, James Cameron & Andrew Jordan eds., 2001).

因此，正如没有医生会不假思索地、不计条件地遵循希波克拉底格言中的预防性命令一样，机械适用"首先，不得伤害"这一原则，而放下注射针头和对骨折拒绝复位。没有一个管制机构会在漠视机会成本、意外后果、新信息和改变的环境的情况下，机械地遵守预防原则。正如本书所说，在上述所有案例中所表现出来的、对于不计机会成本而采取行动之危险性的强调，事实上表达了一种更为微妙的、对于人类行为之无法忽视的独特性的承认，也表达了一种对于行为人与被动者之间那种独特施受关系的承认。实际上，预防原则并不要求政治团体为了环境去做这件事或那件事，就像希波克拉底那句久经赞誉的格言，并不代表病人向医生发出具体的行为指令。相反，预防原则要求政治团体特别留意他们做出选择并采取行动的独特立场。预防原则要求他们记住，他们不仅对本国的公民负有责任，而且对其他国家、其他世代和其他生命形式负有责任。所有这些人——就像医生的病人一样——处于至少部分依赖管制机构的决定和行动的状态。预防原则要求政治团体保持这种道德自我意识，该原则微妙地提醒人们，即便是在为了更大的利益而需要伤害他人，这种伤害也必须限定于该共同体自身。

事实证明，在传统的预防性管制方法和经济优化方法之间的这场阶段性竞争中，存在着一个深刻的元伦理命题。要揭示这一命题，首先就需要在个人层面上绕到道德哲学的领域。因此，本书首先展示了功利主义规范的伦理理论——就像成本效益分析要求政策制定者将管制的整体福利效果最大化一样，是什么导致个人选择能产生最大净积极后果影响的行动——遭遇到基本概念上的困境，因为公正的因果关系优化的命令削弱了个人的主体性基础，而作为行为主体，他们的选择和行为在某种程度上是举足轻重的。由于认为个人的选择和后果无足轻重，功利主义迫使个人认为自己的行为是无关紧要的，与复杂因果关系秩序的其他元素（这些元素包括数不胜数的见于每个生活瞬间的疏忽或机会成本）相比，是平淡无奇的。正如批评者指出的那样，在这种因果关系秩序同质化的概念中，随着时间的推移，很难想象个体如何能长期保持一种强烈的感觉，即有哪种类型的道德规范会对自己的行为加以高度的关注。相反，功利主义的规范性标准似乎把个人变成了一个简单的、结果优化的模型的一部分。这种模式的实际效果可能会很好，但对于有意识的、理性的人来说，很难想象，从长远来看，这些人将如何忍受这种对他们自身独特性的否定；因此，无论对道德概念作怎样的界定，我们都很难看出他们为什么还要继续追求道德。一旦基本的道德欲望消失了，那么优化的目标也势必消失，所有其他行为的规范道德标准也必然消失。

因此，个人在世界上必须继续以追求人类自身繁荣为愿景，致力于做有益的事，而不是将人的能动性发挥到极致。当然在这个过程中，个人无时无刻不被有限的信息，以及对他们所从事研究项目掌控的不足和无法完全保证成功所困扰。他们必须意识到这里没有规范的伦理学标准。然而，具有说服力的理论学说能够消除某些基本义务，即独立评估为何某种特定时刻做出此种选择和行动的义务，并且这确实能够为自己独特的选择和行动随时创造理由。任何决策制定过程都不允许个人只是口头的道德传播者。

个人伦理层面上的代理概念是否与我们必须或应该采取的人类集体行为层面的概念有关，这是一个复杂的问题。显然，作为个体的人类主体和集体的人类机构（如管理机构或民族国家）之间存在显著差异。尽管如此，本书仍然认为，上述分析可以转换至集体领域，这种转换可以使传统的环境法预防性取向具有意义和连贯性。就像功利主义对于个人，管制的福利最大化方法倾向于认为政府的政策"受制于特定领域的事实"[19]。因此，在制定公共政策时，毫无疑问，集体领域的自由裁量和责任对于其形成也是必要和适当的。然而，这种福利最大化方法（如成本效益分析）的应用，无法解释"特定领域的事实"要求我们该如何行为的准则。具体而言，即某地某些监管人员应如何根据所发现的事实采取行动。换句话说，这种福利最大化方法（如成本效益分析）的应用，无法解释其自身的规范性。[20] 毕竟，我们在哪里能够找到不假思索地接受福利最大化作为选择标准的内在动因？这一标准不应仅仅出于偶然地发现，就以某种方式贴上"最大化"的标签。我们不能仅仅因为它最大化了整体福利，就说它是可取的；该推导假设被管制的对象已经接受"最大化"作为其基本要求。那么，我们该把这种最大化感觉的驱动力定位在哪里呢？

集体主义必须包含此种认知——比如，某个政治共同体为自治设立了

---

[19] Cass R.Sunstein & Adrian Vermeule, Is Capital Punishment Morally Required? Acts, Omissions, and Life-Life Tradeoffs, 58 Stan.L.Rev.703, 735（2005）.

[20] For a formal demonstration of this point, see Robert C.Hockett, The Impossibility of a prescriptive paretian, Cornell Legal Studies Research Paper no.06027（Sept, 2006）, available at http：//papers.ssrn.com/so13/papers.cfm? abstract_id=930460.

规范和程序，并选择福利最大化作为利用这些机制的目标。也许这就是我们现在所面临的处境，当我们朝着"成本—效益"国家的方向迈进时，[21] 此时的福利最大化理论已被"成本—效益"分析理论所替代，此时的福利最大化理论为制定公共政策提供了最优准则。然而，这里仍然存在障碍，具体而言，公共政策应公正和客观地反映决定个人福利的要素，而不应涉及任何有关集体层面的目标和利益。通过此种公共政策形成和终止机制的个人主义方法论的运用，试图有效消除集体的自由裁量权和判断权。因为从经验主义来看，公共政策的内容只以追求个人福利为结果。换言之，福利最大化是以追求个人利益最大化为目标，而不包含集体福利的目标。总而言之，我们现在所追求的福利最大化对我们以往所认知的福利最大化理念也一定会产生致命的影响。或许正基于此，福利经济学家陷入周期性的福利非个人主义争论之中。正如后文所述，福利经济学家经常说，根据从蓝领工人市场推断得出的估值证据，社会才能应对各种特殊风险；并且后代之所以能够"更好地"生活，是因为他们的前代为福利最大化事业做出了牺牲。这种以集体或群体为基础的思维反映了这样一个事实，即环境、健康和安全保障规范中的许多主体问题与理论上个人主义的定性是明显相悖的。

  本书认为，从长远来看，福利最大化的方法不仅证明妨碍了通过某些令人困扰的集体问题进行推理的课题，如国际和代际环境责任，而且还破坏了它本身作为社会选择标准的吸引力。正如追求最大化的公平对个人权利的侵蚀效应一样，福利最大化的追求也相应地削弱了个人权利。经济分析方法的支持者认为：理性的政治共同体应该认识到各种各样的社会病态，这些社会病态会影响集体机构的行为，具体包括官僚主义行为、利益集团的阴谋以及民粹主义的歇斯底里。可以得出这样的结论：通过形式化的福利分析方法，以自我否定的形式最能体现其集体自我认同。尽管从表面上看，成本效益国家的概念非常具有吸引力，[22] 但把集体责任交给一个最优决策方案，存在着一个基本问题，即一个政治共同体如何维持对该社

---

  [21] Cass A. Sunstein, The Cost-Benefit State ix（2002）（"渐渐地、断断续续地，美国政府在环保领域正在蜕变成一个成本效益国家。"）。

  [22] 成本效益原则（cost-benefit principle）规定，在会计系统中，一项活动的收益必须大于其成本。——译注

会选择标准的笃信,而这一标准含蓄地贬低了共同体的判断。事实上,它也否认了共同体的存在。在我们最终进入这种成本—效益国家之前,我们应要求经济分析人士给出一个有说服力的方案,即一旦我们放弃自我认知和重塑自我的语言与思维系统,我们的集体组织将该如何进行整合,我们的社会将如何继续保持团结。

*

本书第一部分较之于导论部分的讨论更为详细,论证了在一个重要的的意义上,政治共同体必须始终站在它的政策评估工具之外,以保持一定程度的自我意识和自我批判的方式来行使其权力。预防原则通过提醒政治共同体来鼓励这种责任心,在做出政策选择时,与潜在的、可能造成严重或不可逆转的环境后果保持平衡,他们的行为很重要,他们属于这个社会,并将成为这个社会历史叙事和身份认同的一部分,这有助于保障他们在包括其他国家、其他世代和其他生命形式的人与自然生命共同体中的地位。就像希波克拉底医生的格言一样,预防原则提醒人们:生命是宝贵的,行为是不可逆转的,责任是不可避免的。相比之下,这些考量因素在福利最大化的逻辑中没有任何重要的或固定的位置,因为它倾向于从内部否定政治共同体的观点,并要求该共同体在本质上进行全方位的调整。[23]

第二部分开始对在经济分析范式的话语体系中不能被提及,更不用说回答的伦理与政治问题进行概述,由此,强调保持环境法的规范性维度的公众参与的必要性。该部分有针对性地研究了预测政策选择的福利影响的危机,阐明了风险评估和成本效益分析工具——环境法律和政策的经济分析方法的基本要素——以无法消除的经验上的不确定性、无法解决的估值问题以及其他涉及集体责任的非技术问题的形式,不可避免地留下了到期支付的票据。在1965年"贝特西"飓风之后,经由美国陆军工程兵部队为新奥尔良市指导制定的飓风预防规划过程的个案分析,证明了建模假设和其他作为风险评估基础的自由裁量的规范性影响。研究表明,尽管陆军部队的代表一再强调"飓风—堤防规划"为新奥尔良市提供了"最佳"

---

[23] This phrase is an homage to Thomas Nagel's masterful work.See Thomas Nagel, the View from Nowhere (1986).

水平的风暴潮保护，但直到2005年卡特里娜飓风悲剧发生之前，他们的主张都没有得到充分的支持。

本书第二部分还探讨了经济分析方法运用于预测政策选择的福利影响的各个方面，包括它如何构建效率与公平之间的二分法，如何赋予人类生活和环境以金钱价值，如何应对政策机制本身的运行中出现的价值和意义，包括那些声称仅仅是将个人利益列入表格的机制。有人认为，成本效益分析的实践者通常在这些基本建模决策的范围中采取相当具有争议性的立场。更糟糕的是，这个职业的标准做法往往会排挤其他将幸福概念化并促进其实现的方式；重大的道德和政治问题的讨论已被有效禁止，因为成本效益分析的最大化逻辑似乎将任何偏离其评价标准的行为都附加上一个效率"价格"。公民只被邀请去检查政府机构是否根据未经审查的规则和评估技术最大限度地使用了他们的税款，而不是讨论哪种福利主义的版本可以更好地促进公共政策的实施。

那么，经过仔细的考察，风险评估和成本效益分析这两种支持公共政策制定的基本方法，可以简化为经验性技术，这表明政治共同体需要对评价工具持怀疑态度并保持距离。[24] 如果没有保持适当的距离，政治共同体在面对不确定但可能不可逆转或者灾难性的威胁时应如何行事的问题，就被技术假设和评估工具认为不值得重视并加以模糊化。同样，政治共同体也会受到这样一种观念的诱惑，即其规章和政策声明可以简单地顺应个人偏好，而不对其产生内在的影响。在强大的新技术（如基因工程技术或纳米医学技术）以及戏剧性的共同经历（如卡特里娜飓风或正在出现的气候变化影响）的背景下，这种狭隘的理解和取向的缺点变得显而易见。在这种潜在的文化变迁的情况下，将政策制定完全依赖于个体现有的偏好是不恰当的，因为这些偏好要么是片面的，要么是根本不存在的，而且无论如何，它会因我们政策制定的结果而发生显著改变。

第三部分讨论了一个棘手的问题，即政治共同体应如何看待非本国国民、子孙后代和其他未获得"成本—效益"共同体正式成员资格的利益相关者。这一系列问题不仅需要我们加强对自然和经济系统的经验性理解，它还需要改进民主对话和发展新的集体责任准则的机制。例如，我们应该如何评价生活在不同政治共同体、但其福祉却深受我们集体选择影响的人类的利益？为

---

[24] Id.at 26."他主张任何客观的现实概念都必须承认其自身的不完美性。"

了实现福利的最大化,他们是否应该与"我们的"公民处于平等的地位?他们生命的统计价值是否应该降低,以反映较低的人均收入,就像对气候变化的经济分析经常出现的情况那样?他们的福利应该被计算在内吗?我们不能通过使用成本效益分析来回答这些问题,因为该程序需要事先进行一些分析性的决定,即谁有权成为成本效益决策圈的成员,以及他们的利益应在什么基础上加以计算。当然,在理论上,功利主义和福利主义哲学具有一种世界性的倾向,因为它们致力于平等尊重每个人的缘故,很难将其适用对象局限于那些碰巧是某一特定政治共同体成员的人。然而,当将这些理念转化为成本效益分析等应用方法时,这些哲学理念必须由作为特定的、有限的共同体代理人的政策制定者加以运用。因此,是否以及如何评价政策的域外影响仍然是悬而未决的问题,不能从成本效益方法本身加以解决。

在评价对未来人类后代和其他生命形式的影响方面也存在类似的困境。通常只有当利益持有人被当地人视为有价值的对象时,才会运用环境管制的经济分析方法对他们的利益进行估价。然而,本书第三部分表明,这种方法不足以保证一个能够长期维持生命的可持续发展的环境背景。为了真正尊重子孙后代的利益,我们必须做出努力,预期和考虑到他们所处困境的细节,并提供他们需要的具体的机构和资源,以便他们克服这些困境。这是我们最大的政治挑战之一:因为后代的需要和利益不是以自由意志主体通常要求的方式自我呈现的,我们必须培养一种关心不可知的他人的道德感。当我们考虑其他生命形式时,已经捉襟见肘的成本效益分析方法面临的挑战,会变得更加令人担忧,因为面对其他形式的生命,就更没有天生的亲和力来指导我们——当我们面对潜在的生命形式,如基因改造人,我们的设计和控制能力将会对我们的道德资源形成压力,其程度在人类历史上是罕见的。显然,简单的环境准则,如预防原则,并没有提供足够的指导来加以应对,或表明如何最好地解决这些问题;然而,预防原则确实强调了发展国际、代际和物种间环境责任的新准则的必要性。与之相反,经济分析方法则提供了一个隐含的、具有误导性的信息,即我们的需求只包括更好的数据和更严格的估值技术。[25]

---

[25] Cf. Clive L. Spash, Greenhouse Economics: Value and Ethics 244 (2002). 注意到,"《京都议定书》谈判沉浸在关于资源分配、权利以及被视为法律和经济讨论的技术性问题的生态补偿的伦理考虑中"。

最后，第四部分重新评估了当代关于如何更好地推行环境法的争论。通过详细审视环保署为部分实施《清洁水法》使用成本效益分析和更传统的管制方法的最近的尝试，第四部分显示，预防原则展现了许多明显被低估了的优点，与经济分析方法的支持者所假定的复杂概率条件相反，预防方法特别适合在不确定和无知之幕的情况下保护生命和环境，因而能够获得强有力的辩护。与著名的批评相反，环境管制的预防性措施并不要求相关机构"普遍采取预防性措施"[26]；因此，这种方法实际上并没有包含批评者所认为的那些矛盾和悖论。相反，预防方法侧重于特定类别的损害，并将其分离出来，在生物物理和社会法律体系的更大的"液压"中进行特殊处理。从共情和同理心的角度来看，这种不对称的关注代表了一种过程性的理性尝试，以促进实证调查，纠正政治不平衡，并审慎地应对潜在的灾难性或不可逆转的环境威胁。在许多现实世界中，这种性质的启发式决策体现了著名认知心理学家所称的"生态理性"[27]——实用主义决策，既能很好地适应实际选择环境的信息和认知约束，又能随着时间的推移不断进化和适应。

对环境法预防措施的看法也体现了一种被低估的富有表现力的智慧。即使经济分析支持者所寻求的那种机械评估装置可以被认为是用来对付不确定性的，用来分析解决诸如财富和资源公平等先前的伦理问题，以及用来解决由后代和其他不可知的人带来的挑战。简言之，即使经济分析的支持者能够将环境立法完全形式化，这种预防方法仍不会让人们对风险管制的悲剧性选择感到遗憾。正如《经济学人》提醒我们的那样，"风险—风险""健康—健康"和"环境—环境"的权衡在某种意义也许是不可避免的，但遗憾的是，它们的确如此。因此，尽管预防性方法的可期待标准势必带来法律规范和社会效果之间的差距，这种不足有助于提醒政治共同体，它必须持续不断地致力于寻求如何创建一个悲剧性的选择没有那么明显和普遍地提出的社会。在传统环境法的"尽力而为"方法下失去的生

---

[26] Cass R.Sunstein, Beyond the Precautionary Principle, 151 U.Pa.L.Rev.1003, 1008（2003）.

[27] "生态理性"一词源自德国社会心理学家格尔德·吉仁泽（Gerd Gigerenzer）提出的思维决策理论，是指解决问题的简单认知过程是有用的，甚至是不可或缺的，它能够解决逻辑和概率论无法解决的问题。Gerd Gigerenzer & Peter Todd, Simple Heuristics That Make Us Smart 25-26（1999）. For an overview, see Douglas A.Kysar et al., Group Report：Are Heuristics a Problem or a solution? In Heuristics and the Law 103, 112（Gerd Gigerenzer &Christoph Engel eds., 2006）.

命,并不被视为有效的权衡取舍,被轻率地接受以换取所获得的任何福利。相反,他们被认视为一个悲剧,人类弱点和有限性的可悲的后果——一种道德上的剩余物,它为幸存的社会成员寻求在未来做得更好的方法提供了持久的动力。相反,由于经济分析方法的目的是表达一种形式上的、全面的理性,它必须始终将道德剩余值四舍五入到零。

*

第四部分总结了本书中在环境立宪框架内的各种批评和主题。在前面几章中,环境法主要分析方法的特点显示了"类似的、有问题的形式:他们把应该决定结果的东西看成结果决定的东西"。不确定但可能发生灾难性事件的可能性取决于技术官僚粗略的主观评估,反之,这种可能性应该取决于负责任的政治共同体是否愿意在其遗留的成果中容忍灾难。人类生命的金钱价值是为了反映工人为降低职业风险而支付费用的明显意愿,相反,这些工人的生命价值应该通过民主赋予的法律保护得到提升。未来几代人的环境资源都是由目前的市场利率决定的,而市场利率应产生于一种法律背景,这种法律背景对资源的使用施加了生态上确定的可持续性限制。正如第四部分所揭示的那样,环境立宪主义将有助于恢复环境法主题的概念一致性和优先性,在这种立宪主义中,当代和后代的某些需要和利益、国际社会和其他生命形式都具有基本的法律重要性。再一次,早期环境方法的智慧变得日渐清晰:虽然没有作为宪法修正案正式颁布,但许多具有里程碑意义的环境法规可以被视为在努力发挥基础性作用。确实,它们可以被看作富有远见的尝试——也许还没有失败——以达到布鲁斯·阿克曼(Bruce Ackerman)所说的在联邦人权法案中确立的宪法地位,在正式修正案和司法决策的研究领域之外,他深入分析了美国宪法文化如何在20世纪持续繁荣的部分原因。[28] 因此,为了重新唤醒具有里程碑意义的环境法中的宪法愿景,本书以《环境可能性法案》(*the Environmental Possibilities Act*)这一示范性法案结尾,该法案将重构环境机构的决策机制,

---

[28] See Bruce Ackerman, The Living Constitution, 120 Harv.L.Rev.1737 (2007). See also Bruce Ackerman, We the People: Foundations (1991); Bruce Ackerman, We the People: Transformations (1998).

使之更好地与我们曾经熟知的环境智慧相契合。

在措辞严厉的表述中，批评者试图将预防原则斥为"令人费解的""不合逻辑的""含混的""令人麻痹的""比无益的更糟糕"和"字面上毫无意义的"。[29] 然而，这些批评忽视了预防原则的最可取之处，这不一定是它承诺避免环境、健康和安全损害的程度，而是该原则以更微妙的方式反映和加强了一种观念，即政治共同体作为一个独特的实体，负有在其他国家、其他人类世代和其他生命形式的背景下评价其决定和行动的特殊责任。尽管希波克拉底的格言"首先，不得伤害"似乎毫不含糊，但它不仅仅是，甚至主要不是一种行为指令。相反，它是一个微妙而又坚定的提醒，提醒专业人士，他或她的行为承载着独特的道德分量和责任。它从根本上提醒我们要秉持道德。同理，预防原则要求我们停下来考虑自身行为对环境造成的后果，说到底，这是在提醒人们，社会选择表达了一种集体道德认同——我们的认同，虽然我们现在比以往任何时候都需要更多地考虑它的内容，但这种认同不能被置于单一的经济学意义上的福利最大化逻辑中。

---

[29] These critiques are drawn, respectively, from CASS R. Sunstein, Worst-case Scenarios 131 (2007); Todd J. Zywicki, Baptists?: The Political Economy of Environmental Interest Groups, 53 Case W. Res. 315, 333 (2002); Christopher D. Stone, Is There a Precautionary Principle? 31 Envtl. L. Rep. 10790, 10799 (2001); Sunstein, supra note 24, at 1004 (2003); Cass R. Sunstein, Beyond the Precautionary Principle, supra note 24, at 1008.

第一部分　无根的管制

第一章　能动性与最优性

在过去一个世纪的哲学著作中经常出现的病态思维实验中,或许没有一个比朱迪思·贾维斯·汤姆森(Judith Jarvis Thomson)对"电车难题"的探索更引人入胜,也更令人困惑。[①] 这个问题的设置看起来很简单:想象你自己是一列火车的司机,正沿着铁轨稳步地驶向一群倒霉的人,除非你决定立即把火车转到岔道上,否则他们肯定会被撞死。[②] 唯一的问题是:如果你决定换道来救那五个人,有一个人肯定会被撞死在岔道上。这五个人和那一个人都不是因为自己的过错而被撞死在火车轨道上,他们也没有做过任何应该受到惩罚的不法行为。他们都认为自己的生命值得延续。那么,你的第一个问题是,道德上是否允许在这种情况下改道。

现在,想象你自己是一名外科医生,面对着一个病人,他肯定会死,除非你在今天结束前给他动手术。唯一的问题是:在你的候诊室里还有五个病人,他们肯定会在今天结束前死去,除非你进行器官移植手术来挽救

---

① See Judith Jarvis Thomson, Killing, Letting Die, and the Trolley Problem, 59 the Monist 204 (1976); Judith JarvisThomson, The Trolley Problem, 94 Yale L.J.1395 (1985). Thompson builds on earlier work by philippa Foot. See Philippa Foot, The Problem of Abortion and the Doctrine of Double Effect, in Moral Problems: a Collection of Philosophical Essays 59, 66 (James Rachels ed., 1975).

② 1967 年,英国哲学家菲莉帕·富特(Philippa Foot)在《牛津评论》上首次提出"电车难题",一石激起千层浪。1985 年,美国哲学家朱迪思·贾维斯·汤姆森(Judith Jarvis Thomson)在《耶鲁法律学刊》上专文探讨"电车难题",并将这个伦理难题进一步展开。这一次,是你亲自看见一辆失去控制的电车沿着轨道疾驰而去,而你则站在一个道岔开关的旁边。你可以无动于衷,任凭电车继续前行,撞死那五个人;或者你也可以扳动道岔,将电车引至侧线,只撞死另外的那一个人。这里的一个新条件是:和电车司机不同,你并没有在两条轨道之间做出选择的职业责任。如果你愿意的话,你可以什么都不做。当然,我们也可以说那位电车司机也可以无动于衷,让电车继续前行,但在他的日常工作之中,他就必须不断地在轨道之间做出选择,因此他的"无动于衷",至少在伦理道德上比一个毫无干系的旁观者来得更复杂些。汤姆森的这个问题,简而言之就是:作为一个旁观者,你是应当无动于衷,将一切交付于命运,还是应当扳动道岔,杀一而救五?——译注

他们的生命。你所有的病人都是无辜的，都希望继续活下去。因为这纯粹是一个假设的实验，我们可以通过假设你成为世界上最熟练的移植外科医生，假设你的病人需要肺、肾和心脏移植等来丰富实验情节。因此，如果你只从你的第一个病人身上摘取这些器官，你就可以肯定地挽救候诊室里另外五个病人的生命。因此，你的第二个问题是，在这种情况下，牺牲一个人来拯救五个人，道德上允许吗？

具有显著的一致性，人们倾向于认为，在第一种情况下，牺牲一个人来拯救五个人是允许的，但在第二种情况下则不允许。显然，令人困惑的是这是为什么？如果根据结果功利主义的推理，即根据整体效用或福祉，在第一种情况下选择导致最佳状态的行动路线的建议，为什么不适用于第二种情况呢？什么时候允许我们为了拯救生命而杀人，什么时候则不允许这样？在这些相关问题上已经花费了大量笔墨，但尚未达成共识。我们能够说的似乎最多就是，这些情景触发了一系列个人主张的关于能动性的含混不清的概念，这些概念不容易被功利主义所接受，但它们是如此根深蒂固和无所不在，至少有一位学者认为它们反映了"普遍的道德法则"。③

最明显的是，这些场景涉及了行为与疏忽之间（或者是做与允许、杀戮与任其死亡之间）长期存在争议却经久不衰的概念辨析。④ 关于前一类行为——行动、做、杀戮——似乎更集中地与个人的行为选择有关，因此在道德上要比后一类行为——疏忽、允许、任由死亡——更难辞其咎。在器官移植的情形下，就外科医生而言，在很大程度上比火车司机更需要积极的行为。通过改变路线，火车司机被认为仅仅是允许一个人死亡，而医生，通过摘取器官，相当主动地导致了一个人的死亡。这种作为—不作为的区别，通常被认为是预防原则的基础，希波克拉底的格言，以及其他看似不对称的道德义务（即"首先，不要伤害他人"）。它在法律中也有表述，如没有事先的行为，在一种特殊关系或其他特殊情况下，在英美法系的法律传统中，即使他们能够以很少或不需要自己付出代价的方式挽救

---

③ John Mikhail, Universal Moral Grammar: Theory, Evidence, and the Future, 11 Trends' in Cognitive Sci.143（2007）.

④ See Foot, supra note 1, at 66. "在我们的道德体系中有一个区别，那就是我们对他人的帮助和我们对他人的不干涉。"

一个处于危险中的个体的生命，个人一般没有帮助他人的义务。⑤

尽管它明显地违反了功利主义的禁令，即最大限度地扩大个体因果关系能力的整体影响，但作为—不作为的区别，在个体对旨在测试其道德推理过程的心理实验的反应中，表现出惊人的一致性。研究人员发现，例如，如果伤害孩子的风险是被动发生的，表现为没有接种预防疾病的疫苗，父母似乎更能接受；而如果风险是主动发生的，表现为父母为孩子订购并注射疫苗后产生的副作用，父母则更不愿意接受。⑥ 一些心理学家已经把这种行为称为"作为—不作为偏见"的反映。⑦ 从优化健康结果的角度来看，这种行为显然被误导了。有些人甚至建议在幼儿时期进行教育干预，以鼓励非专业人士进行更全面、更有计算能力的思考。心理学家认为，这种方法最终将导致提高公民的民主参政水平。⑧

因为功利主义者将行为的规范性依赖于其对整体效用或福祉的预期结果，所以他们加入了这些心理学家的行列，对作为—不作为的区别提出了批评。从功利主义的角度来看，作为—不作为的区别似乎支持在面对普遍的痛苦时的漠不关心，仅仅因为痛苦并没有被表达为是由个人的平权行动引起的。例如，彼得·辛格（Peter Singer），在他颇具影响力的文章《饥荒、富裕与道德》中，还有彼得·昂格尔（Peter Unger），在他那本引起广泛共鸣的书《让生活从高处死去》中，从简单的经验事实中获得了巨

---

⑤ The Supreme Court of New Hampshire described this tradition through a particularly vivid example in Buch v. Amory Mfg. Co., 44 A.809, 811 (N.H.1897) （"我看到邻居两岁大的婴儿危险地靠近他家院子里的风车，很容易就能救他，但我没有救他。我对这孩子所受的伤害不承担赔偿责任。因为我和他是陌生人，没有法律上的保护义务。"）.

⑥ See ILana Ritov & Jonathan Baron, Reluctance to Vaccinate: Omission Bias and Ambiguity, in Behavioral Law and Economics 168, 184 (Cass R. Sunstein ed., 2002) （报告称，"当疫苗可能导致不良后果时，哪怕不接种疫苗的结果更糟，受试者也不愿接种疫苗。"）.

⑦ See Robert A. Prentice & Jonathan J. koehler, A Normality Bias in Legal Decision Making, 88 Cornell L. Rev. 583, 587 (2003) （"将不作为偏见描述为人们倾向于发现更多由作为引起的应受谴责的坏结果，而不是由相同的不作为引起的坏结果"）. Laura Y. Niedermayer & Gretchen B. Chapman, Action, Inaction, and Factors Influencing Perceived Decision Making, 14 J. Behav. & Brain Sci. 1, 3 (1994) （"注意到人们继续区别作为和不作为……即使二者之间并没有显而易见的区别。"）.

⑧ See Jonathan Baron, Judgment Misguided: Intuition and Error in Public Decision Making 196-199 (1998) （要求在小学教育中开展功利性思维教育）; Jonathan Baron, Heuristics and Biases in Equity Judgments, in Psychological Perspectives on Justice 109, 135 （Barbara A. Mellers & Jonathan baron eds., 1993) （注意到人们应该被教导去理解功利主义方法"）.

大的启示，即大多数生活在富裕国家的人，以对他们而言非常小的代价，通过向联合国儿童基金会或牛津饥荒救济委员会等有效的国际援助组织捐款，每年可以拯救许多人的生命。在他们看来，广泛接受功利主义伦理理论将立即产生有益的影响，要求大量转移财富，以满足全球穷人的迫切需要。他们争辩说，如果没有"作为—不作为"的区别所带来的虚幻的安慰，我们的选择将从根本上变得更加与他人相关。

批评者还指出，导致作为与不作为区分的原因和行为概念存在缺陷。他们认为，更大程度的道德想象会让人们认识到，遭受苦难通常并不在个人的影响范围之内，而是通过错综复杂的因果关系网与他们的能动行为紧密相连。就像复杂的适应性生物物理系统一样，社会法律系统（如市场）也表现出互联、反馈、非线性和涌现性的特征。在这样一个"事件的复杂组织"⑨ 中分解因果关系影响是一项艰巨的任务，因为构成系统的无数组成部分既是必要的，而且它们本身不足以解释系统在任何给定时刻的状态。从这个角度来看，我们没有意识到，即使我们通常不能指出一个独立的、积极的行为所造成的伤害，我们的经济和政治安排在许多方面同世界各地的苦难状况不可分割地交织在一起。这是一个失败的认知，而不是一个道德上的区别。⑩

然而，我们关于行为规范的观点仍然反对简化为各种"数量"，即行为上的正直与计算上的正确的等式。在"电车转换轨道"情境中，数量似乎确实很重要，至少在某种程度上，火车司机可以在道德许可的情况下把火车从五个人的轨道转向一个人的轨道。一方面，在转换轨道的情况下，牺牲一条生命可以拯救五条生命，这似乎完全无关紧要。对这种区别的另一种突出的解释是，在两种情况下，牺牲一个人似乎是有必要的。毕竟，我们可以想象，在另一个世界里，列车的侧道不会让任何人处于危险之中，因为没有人会碰巧在相关时刻被卡在轨道上。另一方面，在转换轨道场景中，一个人的死亡似乎是该计划的一个必要元素。也就是说，我们很难想象另一种可以拯救五人的方式，而把另一个存在的生命当作纯粹的工具而牺牲掉。从这个意义上说，与转换火车轨道场景相比，器官移植场

---

⑨ Werner Heisenberg, Physics and Philosophy 96 (1958).

⑩ Cf.Thomas W.Pogge, World Poverty and Human Rights: Cosmopolitan Responsibilities and Reforms（2002）（强调发达国家在支持造成和维持贫穷的全球秩序方面的积极作用）。

景要求行动者在终结他人生命时明显具有更大程度的目的性。在转换火车轨道场景下，夺取生命似乎只是拯救五个人的一种意料之中的次生效应。

汤姆森提供了一个旨在处理这种双重效应的解释的假说的变体。如果我们想象在做决定时，火车轨道实际上形成了一个循环，而不是分成两个单独的轨道无限地延续下去，然后，我们可以进一步想象，如果没有减缓火车运行的阻碍，火车将会循原路折回到不是由火车司机选择的任何一条轨道上。因此，我们现在面临的复杂问题是，撞击一个人或五个人是必要的手段，以迫使列车减速，防止它再次撞击未选择的轨道上的人。汤姆森认为，即使是在这种情况下，大多数人仍然认为，选择一个人的死亡，而不是让火车沿着目前的路线导致五个人的死亡，在道德上是允许的。因此，"牺牲一个人"的工具性选择似乎不会妨碍最大限度地增加被拯救的生命数量。然而，如果将这种直觉与另一种变体情况进行比较，在这种变体情况下，为了使火车充分减速以避免与那五个人相撞，拯救五个人需要将恰好站在铁轨上方人行天桥上的一个大块头推到铁轨上。在这种情况下，人们往往会像在器官移植情况下那样做出反应：这种行为在道德上是不允许的。但是为什么呢？

在环路和人行天桥的变体情况下，人们对另一种有时会被用来解释我们不同反应的观点产生了怀疑，这一解释侧重于医生的特殊专业角色。作为一种道德和法律问题，我们赋予某些职业更高的谨慎和忠诚义务。因此，外科医生对病人负有义务，如果在未经同意的情况下摘取器官移植给他人，就会严重违反这一义务。这种行为将是真正意义上的外科医生对病人作恶的终极背信行为。火车司机虽然是在某些重要方面负有公共安全责任的专业人员，但与铁轨上的个人并没有类似的直接责任关系。因此，在最初的"电车难题"假设中，火车改道似乎并不涉及司机对恰好被困在岔道上的个人的背信弃义，至少不涉及医生对病人应尽的忠诚义务。这样一个职业忠诚的概念在本书的故事发展中扮演了重要的角色，从这个意义上说，职业道德的大部分目的是促进自我意识，即医生、律师和其他代理人所扮演的独特角色，他们被委托处理对他们的客户至关重要的事务。然而，正如汤姆森假设的环状结构和人行天桥的变体场景所表明的那样，职业主义并不能完全解释个人对假设情况的不同反应。

还有一种观点试图将个人的反应解释为与功利主义相一致。基于这一原因，人们被认为表达了一种含糊不清的理解，即尽管某些导致损害的行为在特定情况下似乎是被功利主义所驱使的，但这些行为将产生长期或系统性的不利后果，其结果将超过在具体情况下所获得的好处。例如，虽然在器官移植方案中，摘取一个人的器官来拯救五个人，乍一看似乎符合效用最大化，但这种行为的更广泛后果可能包括削弱公众对医疗行业的信任，以及社会福利的整体下降。同样，把陌生人推下天桥的做法可能会产生反社会的影响，而火车司机一时决定改道不会产生这种影响。根据这些推理，许多理论家都认为，在功利主义思维下管理行为的相关经验问题，并不是在任何特定情况下的特定行为是否会促进整体效用，而是在不同情况下以特定方式行为的一般规则是否会要求这样做。[11]

这些扩展的功利主义论点的问题在于，它们有一种程式化的、几乎是特别的品质。评论人士似乎在塑造他们对后果的经验主义理解，以符合他们认为是正确的做法，这与功利主义所主张的分析方法恰恰相反。此外，评论家还没有解释为什么某些表面上具有最大化效用的行为（例如，将陌生人推下天桥）会产生反社会效应，而其他行为（例如，将火车调转到一个人而不是五个人受到威胁的轨道）不会产生反社会效应。他们关于行为带来的长期社会后果的说法似乎取决于每个人的行为选择，而功利主义框架所反对的正是各种行为之间的界分。在这方面，有一个经常在理论中被引用和实践中被见证的危险，即功利主义将被定位为只有精英才能处理的评估行为的框架，而普罗大众则使用更粗糙的"道德启发式"思维，这些方法被功利主义者所容忍，只是因为它们在长期效果上接近效用最大化。[12] 因此，当普罗大众的"道德启发式"思维明显未能实现效用最大化时，它们就会被功利主义精英视为认知上的"错误"，并通过教育或监管干预加以"纠正"。在功利主义理论家面对他们的分析方法被普遍明显地拒绝时，这种对人类大部分的道德体验的重新描述可能会给他们带来安慰，但对个人拒绝功利主义方法的理由没有予以充分尊重。

那么，我们如何对个人拒绝纯粹功利主义思想的理由予以尊重呢？相较于我们不能做的事情，如何使我们能做的事情更紧密地与我们的身份和叙事历史联系在一起？人们提出了许多重要的论点，其中大多数都是从假设的立场出发，假设功利主义者有义务进行公正的因果关系最大化，并指

---

[11] See, e.g., Richard B.Brandt, A Theory of the Good and the Right (1979).

[12] See Cass R.Sunstein, Moral Heuristics and Moral Framing, 88 Minn.L.Rev.1556 (2004).

出这种方法中不可取的或站不住脚的方面。正如伯纳德·威廉姆斯（Bernard Williams）的著名论断，对个人能动性的肯定性表达赋予某种特殊意义，"就像在生活中那样，把他的行动视为源于某种情况下，在最深层次上认真对待的这些计划和态度"[13]。相反，通过将行为的规范性建立在对因果机会的完全公正的评估上，功利主义使得个人的计划和目标永远是偶然性的，永远处于被碰巧产生更多预期效用的替代行为所压倒的风险之中。最具破坏性的是，基于普适性经验，如果个人没有做任何选择或促进，这些可供选择的行动路线可能成为强制性的。因此，即使承认我们比通常认为的更加深陷于并不得不承受因果关系的网络中，如果采取功利主义的极端立场，似乎为了规范个人行为而完全放弃了个人"独特性"概念，这既在心理学上站不住脚，在哲学上也是有问题的。正如威廉姆斯所说，在最真实的意义上，功利主义的极端立场是对个人人格的一种攻击。[14] 这是一种对行为和选择能力的严重损害，而这种行为和选择能力反映并强化了个人内心深处的价值观和生活追求。

其他批评家则观察到，功利主义强加的公正义务，往往使视为构成我们生活重要组成部分的各种人际关系（例如，血缘关系、爱情和友谊等）变得不可行。这些关系本质上常常依赖于某种程度的不加掩饰的派系之争，然而，公正的最优因果关系的责任不允许个人表达这种派系偏见，换句话说，不允许某些人比其他所有人拥有更多的个人的时间和努力。[15] 另外，功利主义的方法似乎使个人生活中一些最神圣的方面变得脆弱。功利主义的主张允许个人更重视所爱之人的需要和利益，但这并不能消除这种担忧，因为个人承诺忠诚于另一个人的能力仍然受到破坏。承诺是否得以实现永远取决于经验事实是否允许；因此，它根本就不是一个无条件兑现的承诺。难怪，我们熟悉的亲密关系和忠诚义务似乎很难符合功利主义原则：尽管我们毫无疑问地赞同辛格和昂格尔的观点，即我们的行为应该变

---

[13] Bernard Williams, A Critique of Utilitarianism, in Ethics: History, Theory, and Contemporary Issues 567, 582 (Steven M. Cahn & Peter Markie eds., 1998).

[14] Bernard Williams, A Critique of Utilitarianism, in J.J.C. Smart & Bernard Williams, Utilitarianism: for and Against 116-117 (1973).

[15] See Samuel Scheffler, Boundaries and Allegiances: Problems of Justice and Responsibility in Liberal Thought 121 (2001) ("他们认为，除非人们把自己的人际关系视为行动的独立理由来源，否则人际关系就不能像在人类生活中那样发挥根本作用。").

得更加具有普适性和顾及他人，但功利主义的框架似乎要求一些更极端的东西，实际上，功利主义视角下的公正会使我们的社会同质化。

还有一些人断言，功利主义似乎要求个人做出公正、客观的经验评估，而这种评估根本不可能获得。毫无疑问，道德的一部分确实包括在公正和客观的基础上，应从各方面加以考虑，确定什么能产生最好的结果。然而，我们也必须承认，这种"无源之见"[16]永远不会得到认可。我们的主观性一味重申：我们至少总是意识到这样一个事实，即无论持有什么客观见解，都代表着我们为实现这种客观见解所付出的特殊努力。我们也不一定希望客观的视角成为独有的、天衣无缝的优势，因为我们的主观视角，即我们自己独特的视角，构成了我们认为自己是谁的重要组成部分。根据个人伦理的"主体相涉"理论，行为的规范性至少部分地依赖于个体行动者自身特殊性的考虑，在对于这些吸引力的诸多阐释中，普遍认为其能够防止生活和身份认知退缩到我们所处的更广泛的因果关系网络中。另外，生态学和其他新兴科学对复杂的、适应性系统的理解强调了这一功能的重要性，因为它们假定在这些系统中的任何单个组成部分上，存在一种扩展但同时不完美的因果关系可能性。在这种情况下，个人要形成道德认同所面临的挑战尤其深刻：个体不仅面临无数的行动机会，而且他还体验到他的行动深深地嵌入一个因果秩序中，这与可预测的二元因果关系的经典理念相违背。

尽管功利主义者似乎忽视了这一点，但正是这种科学上的不确定性给机会成本这类概念蒙上了一层忧郁的色彩：我们必须在行动中每时每刻都放弃一些选择，而这在日后可能对我们造成困扰。在最大化公平责任下，"可能会发生的"[17]"最悲哀"的情形是，在一个充满无限不完美的偶然机会的世界里，这不仅仅是对塑造身份的挑战的一种反思，而演变成了一种反身性（相互决定性）的命令，并以一种在人类行为者和他所处的复杂的因果关系系统之间无法划清楚河汉界的方式来行动和选择。[18]同样，

---

[16] See Thomas Nagel, the View from Nowhere (1986).

[17] See John Greenleaf Whittier, Maud Muller, in English Poetry Iii: from Tennyson to Whitman (Charles W.Gliot ed., 1909) （"在所有悲伤的语言或文字中，最悲伤的是：'原本可能是这样的！'"）.

[18] See Williams, supra note 13, at 94. （注意到，对于结果主义来说，所有的因果关系都是在同一水平上的，就此而言，一个特定状态的因果关系是否通过另一个行动者，并没有什么区别.）.

很难想象个人会容忍这样的计划：这种不偏不倚的功利主义的方法似乎使世界过度扁平化了，迫使个人允许他的计划、关系和生活在一个相称的、空洞的环境中变得模糊。

至少许多道德哲学家都这么说。然而，越来越多的神经学家、心理学家和法律评论家认为，道德哲学家反对功利主义仅仅出于一种过于复杂的分析，即从"是"中提炼出"应该"，也就是说，一种不加批判的渴望，把哲学谱系赋予个人的常识直觉，从本质上说，不是在实践中进行道德推理，而是提供了一种"道德合理化的尝试"。[19] 诚然，正如心理学实验所证明的那样，个人似乎确实采用了一种包括行为道义约束和其他"行为非结果论"[20]特征的道德体系。但是，根据持怀疑态度的观察者们的看法，这些证据可能与道德哲学的运用关系不大；相反，它可能反映了生物性决定的认知过程，道德哲学只是试图通过事后解释来弥补这种认知过程。正如心理学家乔舒亚·格林（Joshua Greene）所说："根据这种观点，康德、密尔和其他人的道德哲学只不过是心理学上的冰山一角。如果这是正确的，那么道德哲学家们在行为结果论和行为义务论之间争论不休的时候，可能并不真正知道他们在争论什么，我们可能需要做一些科学研究来找出答案。"[21] 其中一些必要的科学研究是利用神经成像技术进行的，这种技术可以绘制出人们在考虑电车问题和其他哲学思维实验时的大脑活动。从这些研究中，可以看出大脑功能的"高"和"低"的排序，即那些选择反映功利主义推理的人，其大脑中与计划、分析、计算和其他复杂认知功能相关的部分，往往表现出更高水平的活动。反过来，那些选择反映行为道义约束的个体，如遵循"首先，不要

---

[19] Joshua D. Greene, The Secret Joke of Kant's Soul, in 3 Moral Psychology: the Neuroscience of Morality: Emotion, Disease, and Development 35, 36 (Walter Sinnott-Armstrong ed., 2008). See also Jonathan Haidt, The Emotional Dog and Its Rational Tail: A Social Intuitionist Approach to Moral Judgment, 108 Psychol.Rev.814 (2001)（提出了一种道德决策的社会直觉主义模型，在该模型中，对错的判断被视为源自对道德情感的直觉识别过程，这些情感随着时间的推移而进化，服务于某些有价值的人际功能。）.

[20] 行为非结果论，又称"行为道义论""行为义务论"，它是现代西方一种反对传统的规范伦理学的伦理理论，否认存在任何普遍的道德规则可以作为人们道德行为的指导，认为必须认清行为选择的具体境况，根据自己的感觉或直觉决定做自己认为是正确的、正当的事情，而不必去关心结果。——译注

[21] Greene, supra note 18, at 46.

伤害"的禁令，往往会在大脑中与情绪、直觉、情感和其他相对简单的认知功能相关的部分表现出更高水平的活动。基于此，对电车问题和其他假设伦理难题的不同反应被认为是由生物学决定的：充满情感的假设，如人行天桥和器官采集的场景，将我们置于低阶、直观的大脑系统的掌控之中，而更抽象的假设，如最初的火车转换轨道场景，则允许我们的高阶、计算性的系统占据主导地位。行为道义论者的结论是，他们的哲学方案已经沦为对信仰和行为是由进化决定的辩解。对格林来说，道德哲学仅仅是生物学的附带现象：当我们探索典型行为义务论判断的心理原因时，我们的发现可能表明，本质上，义务论道德哲学的真正含义是试图为情感驱动的道德判断提供理性的辩护，而不是试图在道德推理的基础上得出道德结论。[22]

最近的一项大脑成像研究进一步支持了这一观点，它帮助证明了大脑某些区域的活动实际上似乎导致了道德判断，而不是这种判断的结果。[23]研究人员对大脑正中前额叶皮层受损的患者进行了研究。大脑正中前额叶皮层是大脑中与情绪产生相关的区域。尽管这些人的智力和基本情绪都没有受到大脑损伤的影响，但他们对充满感情的图片的反应减弱了，"社会情绪"（如尴尬、内疚和同理心）也普遍降低了。通过比较这些个体对道德哲学假设的反应，与未受损的个体和遭受其他脑损伤的个体相比，研究人员能够证明社交情绪能力减弱的个体之间存在显著的行为差异。具体地说，这些人在面对抽象或非个人的道德困境时，如最初的火车转换轨道假设时，倾向于与其他实验组表现相似。然而，当他们面对更为个人化、情感化的两难境地时，如器官摘取假设或火车转换轨道假设的人行天桥变体，这些人继续关注"数量"，表现出比其他人更愿意牺牲一个人来拯救五个人。用研究人员的话说，接受试验者受损的大脑似乎在这些情况下"产生了一种反常的'功利主义'判断模式"。[24]

实际上，当这些科学家描述"一种反常的'功利主义'判断模式时，他们并不打算权衡和评论相互竞争的伦理理论的优点"。他们只是发现了

---

[22] Id. at 39.

[23] See Michael Koenigs et al., Damage to the Prefrontal Cortex Increases Utilitarian Moral Judgements, 446 Nature 908 (2007).

[24] Id. at 909-910.

一种背离非功利主义决策"规范"的做法。但许多评论家确实认为，这些研究传递了含蓄的评价信息。毕竟，功利主义与计划和分析等高阶认知功能以及"与其他灵长类动物相比，人类大脑中那些最显著扩展的区域"有关。[25] 相反，行为道义论的判断与情绪和情感的低阶功能以及被认为进化上更古老和更原始的大脑区域联系在一起。因此，虽然评论家承认，情绪驱动的判断通常是有用的，因为"情绪是对反复出现的情况非常可靠、快速和有效的反应，而推理在这种情况下是不可靠、缓慢和低效的"[26]。——尽管如此，他们认为在很多情况下，我们的情感反应会使我们误入歧途。他们认为，我们应该认识到，道义论传统并非来自一个成熟的道德哲学框架，而是来自"道德启发式"的使用……或者经验法则，在大多数情况下都很有效，但也会系统性地遭遇失败。[27] 事实上，他们认为，道义上禁止故意剥夺无辜生命的规定可能会以这种方式失败：尽管牺牲无辜生命所带来的道德上的不安，有着根深蒂固的进化论解释，但在某些情况下可能很有价值——例如，当"死亡人数相对较少，而且是普遍需要的活动的意外副产品时"[28]，这可能阻碍了清晰的思维。

综上所述，越来越多的神经学家、心理学家和法律学者认为，最好不要将功利主义、道义论和其他规范伦理理论体系理解为指导行为的哲学理论，但作为事后的总结，这些叙述试图将生物决定的认知过程描述为来自自主选择的哲学理论。那么，我们应该寻求更好地理解我们道德判断的情感基础，并在环境、健康和安全决策等情境中加以防范，因为在这些情境中，拟完成任务的情感共鸣可能会阻碍我们的思考。说实话，这些道德怀疑论者并不是说我们应该完全抑制我们的社会情感能力。毕竟，这种能力有很多用途，是对计划和计算等高阶大脑功能的有益补充，而不是取代。但它们确实表达了对我们与生俱来的同情心和同理心能力的日益关注——我们把每一个存在的生命都视为神圣的能力——实际上不适合应付当代形势的要求。在某些情况下，如涉及对生死攸关的决策的不可避免的权衡，以及对于某些个人，如那些被赋予悲

---

[25] Greene, supra note 18, at 46.
[26] Id. at 60.
[27] Sunstein, Supra note II at 1558.
[28] Id. at 1580.

剧性选择责任的政府监管者,需要避免与道义判断相关的情感系统影响,而不将其作为解释工具加以依赖。

就像经济分析叙事一样,这种超越道德哲学的叙事应该谨慎对待。毕竟,道德哲学自身的思维实验正被用来为这个领域已经过时的假设提供经验证据,这一事实有一定的讽刺意味。更具讽刺意味而几乎不值一提的是,只有那些社会情绪的能力下降的人——也就是说,只有那些遭受某种形式的脑损伤的人,才表现出对公共政策制定者所追求的功利主义的高度坚持。最后一个值得指出的嘲讽是,评论家们同时接受和否认生物决定论。一方面,人类的判断被描述为或多或少自动地在感知和认知中流动。据说,我们拒绝器官移植和在人行天桥假设中拯救这五个人,并不是因为这些情况在哲学上与火车转换轨道假设有区别,而是因为它们只是给我们提供了一个简单的信号,使我们在情感上更直接、更个人化,从而激活了大脑不同区域的功能。另一方面,评论家们的指令性建议似乎是由这样一种感觉驱动的:随着时间的推移,我们至少可以学会对某些情况进行"重新编码",以便它们被引导到大脑中与高阶认知功能相关的区域。然而,人们不禁要问,为什么只有当科学家从发现问题转向解决问题时,这些引导我们思考的理性努力才会变得有效,而不是浮于表面?

这不是讨论决定论的地方,但即使在评论者自己的建议中,似乎也承认,哲学和理性在对我们不变的认知模式进行事后合理化解释之外,还能发挥其他的作用。毕竟,为什么那些关于火车转轨和人行天桥的假设会被"贴上"不同影响的标签,从而被引导到大脑功能的不同中枢神经?为什么一个场景通常被认为是抽象的和非个人的,而另一个场景往往被认为是直接的和引发情感共鸣的?对于哲学怀疑论者来说,解释这种差异可以参考进化论中关于人类群体的传统亲密接触,以及随之而来的对明确的、硬性的不得伤害他人的禁令。但这个解释还包括关于凝聚力、合作和文化的讨论。[29] 由于哲学是文化不可分割的一部分,因此认为这门学科在理解和指导我们的行为方面没有任何贡献,认为它的工作与人类的进化和大脑的功能完全隔绝,似乎还为时过早。相反,神经科学领域似乎还不够成熟,

---

[29] See Jedediah Puredy, The Promise (and Limits) of Neuroeconomics, 58 Ala.L.Rev.1, 21-40 (2006).

大脑太复杂，文化和认知之间的关系太过交织，以至于我们无法相信可以将伦理问题简化为一项科学活动。例如，我们可以根据所谓的大脑功能层级中的进化状态来评估其伦理根源，或者我们可以巧妙地从那些貌似无用的"社会情感"中提取出有用的方面。[30] 我们只是不知道从这样一个等式或从这样的思维解脱中会失去什么。

作为这些命题的证据，我们可以考虑上述大脑成像研究中的一个受试者，这个人在发现自己愿意以假设的方式牺牲个体生命以促进整体福利之后，明显吃惊地对一位研究人员说："天哪，我成了一个杀手。"[31] 我们还可以不顾生物学决定论者的建议，考虑道德哲学的最后一个思想实验，这个实验涉及功利主义和道德能动性概念的基本架构之间的不相容性。这个思想实验不仅有助于我们理解受试者不知从何处冒出这种观点并发出"成为一个杀手"的惊叹，它还将为我们进一步理解环境、健康和安全法中预防原则的价值指明了方向。

假如，就目前而言，功利主义者是正确的，那么，我们行为的做出应该以因果关系影响的最优化为指南，公正地对待所有的动因，对于我们的积极行动和那些可能会做出的选择和行为，并不赋予特别的意义，否则我们就会倾向于用叙事的连续性来掩盖曾经的选择和行为，并以生活作为挡箭牌。假如，我们遵守功利主义的观念，不再把我们的行为与每时每刻不可避免地造成的无限多的疏漏区分开。简而言之，假如我们将自己升华为不偏不倚的超级公正的最优因果关系。那么，我们在哪里能找到因果关系最优性是道德驱动的感觉呢？

我们可能会加入哲学怀疑论者的行列，简单地回答说，这种感觉位于背外侧前额叶皮层或下顶叶。但关于道德标准的依据，我们应该能够阐释得更清楚。怀疑论者相当不加批判地假定，不同的认知和行为模式的规范性优势可以通过参考成熟的生物进化概念来确定。但它将始终保持开放性，以便质疑那些据说反映了我们"更高"秩序能力的东西。正如怀疑

---

[30] See John D. Brrrow, Impossibility: the Limits of Science and the Science of Limits 91 (1998) （"具有讽刺意味的是，在整个大自然的全景图中，从基本物质粒子的内部空间到遥远星系的外部空间，我们所遇到的最复杂的东西，就是我们头脑里的东西。"）.

[31] Benedict Carey, Study Finds Brain Injury Changes Moral Judgment, N. Y. Times, Mar. 21, 2007, available at http://www.nytimes.com/2007/03/21/health/21cnd-brain.html.

论者所说，这些质疑本身可能是由生物学决定的，但它也可能是文化和认知共同进化过程中更为复杂和被理性认可的一部分。[32] 概念的选择在很大程度上是我们自己的事，事实上，似乎没有人是绝对或始终如一的决定论者。如前所述，哲学怀疑论者敦促采取政策和制度，以促进更大程度地利用功利主义的判断能力，这一事实似乎揭示了关于道德能动性和人类理性可能性的概念中一些永恒的元素。[33]

这里可以看到一个基本的元伦理命题。正如塞缪尔·舍夫勒（Samuel Scheffler）所解释的那样，个人工具最优化的规范标准——对行为人本身的观点、行为或其他特征没有赋予特别的意义——而它的吸引力源自"工具最优性之外的考虑"，这似乎是自相矛盾的。[34] 工具最优性具有首要规范意义，这一相反观点面临着无法克服的复杂性。例如，正如本书后面所讨论的，在某些情况下，刻意的优化尝试可能不是最可靠的优化路径。因此，知道何时以及如何从优化演算中脱离出来，转而采用更为务实更为明智的方法，这意味着存在某种独立的动因，它们至少对一些额外的规范性标准做出了响应。那些倾向于规则功利主义[35]而不是行为功利主义[36]的哲学家，也面临着类似的挑战，他们必须给出一个解释，说明人们如何从规则的选择中获得适当程度的普遍性或抽象性。也就是说，为了避免给我们带来无限的倒退，某个人的行为必须在某些方面超越纯粹的功利主义计算，以确立规则功利主义的基调。

更为根本的是，正如舍夫勒所说，坚持工具最优准则的可取性不能以这样一种判断为前提，即假定它是符合工具最优化准则的，因为"如果真的是这样，就需要已经接受了这个规范，以便认为自己有理由接受它，

---

[32] For an overview of a highly fruitful field of psychological research exploring cultural dimensions of cognition, see Dan M.Kahan & Donald Braman, Cultural Cognition and Public Policy, 24 Yale L.& Pol'y Rev.149 (2006).

[33] Cf.Thomas Nagel, Mortal Questions 210 (1979)（关于自由意志、人格同一性和身心的问题，即尼采称为"难以消化的肿块"，让客观性观点的总体野心停歇下来。）.

[34] Samual Scheffler, Doing and Allowing, 114 Ethics 215, 232 (2004).

[35] 规则功利主义是功利主义的一分支，这种理论强调规则在道德中的重要性。该学说认为，如果每个人都永远遵守同一套道德规范，就能产生最大快乐值。——译注

[36] 行为功利主义亦称行动功利主义，与"规则功利主义"相对，是指现代西方一种主张直接以行为效果来确定行为正当与否的伦理学。——译注

这意味着所提出的推导过程是循环论证的"[37]。为了避免这种循环论证，首先必须假设一个具有能动性的主体，他必须对他的道德行为予以肯定，因为这些行为的做出是出于他已经考虑和选择的理由。然而，功利主义似乎通过系统化的决策程序，消除了我们在道德推理中的这种自由意志。

舍夫勒的观点与法律哲学家丹尼尔·马尔柯维茨（Daniel Markovits）试图构建一个"第一人称的必要架构"的解释有一定关联，马尔柯维茨认为，任何有意义的个人道德主体概念都必须包括这样一种认识，即自己不仅是对行为的原因做出反应的主体，同时也是一个原因的产生者，包括与个人密切相关的和独特的原因。[38] 舍夫勒强调，个人认为自己受制于任何形式的道德规范，这一事实意味着他们必须接受他们的行为与更大的因果秩序之间的区别，而马尔科维茨认为，个人能够连贯地将自己视为道德行为主体的最低逻辑是要求提供行为的理由，而这些理由并不仅仅是由外部规范理论决定的，如功利主义背后的最优化准则。无论从哪一个角度来看，问题在于，通过提倡一个纯粹公正和程序化决策的标准，因果关系优化程序还暗中要求个人拒绝相信他们的判断和行为在伦理上是独特的这一信念——这似乎是有理由接受任何规范伦理理论的最低必要前提。

最优化原则的捍卫者可能会回应说，在他们的框架中，道德主体的概念分离是由这样一个事实来维持的，即功利主义演算在评估最佳行动方案时考虑了个人的特定因果关系定位和信息集。[39] 从这个意义上说，个人的特殊性作为一个基准，从中可以估算出行为的成本和收益。然而，优化论者无法控制他们的逻辑，因为他们假定个人也应该选择将自己置于因果关系设置中，并投资于以一种计算出最佳结果的方式获取信息。很快，因果关系最优化的责任就变成了无限地以自我为参照系，个体就会迷失在这样

---

[37] 行为功利主义亦称行动功利主义，与"规则功利主义"相对，是指现代西方一种主张直接以行为效果来确定行为正当与否的伦理学。——译注

[38] Daniel Markovits, Legal Ethics and the Lawyer's point of View, 15 Yale J.L.& Human.209, 249（2003）. See also Jed Rubenfeld, Freedom and Time：a Theory of Constitutional Self-government 97（2001）（具有独立意志的自我既不愿意被他现在的意志或声音所支配，然而，重要的是，他也不愿被亲自撰写的文本所支配，不管这些文本是否真的被记录下来。）.

[39] 博弈论中，信息集是指对于特定的参与者，建立基于其所观察到的所有博弈中可能发生的行动的集合。如果博弈是信息完美的，每个信息集只能有一个参与者，并显示博弈所处的阶段。否则，有的参与者可能就不知道博弈的状态以及自己周围的形势。——译注

一个框架中，这个框架只有通过否认个人独特的道德主体基础，才能实现其伦理目标的一致性。

实际上，功利主义的最大化框架不仅是杂乱无章的——目标受众形成和保持了一种对框架主题的个人紧迫感，从某种意义上说，这一过程被外源化了——而且它还正式而含蓄地谴责了其主体的自由裁量权和判断力。像任何规范伦理学理论一样，功利主义似乎必须依赖于它的相关性和一致性，这些行动者被授权对行为的原因做出反应，至少包括一些完全独立于外部强加的规范框架的行为原因。然而，与大多数其他规范伦理学理论不同，最优化的形式语言贬低了任何此类独立的行为动机的价值。也就是说，形式化的福利最大化伦理世界为个体提供了一系列严峻的选择：偏好与最优、主观性与理性，以及正如我们将在后面几章看到的，公平与效率、预防与最大化。因此，尽管最大化框架的说服力取决于其试图说服对象的持续自我意识和认知独立性，但该框架的公理结构同时不可避免地谴责这些主体的独立判断并导致了次优结果。在这样一个概念下，很难想象为什么个人会在发挥其影响力时保持足够的成本投入，以继续追求道德行为。事实上，在条件反射地长时间遵循最优性的命令之后，他们可能会在某天醒来对自己说："天哪，我变成了一个杀手"，却不知道原因何在。

我们可以粗略地按照图 1-1 的思路来概括前面的讨论，图 1-1 提供了一系列规范伦理理论的光谱，按照理论中个体行为人的"厚"或"薄"的等级排列。在这种语境下，"厚"或"薄"指的是个体行为者的主观能动性的程度是由以下因素是否被允许纳入行为规范性的考量来确定的，这些因素包括：他的信仰、他的随意的判断、他的选择的计划、他的个人关系，等等。需要说明的是，这并不是要描述一个自利（或利己）和无私（或利他）行为规范的光谱，尽管许多评论家很快就将这些分类放在一起。相反，理论光谱更多地捕捉了主观或客观程度的本质：换言之，在某种程度上，个体在特定伦理理论下的选择和行为是从他选择或塑造的理由中产生的，而不是根据外部给定的标准被固定下来。托马斯·内格尔（Thomas Nagel）使用"主体中立性"和"主体互涉性"[40] 的术语来解释

---

[40] 主体互涉与主体中立的区分被广泛地认为是一个重要的哲学问题。这种区别往往是以不同的、不相容的方式做出。托马斯·内格尔认为历史上主体互涉/主体中立的区分主要有三种方式：基于原则的区分、基于理性陈述的区分和基于视角的区分。

行为，以获得类似的概念。正如他所描述的，"如果一个理由可以被给定一个一般形式，但不包括对倡导者的独特性的考量，那么它就是一个主体中立的理由……另一方面，如果一个理性的一般形式确实包含了对倡导者独特性的必要考量，那么它就是一个主体互涉的理性"[41]。因此，在纯粹的主体互涉性（该原则或视角要求行为的规范性始终仅仅依赖于个体行动者的内在动因）与纯粹的主体中立性（该原则或视角要求个人在任何时候都要按照外部给出的正义或良善的标准来做出决定）之间，一系列的不同立场被确定下来。同时，请记住，在这个意义上，与自我决定的行为不同，主体互涉性不必然与利己主义的行为密切相关。

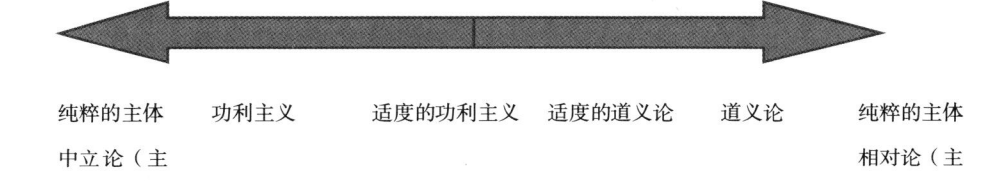

| 纯粹的主体中立论（主体无涉） | 功利主义 | 适度的功利主义 | 适度的道义论 | 道义论 | 纯粹的主体相对论（主体互涉） |

图1-1 规范伦理学中的主体相对性谱系

从纯粹的主体中立性的极端立场出发，在某些功利主义版本中，个体被赋予了一种略微"厚重"些的地位，因为个体被允许拥有主观决定的而不是外部给予的利益或偏好。事实上，正如下一章所解释的那样，福利经济学倾向于强调，价值的依据完全取决于个人表达或显示的偏好。尽管如此，功利主义的方法在很大程度上仍然是主体中立的，因为个人不被允许以不同于他人利益的方式来衡量自己的利益，或者更广泛地说，不允许独立地对行为规范进行推理论证。主观利益或偏好只作为经验事实输入伦理决策中，而决策本身保持形式化和公正。适度功利主义的类型则倾向于放松这种利益计算的授权，以给个体行为者一个更大的自决空间。例如，与行为功利主义相比，规则功利主义可能被认为稍微更具有主体互涉性，因为该理论含蓄地认可了行为功利主义对个人的认知和信息需求的观点，以较低的成本替代了一般行为公理。因此，个人与其把精力投入筛选无数他随时可以参与的其他行为方案中去（其中许多方案无疑会比他目前计

---

[41] NaGeL, supra note 15, at 152-153.

划的方案更能促进整体福祉），相反，他不如利用规则功利主义释放出来的精神空间，来追求自己的计划并遵循自己确信的理由。

从纯粹的主体互涉论的另一个极端出发，我们首先会遇到道义论这一内涵模糊但重要的范畴，它通常与作为—不作为的区别相联系，因为道义论约束的特点在于关注个人做了什么，而不是他没做什么。道义论以其最强烈的形式禁止某些不道德的行为——杀戮、说谎、偷窃，等等。而不论这些行为是否会导致好的结果，甚至不论这些行为是否会阻止义务论法令所禁止的更大数量的伤害。这种约束与特定的伦理主体相关：重要的不是他是否将杀戮最小化，而是他是否杀戮。适度道义论的种类通过各种方式放松了这种义务约束。例如，当面临消除超过一定阈值的杀戮的机会时，一个人的死亡可以挽救五条生命，导致个人可以被允许从事禁止的行为。由于行动者的自由裁量权所起的关键作用，这种方法仍然不同于因果最优性的功利主义方法。正如舍夫勒所写的那样，"允许不产生最优化状态，就足以使个体行为者从非个人最优的需求中解放出来，从而防止他们成为非个人立场的奴隶"[42]。

对一些读者来说，道义论似乎正好是主体相涉理论的对立面，因为它通常与抽象的推理和规则联系在一起，而这些推理和规则在很大程度上对其背景不敏感。尽管这种道义论的方法确实对行为施加了明显而重要的约束，但它们仍然为个人提供了广阔的自由空间，可以根据自己认为有说服力的理由来执行自己选择的任务，并解决职责之间的冲突。例如，善行的道义原则要求个人有义务改善他人的生活条件，但不是出于功利主义的公正的因果最优化的反身意识。行为人仍然拥有一种反思和推理的力量，他的自由裁量判断在履行义务方面起着重要作用。事实上，在经典的康德道德命令中，即使是最严格的禁止杀戮也是相对的，在这个意义上说，禁止的存在是由于个体的行为者已经推理到接受它为绝对命令的程度。个体在任何时候不仅以这种方式将自己视为一个"迟钝的"推理主体，而且还将所有其他人类个体视为三维主体。道义论意义上的个体必须承认和尊重他人不可减少、与众不同的能动性，而不是简单地需要识别和最大化他人的利益。悦纳他人的能动性不是将其作为实证检验的对象，而是作为理性对话的主体。正如第五章所述，当转化成全球环境领域的政策时，这种视

---

[42] Samuel Scheffler, the Rejection of Consequentialism 94 (1995).

角的差异呈现出重大深远的意义，在制定环境法律和政策时，各国必须与其他主权国家合作，为实现共同的目标而持续努力，而不是简单地衡量和接受其他国家的行为，并一味地接受其实践经验。

在主体相涉理论范围内，这次讨论提出的中心问题并不是关于最具吸引力的规范伦理理论。相反，它关注的是，一旦我们接受了功利主义对伦理主体特殊性的否认，我们如何才能继续讨论这个理论的存在。也就是说，除非我们认同生物决定论的观点，即功利主义的公正最优性将成为我们认知能力的最高表达，否则某种程度的主体相关性似乎是不可避免的，因为没有它，我们就再也找不到认为他的选择足够与众不同并值得任何形式的道德审查的人。可以肯定的是，当我们从纯粹的主体相关性理论中走出来时，就像近代道义论的批评者所宣称的那样，我们可能会感受到一种道德升华的感觉。例如，我们最初似乎很好地受到"原始"的道义约束，因为它们以一种简单易懂、禁忌式的方式绝对禁止某些暴力或反社会行为。但是，故事还在继续，当我们更深入地思考他人的需求和利益时，我们逐渐认识到，我们的因果最优化的能力可能会更直接地指向其他方面。也就是说，我们避免伤害的消极的绝对责任可以由减轻痛苦的积极责任来补充。最终，在克服了道德上的不安之后，我们开始认识到，如果为了避免更大的伤害而采取的行动是必要的，那么我们甚至可以用正当的理由造成某些伤害。

在这一点上，我们偶然发现了一个充满魅惑的想法：如果我们的决策服从功利主义的全面理性原则，也许伦理行为可以用一种最优化的演算来完美地描述，也许公正的利益最大化在世界上就可以得到充分的实现。然而，在这里，我们遇到了一个困难：一旦我们完全理解了功利主义对我们的要求，我们就不再记得有义务这样做的原因了。由于不再有将这种行为特别归因于我们自身的机制，我们将不再记得为什么我们自身的行为很重要。我们坚定不移地试图从规范性伦理的主体相关论中剥离出来，但这使我们陷入了一种戏剧性的、可能是不可逆转的混乱：因为不再有一种可归因于我们自身特殊行为的机制，我们不再记得为什么我们的行为很重要。一个人坚持使用自己的因果关系最优化的推理能力所构成的独特关系，连同所有其他这些"原始"的伦理观念，都从人们的视野中消失了。当我们稳步地跨越了"主体相关性"理论的范围，朝着更形式化的、强调"客观"的方法前进时，我们便实现了所谓的公正主义理想，但结果却发现我们脚下的路已坍塌，我们的理想也随之消散。

第二章 命令和预防

基于对臭氧消耗物质可能造成潜在损害的理论观点，国内和国际早期均致力于消除该物质，这是在缺乏关于潜在灾难性环境损害信息的情况下进行预防性管制的典型例子。多年以后，实证调查已经证实了科学界的担忧，成本效益分析现在能够"验证"早期在臭氧问题上采取积极态度是明智的。然而，值得注意的是，在采取行动之时，一个政治机构就已经产生了预防性智慧，它认为自己置身于风险评估和福利最大化工具之外，并对其持批判态度。事实上，在美国领导减少消耗臭氧层物质使用的全球努力之时，计算机程序正在拒绝接受关于臭氧层损失程度的卫星数据，因为这些数据与预期结果的范围相差太远，因而无效。① 尽管如此，鉴于其巨大的潜在危害，美国接受了目前的经济代价，以消除臭氧灾难的可能性，并最终说服其他工业化国家遵循其预防措施。②

今天，这种预防性措施被美国政策制定精英们嘲讽为一个"神话般的概念……像一个独角兽"。③ 他们指出，预防原则似乎对这样一种现实不敏感，即每一个采取行动或不采取行动的决定都意味着一系列选择，无论是好是坏，都不得不做出选择。对于批评者来说，正是这些似乎未被充分认识到的按照预防原则行事的后果，才使得这种有争议的措施成为公共政策制定的基础。采取预防措施会带来自身的成本，包括直接成本（例如，守法成本）和间接成本（例如，机会成本、不利的副作用），这些成本必须与通过预防行动防范的任何风险一并考虑。出于这个原因，环境法

---

① See Clive L.Spash, Greenhouse Economics: Value and Ethics 132 (2002).

② Admittedly, this is an unduly simplified account.For a more complete rendering, including discussion of the significant role of U.S.economic interests in a global ozone regime, see Richard Elliott Benedick, Ozone Diplomacy: New Directions in Safeguarding the Plant (1991).

③ See John D. Graham, The Role of Precaution in Risk Assessment and Management: An American's View (2002), http://www.whitehouse.gov/omb/inforeg/eu_speech.html.

管制革新者主张采用决策框架，如成本效益分析，以保持对全面后果评估的忠实性，并追求最佳结果。反过来，革新者强烈批评这种试探法，如预防原则，在个别情况下可能会导致放弃实质性的收益。

在提出这些反对意见时，预防原则的批评者似乎认为，考虑潜在危险的唯一有意义的方法是，将它们的可能性和潜在程度与避免它们的成本进行比较，换言之，评估政府作为或不作为的后果。因此，大多数关于预防原则的争论都在追随道德哲学中关于个体规范性伦理的结果主义——功利主义和道义论方法之间的根本分歧。从这个角度来看，采取预防措施似乎确实是放弃了根据行为的预期后果来将整体需求最大化的追求，如效用或福利。然而，正如前一章所指出的那样，这种理想化的探索并没有穷尽所有受人尊敬和广泛持有的道德行为理论。至少就个人而言，当面临极端不确定性和有限控制力的情况时，功利主义与道义论也不一定是规范决策的最佳理论。正如功利主义的批评者所指出的那样，在这些令人生畏的约束条件下，个人既缺乏足够的原材料和信息来满足最大化的要求，又无法让自己的生活充满创作感和个人体验感。因此，一个主体相关性伦理决策的方法应运而生——这是一种依据他的观点、他的判断、他的理由为个体特殊性提供概念意义的方法。无论是为了在经验模糊的背景下提供额外的动力来源，还是为了在伦理决策的结果中建立持久的个人参与感，都是可取的。

如果这种超伦理分析可以从个人的背景转换到集体的背景，它将为预防方法提供大量的具象意义：即使假定因果优化程序声称的"风险存在于社会环境的各个方面[4]，这一事实本身也不会迫使我们采用一种最优化标准，在该标准中，施加的风险和放弃的机会均被视为无法区分"。如前一章所示，人类行为者一般认为他们的行为特别值得深思、选择和担责，但这种因果秩序的同质化概念有可能破坏这一基础。换言之，没有一个连贯的关于个人能动性的概念，甚至是一个集体能动性的概念，可以完全否认主体的选择和行动的特殊性，而这正是公正的最优化所迫使的。相反，希波克拉底的警告和预防原则可能是必要的，因为其中隐含着提醒：行为人的行为和决定具有规范性的分量，必须由行为人自己承担其后果。

---

[4] Cass R.Sunstein, Beyond the Precautionary Principle, 151 U.Pa.L.Rev.1003, 1008 (2003).

与个体规范伦理理论中存在的主体相关性程度一样，人们可以根据国家或其他集体政治实体的"厚"或"薄"程度构建一系列规范政治理论的光谱（如图2-1所示）。在这种情况下，主体相关性的概念指的是作为主体的集体，通过其政治机构的行动，以允许和授权的方式来确定目标、追求项目和阐明源于集体本身的原因的程度，有别于组成集体的原子化个体。换言之，政治组织理论在多大程度上允许将政府行为的规范性定义为独立于组成政府的个人利益集合体之外？

社会选择论[5]　自由意志论[6]　社会自由主义[7]　社群主义[8]　极权主义[9]

图 2-1　政治理论中主体相关性理论的谱系

在这个意义上，通往"最厚重"的国家权力和自由裁量权的途径是极权主义，它描述的是一种国家根据自己的意识形态对公共和私人行为的几乎所有方面进行全方位监管的政权。极权主义国家几乎没有受到任何形式的限制，不能因为他人的地位或利益而采取行动或政策，包括国家自己的个体社会成员；相反，对国家权力的限制仅仅出现在革命的可能性中。

---

[5]　社会选择论主要是分析个人偏好和集体选择之间的关系，其研究的根本性问题是各种社会决策是否尊重个人偏好，能否对不同的社会状态进行公正的排序或以其他某种方式加以评价。——译注

[6]　自由意志论是一种意识形态和哲学，是以自由为主要政治价值的一系列思想流派的集合。其特色为追求发展、相信人类善良本性以及拥护个人自治权。更广泛地，自由主义追求保护个人思想自由的社会、以法律限制政府对权力的运用、保障自由贸易的观念、支持私人企业的市场经济以及透明地保障每一个公民的权利。——译注

[7]　社会自由主义是德国思想家施蒂纳用语。指把社会升为最高所有者的社会存在方式。他利用财产和自有的这两个德文名词在词源学上的联系，把财产解释为人所固有的，不可消灭的东西，把共产主义者主张消灭私有者对他人劳动的支配与占有说成消灭"占有"，把消灭私有制说成反对个人对任何东西的占有。马克思、恩格斯在《德意志意识形态》中对施蒂纳的这一理论作了详尽的批判。——译注

[8]　社群主义是20世纪80年代后产生的当代最有影响的西方政治思潮之一，以新集体主义作为哲学基础。社群主义认为个人及其自我最终是由他所在的社群决定的。主要代表有桑德尔、麦金太尔和沃尔策等。——译注

[9]　极权主义是一种政治学上的术语，用来描述一个对社会有着绝对权威并尽一切可能谋求控制公众与私人生活的国家之政治制度。——译注

在某些方面，极权主义对于个人来说是纯粹的主体相关论的集体等价物，因为在这两种情况下，相关的主体都在不受约束的情况下追求自己所信奉的生活计划。正如一些哲学家主张，纯粹的主体相关论有效地引导个人促进他人的福祉（而不一定是破坏），一些政治行为体也认为，一个包罗万象或全能型国家可以引导政府为社会福利服务（而不一定是压制）。但后者的说服力远不如前者。

另一个极端是各种形式的社会选择理论，在这种理论中，国家基本上完全消失了，取而代之的是一个将个人投票、偏好或利益聚集到一个集体决策矩阵中的非强制性机构。尽管这些程序遇到了众所周知的悖论，[10] 他们将集体选择的形式缩减为个人利益的集合，这或许是自由主义信念的最充分体现，即在相互竞争的善的概念中，可以实现一个公正、高效和可持续的社会，同时保持国家的中立性。从这个角度来看，国家就类似于个人层面上的纯粹主体中立的规范伦理概念，因为国家的选择和行动完全按照外部给定的、形式化的决策准则来确定。与极权主义相比，这种"瘦身国家"理论上的吸引力是显而易见的：有了完美描述和透明实施的识别、加权和聚集偏好的规则，个人不再需要关心似乎潜伏在其他更自觉的集体政治组织概念中的潜在的压迫性力量。[11] 另外，正如许多自由主义理论家所指出的那样，在诸如功利主义这样的最优化理论下，个人可能会面临一种不同的、更微妙的压迫；也就是说，他可能会发现自己被征召到整体福利最大化的计划中。[12] 例如，他可能会被告知，在他选择的人生道路以外

---

[10] For important contributions and discussions, see Kenneth J.Arrow, Social Choice and Individual Values (2d ed.1963); Amartya K.Sen, Collective Choice and Social Welfare (1970); Kenneth J.Arrow, A Difficulty in the Concept of Social Welfare, 58 J.Pol.Econ.328 (1950); Kenneth J.Arrow, Some Ordinalist-Utilitarian Notes on Rawls's Sense of Justice 70 J.Phil.245 (1973); Bruce Chapman, More Easily Done Than Said: Rules, Reasons and Rational Social Choice, 18 Oxford J.Legal Stud.293 (1998); Lewis A.Kornhauser & Lawrence G.Sager, The Many as One: Integrity and Group Choice in Paradoxical Cases, 32 Phil.& Pub.Aff.249 (2004); Charles R.Plott, Axiomatic Social Choice Theory: An Overview and Interpretation, 20 Am. J. Pol. Sci.511 (1976).

[11] 在国际关系理论中，国家只是被理解为其个体成员的集合，这种简化主义的国家观既包含了社会选择理论中排外的个人主义形而上学，也包含了对非自由主义政治的潜在恐惧。See Alexander Wendt, The State as a Person in International Theory, 30 REV.INT'L STUD.289, 315 (2004).

[12] See John Rawls, A Theory of Justice (1971); Robert Nozick, Anarchy, State, and Utopia (1974); Bruce A.Ackerman, Social Justice in the Liberal State (1980).

的方向上，他的才能和资源才能得到更有效的利用；他所在群体的宗教实践所产生的效用并不超过多数群体颁布官方国家宗教所带来的收益；或者，更普遍地说，在成本—收益状态中，他作为一个人的强烈的"独立性"不需要受到尊重，因为他作为利益相关者的单薄的"个性"已经在福利评估过程中得到承认。从这个角度来看，规范政治理论完善个人主义的尝试，结果反而支持了某种形式的极权主义。

社会选择理论最重要的实际应用领域是福利经济学，它试图根据一种功利主义的演算来修正法律和政策，而这种演算仍然特别关注个人的相关利益。福利经济学是环境法改革者试图用基于风险评估和成本效益分析的政策方法取代传统政策方法的努力的基础。从这个角度来看，为了回答"有多安全才足够安全"，我们只需要将安全投资给个人带来的收益制成表格，并将结果与估计的成本进行比较。支持者们认识到，这种方法需要根据一个共同的衡量标准并利用有争议的技术来评估所有潜在的幸福来源，而且它通常不能解决政府政策所产生的福利分配的公平性问题。尽管如此，由于各种各样的病态被认为困扰着传统的民主立法方式，比如特殊利益集团对立法内容施加的不成比例的影响，管制机构被这些利益集团所俘获，这些环境法革新者认为，公众对复杂的科学问题缺乏理解，最好的社会服务方式是将社会机构提交到一种正式的评估中，在这种评估中，个人利益被整合到一个集体福利函数中。

在极权主义国家和仅仅复制乌托邦化的、无国籍的个人秩序的国家这两个极端之间，我们发现了自由意志主义、自由主义和社群主义的相关类别。它们的不同之处在于，在多大程度上，它们允许政治团体的思想、目标或价值观沿着非个人主义的轴心呈现。例如，像罗伯特·诺齐克（Robert Nozick）这样的理论家的自由意志主义，或称"小政府主义"，首先确定了某些所谓公民拥有的自然权利，然后证明国家作为独立实体的存在是合理的，前提是它必须保护个人的自然权利。[13] 个人自由是消极的，不是积极的，也就是说，国家必须避免干预个人自治（例如，通过侵占私有财产或损害合同义务），但是不需要提供人类繁荣所必需的积极条件（例如，提供公共卫生医疗保障或重新分配财富）。在这里，人们可以发现作为与不作为的区别在集体层面上具体化了。在自由意志主义下，国家

---

[13] See Robert Nozick, Anarchy, State, and Utopia (1974).

的"积极"影响是在假定的和正常的不受挑战的私人关系的背景下描述的,这是一种法律之前或政治之前的社会秩序。因此,国家只有通过干预市场的私人运作和其他协商一致的社会关系,才会造成"损害"。如果社会中确实存在痛苦、剥夺和不平等,那么这些伤害不是国家的过错或责任,就像这些状况也不是个人的过错或责任一样。

功利主义者不承认个人不作为的过分方式,这些过分的不作为不像他们想象的那样明确或良性,同时,正如功利主义者批评作为——不作为的区别,批评者也抨击自由意志主义者,因为他们忽视了前法律或前政治时代的社会秩序概念中的缺陷。[14] 对这些批评者来说,国家一直在积极地从事市场和社会秩序的其他领域的建设。例如,即使是作为自由主义制度最低限度保障的财产法与合同法,也需要解决有关财产权益冲突的优先保护或合同执行所必需的信息和自主权的规范性问题。因此,鉴于在自由主义或古典自由主义思想中,即使是那些被视为"私人"的领域,公共影响仍不可避免地存在着,社会自由主义的拥护者们更愿意允许国家监管财产的使用,维护合同的公平性,并确保医疗保险、福利和社会保障网的其他方面的可获得性。与一般的自由主义一样,社会自由主义的关注重点很大程度上仍然是个人;因此,政府权力仍然受到禁止干涉言论自由、追求宗教信仰等法治原则的限制。此外,政府的最终目的并不是要集体阐明和认可特定的价值观、目标或生活方式,而是要使个人能够在这些价值观、目标或生活方式中不受胁迫或压制地做出选择,并具备理性的自决能力,以及通过人文教育来促进宽容。[15] 然而,人类的自治和繁荣需要个人拥有某些积极的自由,例如享有医疗保健和经济机会的权利,而且这些积极的自由又反过来被认为是政府的积极义务,总体而言,国家在社会自由主义中似乎比古典自由主义占有更高的"权重"。

---

[14] Indeed, some contend that libertarianism so dramatically emphasizes private ordering at the cost of a public sphere as to fail to count as a liberal theory. ("事实上,一些人认为,自由意志主义如此戏剧化地强调以牺牲公共领域为代价的私人秩序,以至于不能算作自由主义理论。") See Samuel Freeman, Illiberal Libertarians: Why Libertarianism Is Not a Liberal View, 30 Phil. & Pub. Aff. 105 (2001).

[15] Cf. Richard Craswell, Incommensurability, Welfare Economics, and the Law, 146 U. Pa. L. Rev. 1419, 1461 (1998). ["最自由主义的说法是,政府是一个无生命的机构,其正当性(如果有的话),在于它对每个公民的贡献。"]

国家权威更厚重的是社群主义国家，它源于对自由主义的批判和对个人的关注。[16] 社群主义者认为个人自主的自由主义概念有些矫揉造作；在他们看来，自由主义常常以一种非社会的方式描述人性和存在，这预示着自由主义理论化的结果。社群主义者认为，由于个人处于共同体的语境中，又因为社群处于强大而深远的国家的语境中，所以国家权威的正当理论不能建立在原子化个人主义的本体论之上。相反，它必须承认并适应个人不可避免的社会嵌入性和超个人实体的重要性，如宗教团体、同代人、文化融合区域等。因此，通过群体认同和话语表达，社群主义者比传统的自由主义者更愿意容忍和调解人们在公共领域中的价值观、目标和心仪的生活方式。并不是说社群主义者支持一种威权主义或极权主义的观念，在这种观念中，个人必须通过集体机制明确表达其目标或态度。也就是说，这种集体阐明的目标或态度总是存在于社群主义的本体论中，因此，它们必须在政治生活中被直接加以考虑，而不是将其封闭在名义上的"私人"或非政治化的互动领域中。如，公共教育的社群主义方法并没有将政府的角色局限于灌输一套最低限度的"中立"自由主义价值观，而是允许公共教育工作者积极支持群体的历史和身份的延续。

自由主义理论家以各种方式回应了社群主义的批评。[17] 例如，约翰·罗尔斯（John Rawls）为自己使用抽象的、无条件的自我作为评估政治规范的试探法手段，而不是将其作为一个关于人性的形而上学命题进行辩护。[18] 更具雄心的是，尤尔根·哈贝马斯（Jürgen Habermas）依靠对自我的理解，认为"一旦我们着眼于个体化和社会化过程的辩证统一，那么'个人主义'和'集体主义'方法之间的选择就消失了"[19]。还有一些人主张，不管社群主义者将自由主义定性为过度的个人主义的理据如何，社群

---

[16] See, e.g., Michael Walzer, Spheres of Justice: a Defense of Pluralism and Equality (1983); Michael Sandel, Liberalism and the Limits of Justice (1982); Alasdair Macintyre, After Virtue: a Study in Moral Theory (1981).

[17] The debate is ably synthesized in Rainer Forst, Contexts of Justice: Political Philosophy Beyond Liberalism and Communitarianism (2002).

[18] See John Rawls, Justice as Fairness: Political Not Metaphysical, 14 Phil. & Pub. Affairs 223 (1985).

[19] Jürgen Habermas, Remarks on Legitimation Through Human Rights, 24 Phil. & Soc. Criticism 157, 167 (1998).

主义替代方案的含义尚未以一种安全地避免集体主义潜在的压迫性的方式得到解决。最后这一立场的力量几乎是不言而喻的。毕竟，集体主义出了可怕的问题是 20 世纪的教训，形形色色的自由主义者运用各自的预防原则被认为是正确的。然而，由于社群主义比传统自由主义更大程度地赋予超个体的群体代理权和自我表达权，社群主义理论在主体相关性的范围内占据了一个重要而独立的位置。值得注意的是，甚至国家本身也可以被认为是一个以这种方式存在的社群，它能够作为一个具有特定身份和历史的独特主体，跨越时间而扩展自己。[20]

图 2-1 产生的一个明显而重要的任务是，确定集体主义主体相关性理论光谱上的哪个节点反映了最合乎规范的政治理论。由于本章将要讨论，传统上针对个人功利主义提出批判的许多结论无法应用在国家层面上，相反，作为政府行为的一种哲学，福利经济学的最优化准则尤其可取。[21] 然而，第一章中提出的超伦理观点仍然存在，因为除了因果最优性之外，还有一些规范性的理由是必要的，以证明社会行动者应该遵守一个最优性标准。归根结底，支持公共政策制定的功利主义方法的各种论据，都归结为这样一种观点，即与个人相比，社会组织与政府机构可以在更少的约束和意外副作用的情况下追求因果关系最优性。然而，遵循个人层面上道义力量的观点，社会组织和政府机构应该最优化，仅仅因为这是社会最优的选择的说法，其理由是不充分的。这一说法不仅有时在经验上是错误的，因为刻意追求最优化并不总是实现其目标的最可靠途径，而且这种

---

[20] 这种身份或机构通常可以在社群主义关于国家对个人身份的重要性的描述中发现。See, e.g., Will Kymlicka, Contemporary Political Philosophy: an Introduction 264 (2d ed.2002) ("共同体认同的基础不一定是共同的善的概念，而是对代际社会的一种更稀薄和更分散的归属感，这种归属感在于生活在共同的领土上，拥有共同的过去和未来"); Alasdair MacIntyre, Is Patriotism a Virtue? In Theorising Citizenship 209, 224 (Ronald Beiner ed., 1995) ("爱国主义道德观的一个核心论点是，如果我不理解嵌入在国家历史中的我个人生活的叙述，我将抹去并失去道德生活的一个核心维度。").

[21] See Robert E.Goodin, Utilitarianism As a Public Philosophy 27 (1995) (他的结论是，同样的理由使得道德借口在个人层面上是有效的，并使个人从因果最优性责任中解脱出来，使个体在道德上有义务将自己组织成集体单位，而这些集体单位能够实现作为孤立个体所无法完成的任务; Thomas Nagel, Ruthlessness in Public Life, In Public and Private Morality 75, 84 (Stuart Hampshire ed., 1978) (在适当的范围内，公共决策将理所当然地比私人决策更具结果主义倾向。").

说法在概念上也有问题,因为它无法解释社会组织和政府机构应该做任何事情的固有假设——也就是说,这类组织或机构的决策应该是任何类型的规范的对象。我们必须承认,这种假设的原因是我们含蓄地承认了这样的组织或机构是独立和连贯形成的能动者,而不仅仅是被动的最优化工具。例如,在自由主义传统中,我们常常认为这些组织或机构对其公民负有辩护的责任,以尊重个人持有的多元价值观的方式解释公共政策选择背后的原因。因此,"我们人民"绝不能仅仅作为实现个人固有价值观或利益的传递工具,因为任何集体行动都必须有说服力地向公民提出,以吸引作为民主选择代表的合法性。可以肯定的是,在"常态政治"时期,国家似乎只是由管理着大量无利害关系和不相干的个人的机构组成;然而,在宪法危机和其他"高级法立法"时期,人民主权重新出现在舞台上,更直接地主张人民永远保留的集体创制权。[22]

对于一些观察者来说,这些问题必然会演变成关于政体的本体论地位的根本性辩论。换言之,将国家描述为一个人、一个有机体或其他一些拟人化的实体是否有意义和恰当?国家是一种能保持目标,支持信念或产生行动理由的实体吗?著名法律学者埃里克·波斯纳(Eric Posner)和凯斯·桑斯坦(Cass Sunstein)相当武断地说,国家"没有精神状态,除了比喻之外,也不能行动"[23]。这种简单的否定似乎源于这样一个假设:行动者必须有一个大脑才能有思想或意志性,这是我们在上一章中看到的同样的生物物理还原论的一个版本。然而,事实上,在哲学、政治理论和社会学方面的大量文献,恰恰探讨了国家是什么,以及国家是否可以被视为具有思考能力或意志性的问题。尽管一些评论人士同意波斯纳和桑斯坦的结论,但相当多数量的评论者持不同观点。[24] 例如,在黑格尔和卢梭的著作中突出表现了一种更有机和特点突出的国家概念,[25] 最近,杰德·鲁本菲尔德(Jed Rubenfeld)强有力地重申了这一点,他认为成文宪法有助于民

---

[22] See generally Bruce Ackerman, We the People: Foundations (1991).

[23] Eric A.Posner & Cass R.Sunstein, Climate Change Justice, 96 Geo.L.J.1565, 1572 (2008).

[24] See Patrick Thaddeus Jackson, Is the State a Person? Why Should We Care? 30 Rev. Int'l Stud.255 (2004) (summarizing recent literature).

[25] 黑格尔认为,国家必须被理解为一个有机体,"但它存在于原子化个人主义和极权主义之间"。See Robert R.Williams, Hegel's Ethics of Recognition 294-295 (1997).

主政体下的人民以一种适合自由意志者的方式履行其跨时代的承诺。[26] 社会建构主义理论家亚历山大·温特（Alexander Wendt）同样提出了一系列强有力的论点，支持国家是"具有自我意志的目的性行动者"的观点。[27] 他甚至提出，国家可以被视为有组织的生物生命形式和有意识经验的主体，至少可以根据哲学、生物学和认知科学对那些概念做出合理解释。

鉴于这种争论的存在，采取一种本体论本质主义的立场可能是不明智的，在这种立场下，国家和个人必须根据他们的实际情况来定义。相反，简单地考察构成这些实体的社会和语言实践，并考虑这些实践对我们的政治道德有何启示，或许更有益处。从哪个有利的角度，我们看到，"国家""人类""市场""全球公民社会"以及其他各种行为主体被理解和讨论为具有人格特征的实体，例如，意识、意志和责任。事实上，我们甚至可以和帕特里克·撒迪厄斯·杰克逊（Patrick Thaddeus Jackson）一样，煽动性地宣称，不仅国家是人民，而且"人民也是国家，因为两者都是社会行动者"——以其名义执行行动的实体——在限定的语境中行发挥作用。[28] 值得注意的是，福利经济地位并不能幸免于这种普通语言的争论：即使是说"成本效益国家"，也意味着一个实体，它将一种决策方法和遵循该方法的责任归于实用主义。如上所述，成本效益分析的支持者实际上可以被看作隐秘的集体主义者，他们试图把公民团结在一起，形成一个福利最大化的契约。然而，正如本章剩余部分所指出的，由于成本效益国家没有更高级的语言来证明自己或其政策对公民的正当性，因此，对于成本效益社会如何维持对福利最大化的承诺，支持者缺乏一个连贯的解释。事实上，福利经济学所暗示的坚定地去人性化的国家引发了另一个蛊惑性的主张：从成本效益的角度来看，不仅国家不是个人，而且个人也可能不再是个人，因为他们被迫生活在一个缺乏理解、辩论选择和行动的道德性资源的社群。[29] 正如我们将看到的那样，一旦政府官员沦为福利最大

---

[26] See Jed Rubenfeld, Freedom and Time: a Theory of Constitutional Self-government (2001).

[27] Alexander Wendt, Social Theory of International Politics 194 (1999).

[28] Patrick Thaddeus Jackson, Hegel's House, or "People Are States Too", 30 Rev. Int'l Stud. 281, 281 (2004).

[29] 正如托马斯·内格尔（Thomas Nagel）所写的那样，尽管政治的道德比私人生活的道德更客观，但即使在最需要客观性的层面上，承认个人的价值和自主性也是必不可少的。Thomas Nagel, The View from Nowhere 188 (1986).

化机器的消极行动者,一旦公民沦为这台机器的投入/产出功能的工具,我们就再也无法理解当初最大化的真正理由了。因此,即使波斯纳和桑斯坦否定国家人格作为本体论问题是正确的,他们的洞见也可能将付出不可接受的代价。

就像个人规范伦理理论一样,一方面是人们如何构建集体能动性的问题,另一方面是何种规范理论应该指导这样建构出来的行为者的能动性问题,千万不要将二者相混淆。在考虑后一个问题之前,有必要对前一个问题做出满意的回答,而诸如功利主义和福利经济学等最优化理论的一个特殊缺陷是,它们没有给行为者一个安全的位置,使其可以从那里观察伦理可能性的景观。凯斯·桑斯坦和艾德里安·沃缪勒(Adrian Vermeule)关于国家可能有义务采用死刑的论点有力地证明了这些辩论中的利害关系,因为他们给出的一些证据表明,死刑具有明显的震慑效果,能避免更多的以刑事谋杀的形式出现的死亡,而不是国家批准的杀人形式。[30] 多亏这种(极具争议的[31])死刑威慑文献的出现,生命似乎被排除在死刑辩论之外,桑斯坦和沃缪勒认为,工具主义最优化是国家唯一可辩护的途径。这是因为,在他们看来,"如果死刑是防止大量杀戮的必要条件,那么任何反对不正当执行死刑的道义论禁令都无法确定死刑的道德地位"[32]。然后,作者含蓄地暗示,国家通过其指定的代理人并根据其规定的规则和程序自行造成的死亡,与违反国家刑法的公民个人造成的死亡之间,没有任何道德上的区别。他们写道,实际上对于一个国家来说,"放弃任何特定的处决都可能等同于让一些身份不明的无辜者过早地、暴力地殒命"[33]。通过采用这种以命偿命的等价命题,并假设有关死刑威慑好处的实证文献的真实性,桑斯坦和沃缪勒提出了一个惊人的主张:"当国家可以选择死刑而选择无期徒刑时,大量无辜者的死亡就确定无疑了。"[34] 而且,由于任何一个理性的国家都不应该倾向于采取一种确保更多死亡而不是旨在防止死亡

---

[30] Cass R.Sunstein & Adrian Vermeule, Is Capital Punishment Morally Required? Acts, Omissions, and Life-Life Tradeoffs, 58 Stan.L.Rev.703, 707 (2005).

[31] See John J.Donohue & Justin Wolfers, Uses and Abuses of Empirical Evidence in the Death Penalty Debate, 58 Stan.L.Rev.791 (2005).

[32] Sunstein & Vermeule, supra note 25, at 707.

[33] Id.at 708 (emphasis added).

[34] Id.at 706.

的政策（更不用说更多无辜受害者的死亡），因此作者得出结论，死刑很可能是"道德上的要求"。[35]

桑斯坦和沃缪勒的论证虽然没有以福利经济学或成本效益分析为框架，但却利用了作为这些方法论核心的功利主义哲学。它只根据国家政策对个人整体福祉的预期后果来评估国家政策，对国家作为一个代理人的作用没有任何特殊意义。作者试图证明他们的观点超越了功利主义者和道义论者之间的哲学争论。然而，他们在这方面的论点依赖于一个难以令人信服的推断，即如果道义论采取一种温和的形式，即"允许数量在某种程度上起作用，那么这种道义论方法就会蜕变为功利主义"。在某些特殊情况下，一个温和的道义论者会允许通过伤害来实现福利最大化，桑斯坦和沃缪勒将其视为一种"结果主义的全覆盖"，即强制实施与他们偏爱的功利主义哲学相同的伤害行为。[36]

这种从适度道义论滑落向功利主义的做法，使得作者不仅忽视了死刑的重要特征，也忽视了环境、健康和安全法的重要特征。例如，桑斯坦和沃缪勒引用了关于风险—风险权衡的文献，他们认为"出于道德原因，社会规划者拒绝考虑这种权衡是令人难以置信的"。因此，作者声称："人们普遍认为，某一特定物质是否应该受到管制，取决于该管制对人类福祉的总体影响。"[37] 然而，这种说法并不准确：很少有人会主张社会规划者应该"拒绝考虑这种权衡"。棘手和重要的问题是，我们应该如何最好地进行权衡。在桑斯坦和沃缪勒的概念中，风险—风险权衡只能由国家通过反思性的、建立在实证基础上的指令来实现。他们写道："关键的问题是，在特定领域，事实表明了什么"；"一切都取决于事实真相"；以及"关于政策的争论——受制于特定领域的事实。"[38] 在其他地方，作者坚持认为，尽管存在一个合理的问题，关于死刑是否真的能带来净社会效益，

---

[35] Id. at 708.

[36] See id. at 709（"如果死刑具有显著的威慑作用，即使是在道义论上，我们建议政府废止死刑在道德上是应受谴责的。义务论的解释通常承认结果主义对底线禁止的超越。如果每一次死刑处决平均挽救了 18 条生命，那么我们就有理由认为，废除死刑的理由被推翻了，进而触发了采取死刑的义务。"）.

[37] Id. at 708.

[38] Id. at 710, 734, 735.

这是一个只需要"经验证据"的问题。[39] 另外，在一种不太正式、更具主体相关性的方法下，悲剧性权衡的解决方法不会仅仅被简化为一个经验问题。相反，决策者将始终意识到不可避免的自由裁量权和责任的承担，这给死刑、环境法和其他受管制的暴力领域造成了悲剧性的影响。因此，一个温和的道义论者可能会同意桑斯坦和沃缪勒的观点，即在一些令人遗憾的情况下，故意伤害（如死刑）是正当的。然而，得出这一结论的过程以及一旦采取有害行为就会产生的表达内涵，则与功利主义方法截然不同。对非功利主义者来说，伤害总是要认真对待的。

我们可以生动地说明这两种方法的区别，回到第一章中汤普森提出的器官移植假设。假设艾德里安，一个彻头彻尾的功利主义者，面临着一个决定：是否牺牲他自己的一个病人，以拯救在他的候诊室里迫切需要器官移植的五个病人。通过他的经验主义视角来评估这种情况，他可能会得出结论，虽然杀死一个病人毫无疑问是世界的一个挫折，并且存在着一些危险，即如果病人知道他们可能被征召到最大化机器中，他们将不那么倾向于寻求医疗服务，尽管如此，通过综合的功利主义评估，在这种情况下需要牺牲他一个人以拯救五个人。接下来，假设凯斯，一个温和的道义论者，他的道德理论允许他在特殊情况下造成伤害，也面临着同样的困境。他很可能在经过痛苦的深思熟虑后，认为在这种情况下决定杀死一个人在道德上是允许的。因此，如果仅根据在给定的背景下选择的结果来判断，人们可能会得出结论，这两种伦理方法几乎是无法明晰区分的。但是，以这种方式仅仅考察结果的话，就忽略了功利主义和道义论之间的论争中所有有趣的东西。实际上，这完全是为了避免因为艾德里安和凯斯之间存在着巨大的分歧而引起的争论，前者的伦理理论免除了他对"一人"之死的责任，甚至剥夺了他在这件事上的自由裁量权和能动性；后者的伦理理论清楚地表明，生与死的问题掌握在他的手中，他要求所有的杀戮，即使是正当的，也要以承认这是无奈的悲剧性选择和悔恨的态度来对待。后一种方法在规范伦理理论的写作中充分尊重了主观能动作用的重要性，而前者似乎推进了一种空洞的最优化追求……只是因为这样做能实现整体福利的最大化。

桑斯坦和沃缪勒在一定程度上认识到了这种伦理困境，但如上所述，

---

[39] Id. at 728.

他们认为道义作用的概念在集体层面上要么是不必要的,要么是不连贯的。因此,在他们看来,公共政策的制定可以完全依赖于公正的经验评估,而不必考虑威胁个体生命的方法对道德力量的侵蚀效应。"他们在这方面的论点值得认真对待,因为个体层面上的主体相关性的可取程度不应不加批判地适用于集体层面上。"⑩ 这两种类型的行为者之间的重大区别大概会使我们相信,功利主义理想可以在集体层面更好地实现,因此应该作为公共政策制定的超级规范加以实施。毕竟,反对完全公正的功利主义的经典意见是,它破坏了充满计划和有意义的生活,排除了与家庭、朋友和同胞的特殊联系——这些特殊联系似乎不适用于集体组织,而这些集体组织的职责不是塑造个人身份或培养人际关系,而是为社会的整体利益服务。或许有人会说,在构思和运行这些集体制度时,个体的角色不应该被视为与它们置身其中的更大的因果系统相分离或截然不同;相反,集体责任应该延伸到整个体系的命运中,而不应受"一大堆个人情感、承诺、原则和偏见"的影响。⑪

实用的考量也支持将功利主义作为一种公共哲学加以推广。个人除了严重的不完整性和不精确性之外,他们永远无法履行成本效益最优化的义务,⑫ 与原子化的个人不同,人类的集体被认为能够更好地实现这一责任。组织化的行为者可以颁布规则和以广泛的方式分配成本,从而减轻了

---

⑩ See Mark KeIman, Taking Takings Seriously: An Essay for Centrists, 74 Cal. L. Rev. 1829, 1849-51 (1986) [reviewing Richard A. Epstein, Takings: Private Property and the Power of Eminent Domain (1985)] (他认为,不加批判地将个人权利和责任转化到集体领域是"疯狂地使抽象概念具体化"); Foreword to Public and Private Morality, supra note 16 (收集斯图尔特·汉普郡、T. M. 斯坎伦、伯纳德·威廉姆斯、托马斯·内格尔和罗纳德·德沃金等关于"私人生活和公共责任之间的界线"的论文).

⑪ Robert E. Goodin, Utilitarianism As a Public Philosophy 9 (1995) (公共服务的本质是公务员应该为广大的公众服务); Nagel, supra note 16, at 83 (公共机构是为了服务于比特定个人或家庭更大的目的而设计的).

⑫ See Samuel Scheffler, Boundaries and Allegiances: Problems of Justice and Responsiblity in Liberal Thought 43 (2001) ("注意到,个体能动行为通常只有最有限的机会来影响他人和世界……事实上,全球动力学一般不能对他或她的个人行为的具体全球影响有任何粗略和最具推测性的假定"); Richard Trammell, Saving Life and Taking Life, 72 J. Phil 131, 133 (1975) (使用"可免除性"的概念,它质疑提出的规范性标准能否得到满足,并以此来反对功利主义的拯救义务.).

国家援助受难者的责任，这些是个人在其私人生活中无法复制的。[43] 而且，正如迈克尔·格林（Michael Green）所说："在收集和处理有关其行为的遥远或间接后果的信息方面，集体比个人更胜一筹。"[44] 事实上，集体行动者不仅能够比个人关注到更大空间范围内的事物，而且考虑到它们在法律上的永恒性，它们也能够关注到更大时间范围内的事物。[45] 最后，正如桑斯坦和沃缪勒所主张的："相对于个人，集体行动者不会被我们的作为和不作为之间的显著区别所阻碍"，因此可以在较大程度上"收集和使用有关其不作为后果的信息"。[46] 换言之，道德想象力的不足似乎折磨着个人，导致他们无法意识到自身行为的因果影响如何牵涉遥远地方人们的痛苦，但在集体层面，道德想象力以一种更完美地免除国家最优性义务的方式来加以补救。

基于这些原因，作为一种公共哲学基础的自由主义拒绝区分作为和不作为，这不仅会迫使更多地适用死刑（至少在桑斯坦和沃缪勒对经验证据的解读上），而且会催生一系列通常与宽恕死刑的伦理与政治派别无关的进步国家政策。作者写道："在许多情况下，从环境质量到拨款，从公路安全到扶贫，我们的论点表明，根据可以想象的经验结果，政府有义务提供比现在更多的保护，不应允许它隐藏在作为与不作为毫无助益的区别之后。"[47] 福利最大化的这些丰富多彩的政治含义让人浮想联翩，个人层面上的功利主义和世界主义、猖獗的非人道主义、与辛格有力论证了的更大程度的全球利他主义，以及无情的人类工具主义等，紧密联系在一起。再者，这些看似不可调和的功利主义内涵强调了区分行为主体相关性概念的两种不同用法的重要性，诸如作为—不作为的区别；它们被用作关于如

---

[43] See Kelman, supra note 35, at 1851（注意到，与个人相反，国家可以更容易地以可管理的规则形式确定"积极义务的范围"，并利用"一般税收制度"以公平的方式分配履行这些义务的成本。）.

[44] Michael J. Green, Institutional Responsibility for Global Problems, 30 Phil. Topics 79, 86 (2002).

[45] See Goodin, supra note 36, at 129（认为对于规划私人生活而言，政府官员要比个人花更长的时间）；SCHEFFLER, supra note 37, at 39（他指出，个人"倾向于经历……与时空距离成反比的因果影响。"）.

[46] Green, supra note 39, at 86.

[47] Sunstein & Vermeule, supra note 25, at 706.

何在特定环境下行为的规范性建议的来源,同时,它们更普遍的功能是帮助建立一种规范感,这种规范感使行为人想要成为有道德的人。在前一种用途方面,因为它需要承担援助和安慰的积极义务,功利主义似乎常常优于道义论;然而,就后一种用途而言,正如非最优化框架的持久吸引力一样,功利主义更有可能破坏稳定,就像义务论之于个人规范伦理,或基于权利的自由主义之于政治组织。[48]

像许多评论家一样,桑斯坦和沃缪勒在研究作为与不作为的区别时,并没有在这两种不同层次的分析之间进行甄别。桑斯坦和沃缪勒实际考虑国家的范围和权力,得出了一个强有力的结论:国家的责任范围应该被认为是与整个因果关系秩序共同扩展的。作者大胆地主张,在国家层面上,区分作为—不作为或类似的限制以行为人为中心的想法"甚至是无法理解的",或者至少是模糊了道德相关性。[49] 他们的论点再次推翻了两个概念上截然不同的问题。桑斯坦和沃缪勒注意到"我们必须做大量的工作来解释为什么'不积极但具有因果关系的政府决策不应该成为(公共政策制定)道德考量的一部分',这一点当然是正确的"[50]。然而,作者的解释只是将一个不确定的概念("不积极")换成另一个("因果")。诚然,集体行动者通常比个体行动者拥有更广泛的因果关系潜力。然而,这一现实并没有使能动和因果能力的概念在集体层面上变得难以理解或模糊化。毕竟,同样的挑战也存在于个体层面——当行动者的因果潜能充满了行动的机会,同时又受到其他因果力量的无所不在的制约时,那么追求理想结果的挑战既存在于个体层面,同时也存在于集体层面。即使是强大的集体行动者,如国家,也要面对无法完全预测和控制的力量方阵,包括复杂生物物理系统不可预测的运作,其他政治实体的独立政策选择,以及不可知的其他力量的呼唤,如子孙后代和非人类生命形式,他们的福祉在很大程度上取决于国家的行动,但他们以自由主义政治理论所要求的方式表达需求和利益的能力却受到了不可逾越的挫折。

---

[48] Cf.Bernard Williams, A Critique of Utilitarianism, in J.J.C.Smart & Bernard Williams, Utilitarianism for and Against 112(1973)(功利主义有朝着这个方向滑动的倾向,并在人类欲望的范围内留下一个巨大的空洞;一边是主观的自私倾向和需要,另一边是客观的仁慈的福利最大化管理。).

[49] Sunstein & Vermuele, supra note 25, at 709.

[50] Id.at 720.

有时，在这种背景下达成政治共识的挑战变得非常明显。例如，在卡特里娜飓风过后，一名不愿透露姓名的白宫官员最初试图转移对联邦政府应对措施的批评，他争辩说："普通老百姓都明白，这是飓风而不是总统的责任。"[51] 四天后，随着批评和质疑不断增多，乔治·W. 布什总统采取了相反的极端措施，其中政府的责任范围似乎是无限的："只要有生命处于危险之中，我们就有工作要做。"[52] 作为政府对预防飓风和救灾责任的声明，后一种说法似乎比前一种说法更可取，后者利用了应予以拒绝的作为—不作为区分的定式版本。然而，这两段引文的共同点是承认国家作为一个独立的重要角色，即便是表面上的全面拯救生命的职责，也只能作为推理、选择和责任的结果而强加于人。因此，虽然反对国家层面上主体相关性的论点在某种程度上是正确的，因为它们认识到更大的因果可能性，因此国家在防范遭受苦难方面负有更大的责任，他们过分地试图否认国家作为一种独特的人类制度的独立性或一致性。

在桑斯坦和沃缪勒关于死刑的论述中，这种过分显而易见，因为作者假定国家有一种绝对正确和无所不能的预测与控制能力。有一次，他们反对政府区分作为与不作为的概念，声称国家总是可以选择完全阻止谋杀："当政府正式禁止私人行为，但却选择了一套不足以或完全阻止私人行为的政策工具时，授权和未经授权的私人行为（例如，私人杀戮）之间的区别就变得模糊不清了。"[53] 通过假设国家只要采取了一套最佳的政策，就可以"完全"阻止谋杀，桑斯坦和沃缪勒假设了一个行为者，这个行为者具有包罗一切的潜在因果关系，以至于作为与不作为的区别似乎在我们眼前消失了。但是，所有关于消失行为的研究都是在他们毫无根据且难以置信的完美的因果关系可能性假设下完成的。在其他地方，他们通过引用菲利普·K. 迪克（Philip K. Dick）的科幻小说《少数派报告》来强化他们无所不能的国家机关，在这部小说中，一个"先知"的犯罪预防组

---

[51] Scott Shane & Eric Lipton, Government Saw Flood Risk but Not Levee Failure, N.Y. Times, Sept. 2, 2005, at A1（他引用了一位白宫官员的话，"这位官员要求匿名，因为他不希望被视为在用政治术语谈论这场危机。"）。

[52] George W. Bush, "Address to Volunteers at Evacuee Shelter in Baton Rouge, Louisiana"（Sept. 5, 2005）, transcript available at http://www.whitehouse.gov/news/releases/2005/09/20050905-9.html.

[53] Sunstein & Vermuele, supra note 25, at 721.

织被认为能够通过使用通灵的"预演"来预测何时会发生谋杀,从而完美地防止谋杀,因此,在潜在的犯罪者实施犯罪之前将其拘留。[54]

对大多数读者来说,《少数派报告》代表了一个反乌托邦的故事,在这个故事中,一个全能型的官僚机构威胁要阉割人类的精神,至少要到故事的主人公揭露了假定的人类行为的确定性和政府预测的正确性之前,这些都是毫无根据的思想控制工具。然而,桑斯坦和沃缪勒似乎忽略了这种解读,因为他们自己对公共政策制定的全景式看法从未动摇。面对不断恶化的噩梦般的场景,如随机谋杀一个无辜的公民可能比死刑更能有效地阻止犯罪,桑斯坦和沃缪勒坚持不懈地奉行功利主义:"一切都将取决于经验事实所显示的情况以及替代政策的成本和收益。"[55] 有人声称,在我们评估政府政策的意向性或目的性时,政府可能被有效地拟人化,面对这种说法,作者回应说,这些概念只适用于处于官方职位的个体行为者:"关于'政府'意图是否应受到谴责的道德化讨论,是对碰巧担任政府职位的特定个人的制度上和道德上的批评的隐喻性速记。"当被要求考虑在一个包含超出国家控制力的复杂因果秩序中满足最优化责任的挑战时,作者再次审视了个别政府官员的内心,而不是把国家当作国家。[56] 那么,在桑斯坦和沃缪勒看来,政府治理体系没有任何有意义的作用、意图或限制;它只是一个包罗万象的程序,以实现最佳化……而其中特别好的地方不能从他们的哲学中说出来。

与成本效益国家不同,采取和实施预防性做法的政治共同体承认自己是一个更大的地缘政治和时间共同体的成员。从预防的角度来看,环境、健康和安全管制不仅仅是一个将现有的个人偏好或利益最大化的机会,而且是考虑管制机构对其当前和未来成员、其他政治团体和其他物种所负义务的时刻。这种明确的集体责任的观念很好地证明了德国最初对预防原则的表述,德文中"预防性原则"字面上的意思是"事先照顾和担忧原则"

---

[54] Id. at 714 n.110.

[55] Id. at 750.

[56] Sunstein & Vermuele, supra note 25, at 725 ("比如,当公民要求政府官员采取措施反对家庭暴力、职业死亡或强奸时,政府官员不能合理地声称他们的自由受到了限制。"). See also J.A.Mirrlees, The Economic Uses of Utilitarianism, in Utilitarianism and Beyond 63, 71 (Amartya Sen & Bernard Williams eds., 1982) (主张在对公共政策的效果的评估中,忠诚和其他类型的偏好应该被排除在外,但将偏好解释为仅指个别的政府代理人,而不是指政治实体本身。).

以及包含"关系、照顾、焦虑、担心以及获得或提供食物"等观念。[57] 通过这些关系构造，预防原则提供了一个微妙但持续的提醒，即相关政治共同体的决定表达了一种集体身份，一种共同体必须拥有的重要和不可避免的身份。

因此，与著名的批评相反，预防原则并不意味着一个错误的信念，即更大的因果结构是仁慈的[58]或人类的不作为是完全无害的。[59] 也不一定要回到那种错误的观点，即自然界的稳定平衡不受人类的影响。[60] 最后，预防原则也不要求放弃在社会层面促进具体的积极义务的努力（也就是说，集体组织有义务抓住采取预防或减轻痛苦的机会）。然而，预防原则确实意味着这样一种观点，即人类行动者，无论是个人还是集体，都要承担其他因果力量所不承担的责任；因此，他们在做决策时要有紧迫感和自知之明。否认这样一个有利于优化准则的概念将有可能滑向内格尔所描述的"一个远离人类生活视角的观点，我们所能做的就是观察：任何事物似乎都没有其内在的独立价值，而我们所能看到的只是人类的欲望，人类的奋斗——将人类的价值作为一种活动或条件"。[61]

归根结底，福利经济学的支持者并不否认集体认同和责任这一事实。

---

[57] S. Boehmer-Christiansen, The Precautionary Principle in Germany—Enabling Government, in Interpreting the Precautionary Principle 34, 38 (Timothy O'Riordan & James Cameron eds., 1994) (emphasis added).

[58] 批评人士通常认为，遵循预防原则意味着个人天真地把现状、非人类生命形式或"正常"的因果秩序视为良性。See Sunstein, supra note 4, at 1009（"认为自然在本质上是良性的错误信念……通常会诉诸预防原则"）。尽管大多数预防原则的支持者没有这种错觉，但更基本的一点是，一些反事实的底线（如个人行为缺席的"正常的"因果顺序），对于任何形式的关于人类行为的结果主义道德推理的连贯性来说，都是必要的。毕竟，正如第四章所指出的，成本效益分析有其自身的底线，其前提是市场自由主义概念，即给予现有经济安排和优惠以特权地位。

[59] 迈克尔·摩尔（Michael Moore）的相反观点是，人类的不作为在字面上什么都不是，这似乎就像功利主义认为人类行为与其他因果力量没有区别一样难以维持。Michael Moore, Act and Crime: the Philosophy of Action and Its Implications for Criminal Law 28 (1993). 在这两种情况下，关键的缺失因素是对人类选择和能动性所起作用的认识。See George P. Fletcher, On the Moral Irrelevance of Bodily Movements, 142 U. Pa. L. Rev. 1443, 1444 (1994)（他认为，唯一有趣的疏忽是人类能动性表现出来的那种疏忽。）.

[60] See A. Dan Tarlock, The Nonequilibrium Paradigm in Ecology and the Partial Unraveling of Environmental Law, 27 Loy. L. A. L. Rev. 1121 (1994).

[61] Nagel, supra note 24, at 209.

就像进化论心理学家拒绝承认道德哲学的动力，然而，他们自己提出了行为改革的合理建议，在福利最大化的智力计划中存在一种概念上的张力。正如桑斯坦和沃缪勒所认为的那样，即使我们试图将制度设计成"受制于某些特定领域的经验事实结果"，正是我们的制度设计行为承认了制度创造的道德独特性——越来越有可能的是，他们可能会根据社会繁荣的其他愿景进行程序编制。因此，在追求福利最大化的背后，似乎隐藏着同样的集体主义概念，而该方法论的支持者认为这是预防原则中的疑点。对于任何一种作为决策框架具有令人信服的、有说服力的甚至是可识别的重要性的方法来说，首先有必要将政治共同体设想为能够对原因做出反应、明确目标和对公共政策的紧迫性保持自我意识的独特的行动者。反过来，这一概念的一个必要前提是，反对将集体决策简化为部长级集体行动的主张。尽管我们可能会否认这一点，但接受"政府大厦功利主义"[62]远不止是一个涉及在制度上满足个人利益的实际决定。这个选择揭示了关于我们集体身份的一些密切相关和基础的东西——它会被外国、后代和其他旁观者赞美、惋惜或冷漠地看待，但那将永远被视为我们的独特之处。

  本书接下来两部分强调了坚持集体动因这一概念的实际重要性。它们表明，即使是强有力的集体行为者，如国家，在优化其因果能力的影响方面的能力也是有限的，因此需要根据其自身的主观性，发展一个比优化模型所允许的更全面的概念。最明显的是，每个国家都受到自然生态系统的影响，而人类无法精确地把握这些自然生态系统的概率，这一挑战使人们越来越意识到，进一步了解它们的运作，至少对于某些复杂的、适应性强的系统，如大气，可能会使我们对自己的预测和控制能力缺乏信心（第三章）。国家在其最优化努力中也感到困惑，因为某些人类价值观和目标不能仅仅分解为个人利益的集合，而是部分地产生于社会和政治互动过程本身（第四章）。由于这种内源性的集体影响是不可避免的，确定和实施社会福利功能的尝试往往只能成功地克服关于我们希望在个人之间宣扬的各种偏好或价值观的难题。

---

  [62] 格里芬区分了作为制定公共政策标准的功利主义与作为个人行为标准的功利主义，将制定公共政策标准的功利主义称为政府大厦功利主义。政府大厦功利主义指出，公共政策制定的特殊性，使得公共政策的制定者需要依据某种特殊类型的功利主义而行动，但是，这种功利主义不能作为指导个人行动的准则。

共同的道德——不仅仅是经验上的——还需要有以下相关因素的参与：外国的选择和行动既依赖于共享资源，也影响着共享资源，而且由于它们是理性主体，因此不能简单地归结为因果关系的另一个决定性因素（第五章）；未来几代人将感受到政策决定的影响，我们很难用传统的评估和汇总模型来了解他们的身份和利益（第六章）；非人类生命形式的话语难以捉摸，它们无法以我们主流政治理论所要求的方式表达自己的利益（第七章）；此外，最具挑战性的是，在经过改造的生命形式可能进入我们的集合体之前，我们事先承认它们的道德和政治地位，但是根据规范的考虑，我们甚至还没有开始阐明。

重申一下，本章的基本主张是，与福利最大化等优化模型相比，环境、健康和安全管制的预防性方法对集体决策不可避免的处境表现出更大的敏感性。当政治共同体随时准备采取可能造成严重或不可逆转的环境后果的行动时，预防原则提醒他们，政治共同体的选择表明了一种属于他们自己的特性，从而有助于维持对政策分析规范性的认识。也就是说，它有助于提醒共同体为什么政策评价工作的结果具有重要意义，不仅作为可能采取行动的资料，而且作为以特定方式选择和采取行动的理由。诸如成本—效益分析之类的利益聚合模型无法以这种方式支持其自身的规定性；它们的说服力依赖于一种集体能动主体的存在，尽管如此，这种集体行动主体在其思考模型中却没有立足于任何社会现实。就像本书第一章中描述的实验对象，他的"反常的'功利主义'判断"最终导致了毫无感情的惊讶陈述——"天啊，我变成了一个杀手"——按照功利主义的计算逻辑进行编程的社会，似乎也有可能迷失自我，将自己的能动性作为经验偶然事件的"人质"。当然，沿着这条路走下去，会产生大量的逐步改善整体福祉的措施。然而，随着时间的推移，会导致社会和政治联系的削弱，以至于有一天我们可能会感到神秘地被迫犯谋杀罪——甚至牺牲无辜的人——这只是我们最优化技术的一部分。

天啊！

第二部分　预测的风险

第三章 复杂性与灾难

在福利最大化等最佳方法下采取的政策被其支持者说成"不可避免的和可预测的",这种政策来自国家行动的成本效益计算,而不是一个政治共同体从该团体的立场出发进行集体协商而产生的。[1] 正如前一章所言,即使承认可以获得足够的知识来实现该政策制定的形式化设想,但鉴于福利最大化框架含蓄地否认其受众的独特性,目前尚不清楚,这种方法的结果如何能够随着时间的推移保持权威性。也就是说,福利最大化的政治共同体并没有作为一个回应性和负责任的道德推理的主体出现在框架内,相反,它只是成为推进优化范式的一部分,其潜在的规范性对于因此被代表的共同体来说变得不明确,甚至不可理解。除了在分析上不能令人满意之外,这样的概念似乎冒着一种道德麻痹的风险,在非常需要自我意识和敏感性的时候,对环境立法所提出的紧迫问题的理解可能会变得迟钝。

本章以风险评估和成本效益分析范式为出发点,力图恢复未回答的问题和被积极掩盖的问题。它着重于这类问题中最明显的一组,即关于决策者是否能够以及如何能够获得所需的经验性数据,以便追求最佳的环境结果。尽管桑斯坦和沃缪勒等学者坚定地主张,一切都取决于事实是什么,但福利最大化的政策制定方法对发现"事实"的过程却出奇地沉默;它似乎假设,政策制定的经验输入是通过投入、发现和程序产生的,而这些投入、发现和程序不受公众的影响,但却可靠地产生了必要的数据来进行优化。然而,任何适当的环境政策方法必须洞察知识产生过程本身,解决诸如:随着时间的推移和环境的变化,如何识别环境、健康和安全威胁?有多少公共和私人资源将被投入研究这种威胁的原因和后果?哪些行为者

---

[1] Cass R.Sunstein & Adrian Vermeule, Is Capital Punishment Morally Required? Acts, Omissions, and Life-Life Tradeoffs, 58 Stan.L.Rev.703, 723 (2005).

将承担证明技术或物质的危害或拟议活动可取性的举证责任？这种性质问题的解答需要一种理论，该理论不是实质理性的，而是程序理性的，并且与功利主义和福利经济学的最终状态焦点有着完全不同的取向。

近年来，由于我们代表自然和社会系统的传统模式变得越来越简单化和具有误导性，对这种在认识论上复杂的政策制定方法的需要变得更加明显。正如 J. B. 鲁尔的评论："主流的环境政策学派把我们的问题描述为一系列线性的、一维的决策系统"，这种方法假定"经济条件能够可预见地转化为经济结论，并要求采取指定的经济措施，同理，环境条件能够可预见地转化为环境结论，并要求采取适当的环境措施"。② 如果这些主流学派的观点是正确的，自然和社会系统表现良好——因此，它们遵循线性操作规则，映射到已知的概率分布中，并显示出稳定的均衡结果——这样，数据鸿沟和其他人类知识的缺陷就不会产生严重的问题：可以依靠标准的建模假设和相关的技术惯例，将无知和不确定性的情境转变为风险情境（见表3-1）③，从而作为决策的一种手段，至少保持与最优化名义上的一致性。

表 3-1　　　　　　　　　　知识条件的多样性

	良好结果的界定	糟糕结果的界定
良好概率的界定	风险 例如：经常性的洪水、交通安全、已知的疾病	模棱两可 例如：一些气候变化场景
糟糕概率的界定	不确定性 例如：气候变化下的洪水、许多致癌物、灾难性的流感	无知 例如：温盐循环关闭、内分泌失调

不幸的是，许多在环境法和风险管制中接受检查的系统都反对这种描

---

② J.B.Ruhl, Sustainable Development: A Five-Dimensional Algorithm for Environmental Law, 18 Stan.Envtl.L.J.31, 46 (1999).

③ Adapted from Andy Stirling, The Precautionary Principle in Science and Technology, in Reinterpreting the Precautionary Principle 61, 79 (Tim O'Riordan, James Cameron & Andrew Jordan eds., 2001); and Andy Stirling, Ortwin Renn & Patrick van Zwanenberg, A Framework for the Precautionary Governance of Food Safety: Integrating Science and Participation in the Social Appraisal of Risk, in Implementing the Precautionary Principle: Perspectives and Prospects 284, 288 (Elizabeth Fisher, Judith Jones & Renévon Schomberg eds., 2006).

述，这些系统不是简单的和静止的，而是复杂的和适应性的，表现出反馈、非线性和涌现性等特征。因此，环境立法者和管制者不仅必须评估和管理未知程度的环境威胁，而且还必须在众多相互重叠的动态系统的背景下进行评估和管理，每个系统都具有一些令人困惑的特征，比如对条件的微小变化极度敏感，不确定性的程度无法减少，以及"肥尾效应"④ 的概率分布，其中灾难性事件以意想不到的严重程度和规律性出现。⑤ 在这种复杂系统中，各个组成部分通过多维度影响途径相互联系，产生乘数效应和其他自我增强的趋势，使系统在任何给定时间的状况下既难以事先预测，也难以事后消除。

  复杂的适应性系统应该与牛顿传统科学中的还原主义观点形成对比，后者试图通过将世界分解成越来越小的组成部分进行孤立的研究来加以理解。复杂性研究的一个中心原则是，这种"还原论方法论永远不会产生任何复杂系统的完全预测性理论"⑥。例如，研究人员也许能够在实验室环境的可控范围内识别出一种特定物质对特定物种的急性毒性效应的剂量——反应曲线，但同时他们可能完全忽略了该物质在物种更广泛的生态环境中的影响，如果实验中没有捕食者、寄生虫和其他变量可能与毒性物质相互作用以增强其有害性，或者该物质可能表现出系统性或长期性影响，例如内分泌系统紊乱或导致畸形，从而在实验缩短的时间范围内逃避检测。除了强调这种协同的、慢性的或其他难以辨别的因果关系途径，复杂性理论还假设，在一个系统内各种力量之间的微观层面的相互作用，可以产生只有在宏观层面观察系统时才显现出来的属性。在两个本来位置相同的系统之间，条件的微小甚至不可测量的变化，例如，在一个系统中出现了众所周知的蝴蝶扇动翅膀的现象，那么在两个系统仅经过几个进化步

---

  ④ 尾端风险/极端风险（Tail Risk）是指统计学上两个极端值可能出现的风险，按照常态的钟形分布（Bell Shape），两端的分布概率是相当低的（Thin Tails）；但是两个极端值的分布亦有可能出现厚尾风险/肥尾（Fat Tails）风险，那就是距离中值（Mean），出现的概率提高。——译注

  ⑤ See Daniel A.Farber, Probabilities Behaving Badly: Complexity Theory and Environmental Uncertainty, 37 U.C.Davis L.Rev.145, 152-55 (2003).

  ⑥ J.B.Ruhl, Complexity Theory as a Paradigm for the Dynamical Law-and-Society System: A Wake-Up Call for Legal Reductionism and the Modern Administrative State, 45 Duke L.J.849, 937 (1996).

骤之后，就会在结果上产生巨大的差异。由此产生的"混沌"本身并不是随机的，而是"伪装成随机的秩序"，这种状态虽然是确定性的，但仍然存在不可还原的不确定性。⑦

复杂性理论提出了一个远比环境法论辩中所认识到的更为棘手的问题设置，即使是那些因为它的信息假设过于庞大而批评经济学方法的人。因为复杂的适应性系统包含无法取消的不确定性，这些不确定性不能被认为是次要的，在本质上，这些系统很可能会出现病态问题，也就是说，这些问题的不可解决性不是由我们的认识立场的缺陷所致使的，而是由于问题本身固有的特征。因此，这是环境法抵制规范化的一个重要驱动因素：我们无法达到最优化的理想——因此，我们不能有效地放弃我们的道德力量，而去支持那些程序简单而忠实地致力于最大化福利的机构——因为许多以各种方式支持和威胁我们的福利系统本身就抵制规范化。任何将环境立法置于经验主义技术之下的尝试都充满了诡谲和猜测，政策不确定的时刻需要仔细审查，即使是由一个已经承诺其机构致力于部级优化运作的政治机构进行审查。这种不可避免的自由裁量权强调了保持一致的集体责任感的必要性，在这种责任意识中，我们共同机构的自我意识并没有融入经验逻辑，而是被要求毫不犹豫地参与手头的工作。

在20世纪后半叶，由美国陆军工程兵部队与新奥尔良当地防洪堤委员会和其他政府机构共同领导的一项飓风防护规划项目，充分说明了未能推动这种广泛参与的危险性。⑧ 位于墨西哥湾、密西西比河、庞恰特雷恩湖和博恩湖汇合处的海岸湿地屏障逐渐缩小，地面逐渐下沉，坐落其上的新奥尔良市岌岌可危。因此，长期以来，这座城市依靠广泛的堤坝和屏障系统来保护它免受洪水和风暴潮的侵袭。最重要的是，在1965年"贝齐"飓风造成了破坏之后，美国国会批准了庞恰特雷恩湖及其附近地区的飓风保护项目（LPVHPP），这是一个巨大的堤防改造项目，由于多次延误和争议，在随后的几十年里由美国陆军部队为新奥尔良市设计和建造。

与20世纪60年代以来大多数其他美国陆军部队的飓风保护工作一

---

⑦ See James Gleick, Chaos: Making a New Science 22 (1987).

⑧ This section draws heavily on Douglas A.Kysar & Thomas O.McGarity, Did NEPA Drown New Orleans? The Levees, the Blame Game, and the Hazards of Hindsight, 56 Duke L.J.179 (2006).

样，庞恰特雷恩湖及其附近地区的飓风保护项目（LPVHPP）的核心是一个被称为"标准飓风项目"（SPH）的技术风险评估模型。标准飓风项目（SPH）是由陆军部队在国会的要求下开发的，"为飓风防护工程的规划、评估和建立飓风设计标准提供在地理和气象方面一致的通用飓风防护规格"⑨。此外，自1936年以来，美国陆军所有的飓风防护项目，包括新奥尔良堤防系统，都需要通过国会授权的成本效益测试。⑩ 因此，为深入研究 LPVHPP 的起源提供了一个宝贵的机会，该系统在卡特里娜飓风期间的毁灭性失败使其更为突出，可以通过其风险评估和成本效益分析这两个工具来审查福利最大化政策的构建和效果。正如我们将看到的，在 LPVHPP 规划过程中，经验上的模棱两可的时刻出现了，从而强调了政治团体与其政策评估技术之间需要保持某种程度的临界距离。

起初，标准飓风项目的首要目标似乎只是希望比较不同地理区域的飓风保护标准。⑪ 然而，随着时间的推移，标准飓风项目（SPH）获得了更大的规范权重，在陆军部队的文件和其他场合中被描述为政府在设计飓风防护项目时"合理"或"切实可行"地应该防范的最严重风暴。因此，标准飓风项目（SPH）不仅是一种比较评估各地风暴潮风险的方法，而且是一种设计标准，这本身就隐含保证了其可取之处，它提供了在假想风暴潮防御的情形下，哪些堤坝高度和屏障强度应该标准化。下面的引文说明了标准飓风项目（SPH）的具体化规则：

"标准飓风项目的目的是作为一种切实可行的表达方式，在涉及生命保护和财产破坏的社区规划和设计海岸建筑物时，它应作为一般规则，寻求最大限度的保护。"

"标准飓风项目是指在符合该地区特征的最严重的气象条件组合下，

---

⑨ Howard E.Graham & Dwight E.Nunn, Dep't of Commerce, Nat'L Hurricane Research Project Report No.33, Meteorological Considerations Pertinent to Standard Project Hurricane, Atlantic and Gulf Coasts of the United States 1（1959）. 关于标准项目的非技术概述，飓风和相关工程问题，see J.J.Westerink & R.A.Leuttich, The Creeping Storm, Civ.Engineering Mag.June 2003, at 46, 48–52。

⑩ Flood Control Act of 1936, ch.688, §1, 49 Stat.1570, 1570 [codified as amended at 33 U.S.C. § 701（a）（2000）].

⑪ See Graham & Nunn, supra note 8, at 1（标准项目飓风风场和参数代表了一个"标准"，根据这个"标准"，可以对最终选定的飓风保护项目的保护程度进行判断，并与其他地区的项目提供的保护进行比较。）.

可以预期会出现的一种情况。"

"设计该项目是为了完全保护该地区免受合理预期的最大可能风暴（SPH）的发生……发生超过标准飓风项目强度的飓风的概率太渺茫，不值得实际考虑。"

"该项目旨在防止'标准飓风项目'在最关键的轨道上移动。只有在水文和气象条件异常的情况下，才能产生更高的水位。实际上，这种组合发生的概率为零。"

"为了确定一个给定区域所面临的风险水平，我们会进行工程和经济分析，从而得出实现某种程度保护的最佳解决方案。"[12]

粉饰标准飓风项目设计标准的合理性和最优化的外表是没有道理的。首先，标准飓风项目的可靠程度取决于它所建立的数据，然而标准飓风项目的经验基础既不完整又不可信。最初的标准飓风项目模型出现于1959年，是美国陆军部队与国家气象局合作进行的研究结果。1959年，研究人员开始将美国东部的海湾海岸划分为若干区域，新奥尔良被划分为B区（见图3-1）。然后，他们收集了每个地区的数据，这些热带风暴在其有生之年的某个时候达到了飓风强度。1900—1956年的风暴测量数据是可用的；然而，正如1959年报告的作者所承认的，由于现有的测量和记录技术不精确，这些数据有些不可靠。特别是，由于直到20世纪后期气象学家才开始使用飞机进入离岸风暴眼，在此之前，研究人员不得不依据陆基测量数据粗略地估算出离岸统计数据。

即使假设测量是有效的，仅仅57年的记录在时间范围上也是相当有限的，在B区总共只有22场风暴，这个记录不足以从个多个世纪的角度得出任何具有统计学意义的潜在风暴的分布情况。此外，即使就现有数据而言，标准飓风项目的建设中也没有使用观测到的最严重风暴之一，因为根据1959年报告中的脚注，许多关键模型计算在风暴发生时已经完成。

---

[12] These quotes are drawn, respectively, from Hydrometeorological Branch, Nat'L Oceanic & Atmospheric Admin., Memorandum Hur 7-120, Preliminary Revised Standard Project Hurricane Criteria for the Atlantic and Gulf Coasts of The United States 3 (1972); U.S.Army Eng'r, Dist., Lake Pontchartrain, Louisiana, and Vicinity Hurricane Protecion Plan 1-2 (1974); id.at Ⅷ-5; id.at Ⅷ-11; and John McQuaid & Bill Walsh, Warnings to Beef up New Orleans, 60s-Era Levees Unheeded, Newhouse News Service, Sept. 2, 2005, available at www.katrina.eng.lsu.edu/pdf_articles/suhayda_newhousenews.pdf (quoting Gen.Carl Strock, Army Corps Chief of Engineers).

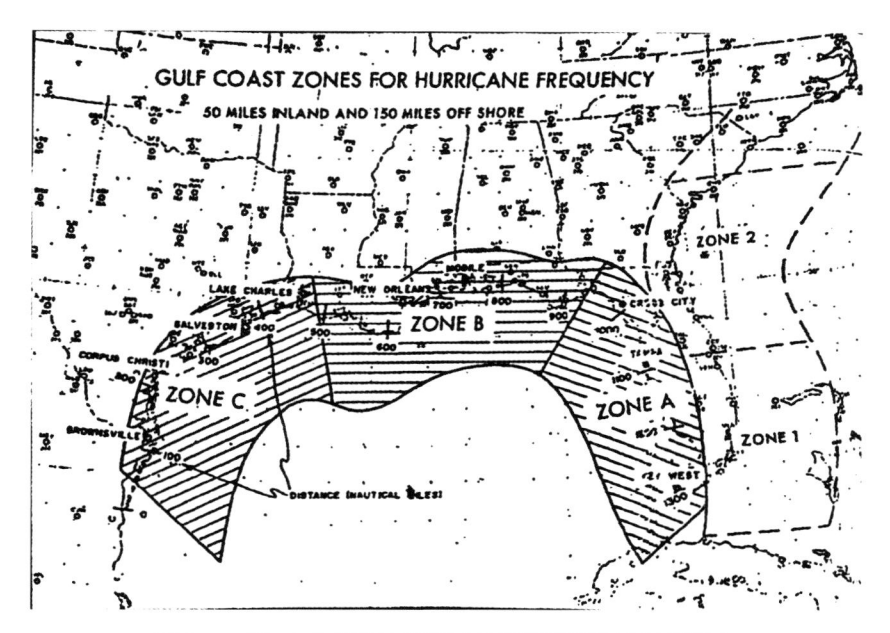

图 3-1 第 33 个指定地理区域的国家飓风研究计划报告

然而，从这有限的数据集出发，研究人员将观测期间出现在不同中心大气压水平或以下的风暴的累积次数制成图（见图 3-2）。一般来说，中心气压越低，风暴的强度和波浪涌势就越大。然后，通过将数据按比例从五十六年扩展到一百年，这个测量值被转换成百年指数。最后，这些数据是在正态分布图纸上绘制的，其基本思想是，如果观测数据看起来是直线，那么研究人员可以据此得出结论，飓风频率遵循正态分布，因此，可以通过以线性方式延长观测的趋势线来推断更长的重现期（见图 3-3）。

我们有理由怀疑这种外推法。通过观察包括佛罗里达和新奥尔良东部地区在内的 A 区，我们发现，除了压力数据的斜率更大之外，至少有一次记录到的风暴远远超出了正态分布趋势（见图 3-4，左下角）。

当然，这只是一场风暴，很难说这场风暴是一百年、五百年还是万年一遇的事件。

但这正是问题的关键所在：在如此小的样本下，几乎没有实证观察结果支持研究人员的结论，即风暴频率符合正态分布。相反，这种推断是基于一种潜在的理论信念，即风暴行为符合古典数学的简单世界。当然，这可能还是好的，但它也可能存在于丹尼尔·法伯（Daniel Farber）所说的

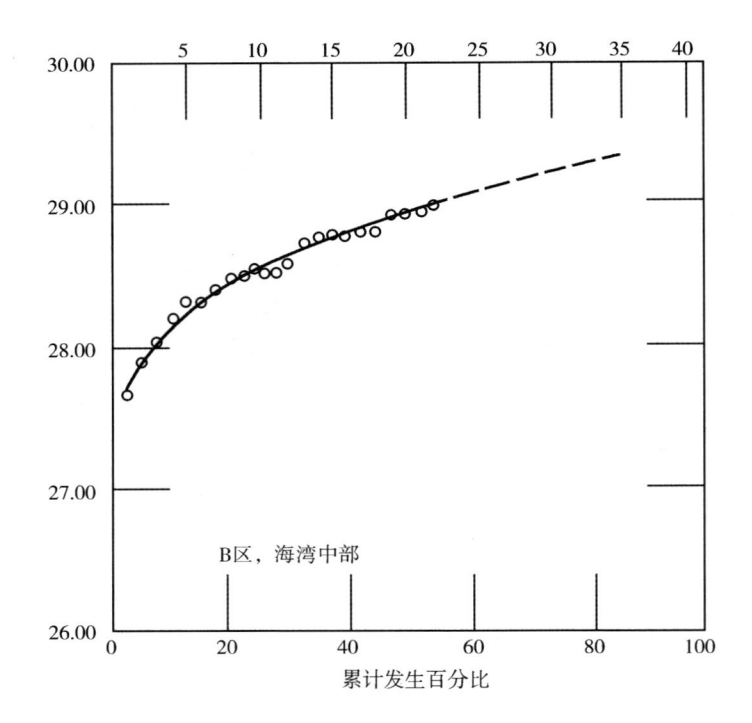

图 3-2　B 区在不同气压等级下的风暴累积次数

"糟糕行为的可能性"的世界里,[13] 在这个世界里,复杂的适应性系统不是以正态概率分布为特征,而是以幂律分布[14]为特征,其中极端事件以惊人的规律性出现。

沿着这些思路,我们来看看 2005 年大西洋飓风季节的一些事实:

2005 年有 27 场大西洋风暴被命名,是有记录以来最多的一年,打破了 1933 年创下的 21 场的纪录。这是第一次,气象学家不得不使用希腊字母来为更多的风暴命名。

观测到 15 次飓风,打破了 1969 年创下的 12 次飓风的纪录。

2005 年,大西洋盆地经历了有记录以来一个季节里最多的 5 级风暴

---

[13] Daniel A.Farber, Probabilities Behaving Badly: Complexity Theory and Environmental Uncertainty, 37 U.C.Davis L.Rev.145 (2003).

[14] 幂律分布是指某个具有分布性质的变量,且其分布密度函数是幂函数。统计物理学家习惯于把服从幂律分布的现象称为无标度现象,即系统中个体的尺度相差悬殊,缺乏一个优选的规模。可以说,凡有生命的地方,有进化、有竞争的地方都会出现不同程度的无标度现象。

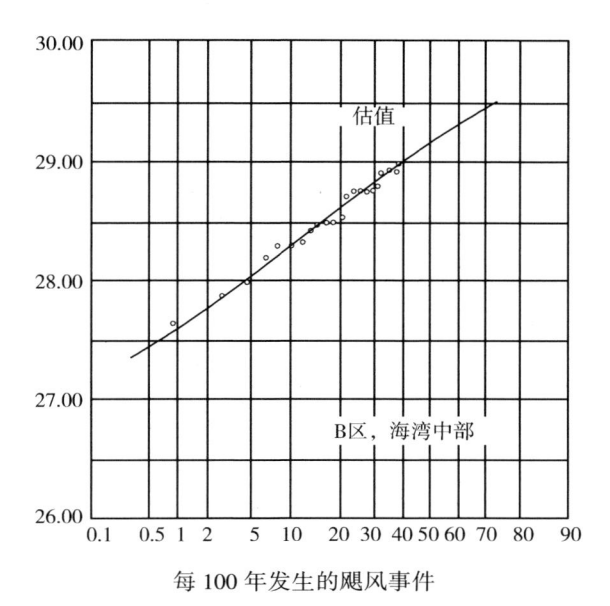

图 3-3　B 区各气压层风暴累计次数，转换为百年指数

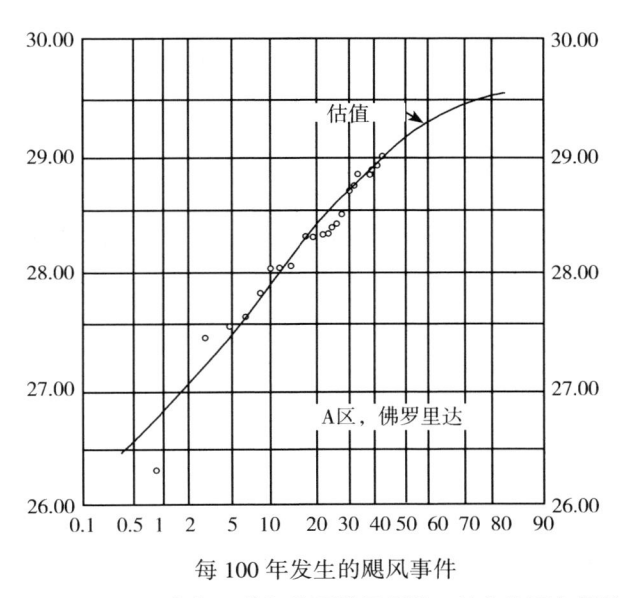

图 3-4　A 区各气压等级的累计风暴数，转化为百年指数

（飓风卡特里娜、丽塔和威尔玛）。

根据气压测量，威尔玛飓风成为大西洋盆地有史以来最强的飓风。有记录的 6 次最强飓风中有 3 次发生在 2005 年。

卡特里娜飓风以每小时 125 英里的风速和 27.13 磅/英寸的最小中心气压登陆，这是有史以来第三低气压的登陆记录。

飓风文斯成为在西班牙登陆的第一个已知的热带气旋。

飓风"德尔塔"成为自 1851 年以来记录在案的第六次飓风。

2005 年 1 月，热带气旋"泽塔"成为有记录以来最长寿的热带气旋。[15]

当然，这些事实仅仅是暗示性的，我们还需要几十年，甚至几个世纪，才能有把握地说，预测线性行为的假设是否适合估计墨西哥湾风暴行为的工作（或者，就此而言，气候变化的影响是否会迫使我们重新评估对过去预测性质的理解）。[16] 然而，即使把这些基本模型的不确定性问题放在一边，人们仍然面临一个基本的决策，即在设定风暴防护的基准时，应该有多谨慎。如上所述，1959 年的研究人员把中心大气压作为他们估计风暴的主要特征；然后，他们构建了一张表，以 1% 的年概率反映出在不同地点所能找到的最低气压。换句话说，他们选择了中央压力的百年低点作为规范飓风项目基准的主要依据。图 3-5 显示了墨西哥湾各个地理位置的压力值。对新奥尔良来说，百年一遇的气压估计为 27.60 磅/英寸，这比卡特里娜 2005 年登陆时的 27.13 磅/英寸要大一些。

尽管标准飓风项目模型对中心气压使用了一个百年的回归周期，但它强调了由此产生的飓风模型严格来说并不代表百年一遇的风暴。相反，压力统计数据引入了其他特征，如半径、风速、前进速度和方向，以产生"最恶劣的条件……在标准飓风项目指数的参数范围内……为（一个特定的）地点"。[17] 这一做法解释了为什么在卡特里娜飓风之后，新奥尔良堤

---

[15] Kysar & McGarity, supra note 7, at 221.

[16] See U.S. Army Corps of Engineers, Performance Evaluation of the New Orleans and Southeast Louisiana Hurricane Protection System, Draft Final Report of the Interagency Performance Evaluation Task Force, Volume Viii: Engineering and Operational Risk and Reliability Analysis, June 1, 2006, at VII-37 (2006)["飓风率是不确定的，这是由于历史样本量、边际和条件分布的假设形式可能存在误差（特别是在尾部地区），以及与气候变化和几十年周期相关的波动和趋势造成的近期飓风活动的不确定性。"].

[17] Graham & Nunn, supra note 8, at 12.

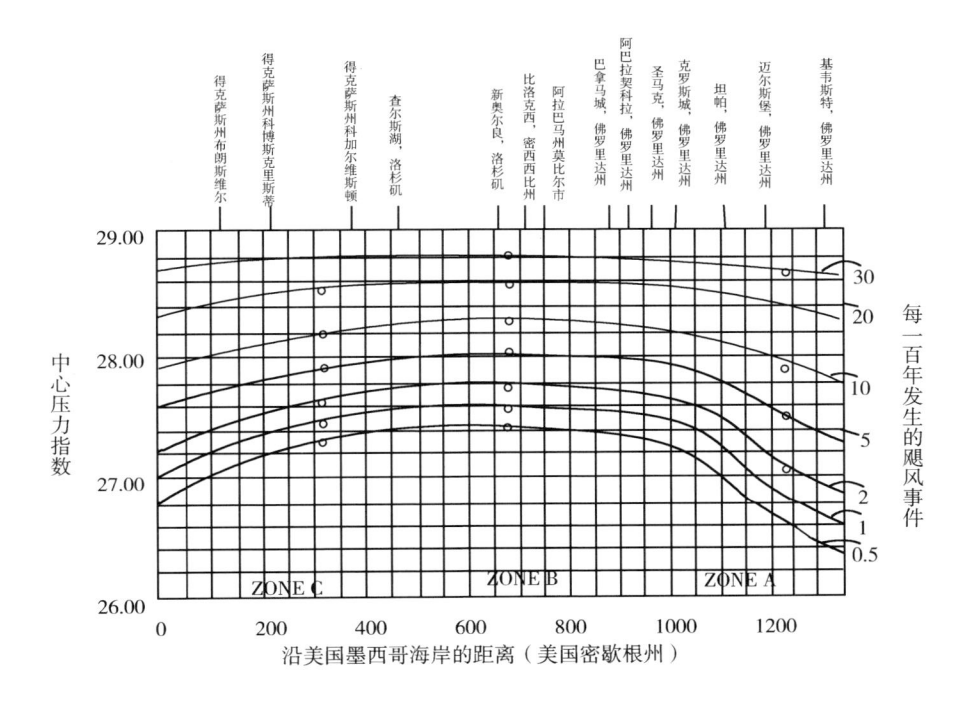

图 3-5 A、B、C 区中心气压指数的地理变化

防系统经常被描述为旨在防御"类似"200—300 年风暴的机制。[18] 事实上，正如国家气象局在 1972 年的技术备忘录中所述："标准飓风项目没有指定频率。"[19] 同样，由于标准飓风项目模型的发展先于我们现在所熟悉的萨菲尔—辛普森飓风级别，因此，在卡特里娜飓风之后，使用该级别对庞恰特雷恩湖及其附近地区的飓风保护项目（LPVHPP）的描述也是模糊不清：它取决于压力、半径、风速或其他一些关键风暴特征，标准飓风项

---

[18] See U.S. Army Corps of Engineers, Performance Evaluation of the New Orleans and Southeast Louisiana Hurricane Protection System, Draft Final Report of the Interagency Performance Evaluation Task Force, Volume I: Executive Summary and Overview, at 1-26 (2007)（标准飓风项目的目的是捕捉"快速移动的 3 级飓风"，对新奥尔良来说，这意味着 200 到 300 年间才会重现）；U.S. Gov't Accountability Office, Hurricane Protection: Statutory and Regulatory Framework For Levee Maintenance and Emergency Response for the Lake Pontchartrain Project 4 (2005)（"根据标准飓风项目预测，飓风的发生频率约为 200 年一次，这代表了该地区被认为具有合理特征的最严重的气象条件组合。"）.

[19] Hydrometeorological Branch, supra note 11, at 3.

目可以从萨菲尔—辛普森级别的 2 级风暴到 4 级风暴不等,尽管许多评论人士在卡特里娜飓风后将标准飓风项目防御的级别描述为"大致相当于"快速移动的 3 级风暴。[20]

撒开这些复杂因素不谈,问题仍然存在,为什么 1959 年的研究人员在计算主要的风暴估计特征时,以一百年的重现期为基础,比如说,而不是五十万年或一万年。正如 1972 年标准飓风项目修订版中提到的那样,将飓风模型与中心气压的百年回归周期联系在一起的决定,基本上是一个"武断"的决定,至少从科学或技术角度考虑是这样的。[21] 这并不是说,最初的研究人员在选择一个百年的回归期方面是不合理的,或者其他某个回归期显然更合适。只是说,这个问题不能只有一个纯技术性的答案。在对标准飓风项目模型的同期描述中,暗示了相关的非技术性考虑,评论人士将模型描述为用于预测最严重的风暴,而该模型对飓风的防范仅仅"在经济上是合理的"。[22] 事实上,当时一些服务于陆军的经济学家认为标准飓风项目过于谨慎,应该将不那么严重的风暴作为灾害规划和预防的基准。[23] 然而,这些经济考虑在该模式中并不透明,尽管它声称提供了经验推导出的"最佳"保护水平。

在 1979 年对标准飓风项目进行的大规模改革中,这种科学与政策的模糊结合仍在继续。在这份报告中,标准飓风项目发生了变化,因此,临界压力参数不是根据百年回归期内的最低预期压力得出的,而是根据一个

---

[20] See, e.g., U.S.Gov't Accountability Office, supra note 16, at 4.

[21] Hydrometeorological Branch, supra note 11, at 3.

[22] Harry S.Perdikis, Hurricane Flood Protection in the United States, 93 J.Waterways & Harbors Division, Feb.1967, at 9.即使基于狭隘的经济理由,选择一百年重现期的自然灾害计划可能会被质疑:例如,研究表明,洪水和飓风等载入灾害造成的损失中,绝大多数(66%—83%)来自比百年一遇的洪水更少发生的事件。See Raymond J.Burby, Hurricane Katrina and the Paradoxes of Government Disaster Policy: Bringing about Wise Governmental Decisions for Hazardous Areas, Annals Am.Acad.Pol. & Soc.Sci., Mar.2006, at 171, 177.

[23] See Hurricane Protection Plan for Lake Pontchartrain and Vicinity: Hearing Before the House Subcommittee on Water Resources 95th Cong.16 (1978)(新奥尔良市美国陆军工程兵区厄尔利·拉什三世上校声明:"在这种情况下,尽管经济学家确实可能倾向于以较低的规模进行保护,以提高项目收益与项目成本的比率,但人类生命损失的威胁要求使用标准的飓风项目。") Select Bipartisan Comm. to Investigate the Preparation For And Response to Hurricane Katrina, a Failure of Initiative 89-90 (2006)(quoting testimony).

第三章 复杂性与灾难　　　　　　　　　　　　　　77

特定地理区域实际观测到的 7 个最低风暴的平均值得出的（见图 3-6）。

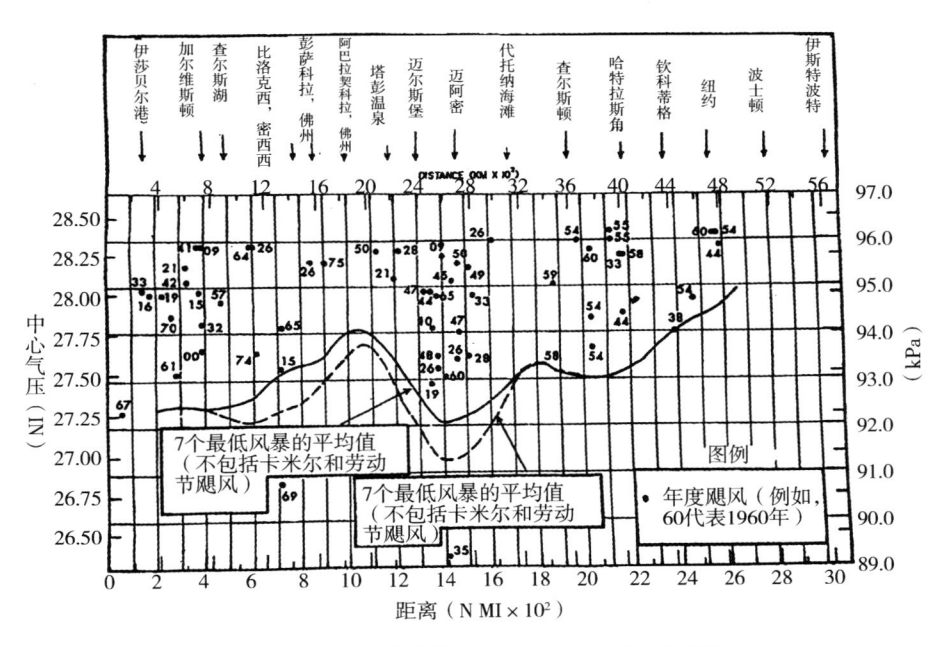

图 3-6　NOAA 技术报告 NWS23，中压压力指数

这一程序似乎是对本质上任意选择百年最低值的改进，但它提出了类似的问题：为什么不选择最低的五个风暴，而是最低的七个？为什么不选择最低的风暴呢？事实上，为什么不采取最低的风暴气压值以增加安全边际？研究人员实际上做了一件完全相反的事情，那就是他们把观测到的平均有 7 次风暴中的两个最强的风暴排除在外：1969 年的飓风卡米尔和 1935 年袭击佛罗里达群岛的劳动节飓风（见图 3-6）。研究人员写道："我们的决定是基于这样一种想法，即这两场飓风所包含的极低的（气压值）导致了持续的风速，而这并不是墨西哥湾北部海岸和佛罗里达群岛的合理特征。"[24] 这种解释并不能令人满意：它排除异常数据可能是许多

---

[24] Richard W. Schwerdt et al., Nat'L Oceanic & Atmospheric Admin., Noaa Technical Report Nws 23, Meteorological Criteria for Standard Project Hurricane and Probable Maximum Hurricane Wind Fields, Gulf and East Coasts of the United States 143（1979）. See also id.（"这两个飓风比海湾地区的任何飓风都要严重得多，因此不具备合理的特征。"）id. at 2.（"所谓合理的特征，是指在大范围内有记录的飓风中，只有少数几个具有更极端的气象参数值。"）.

统计任务的标准程序，但这种做法似乎特别不适用于灾害规划，因为分布在统计数据最尾部出现极端气候的地区应该是最感兴趣和最关心的地区。为了强调这一点，考虑到被 1979 年研究人员排除的两个风暴——卡米尔飓风和劳动节飓风——是历史上仅有的两个登陆时中心气压低于新奥尔良灾难时卡特里娜飓风的大西洋风暴。

在 1979 年的报告中，标准飓风项目模型的主观性在其他地方得到了隐含的承认，在报告中，研究人员们建议使用一种更具预防性的风暴模型——被称为"可能最大飓风"（PMH），对"在飓风引发的核电站事故可能对公众健康和安全构成威胁的强风、海浪和风暴潮地区"进行灾害规划。[25] 这种 PMH 模型的可用性提出了一个显而易见但尚未回答的问题：为什么不将这种更高标准的防护用于不涉及核电站但仍涉及人类生命保障的项目？在新奥尔良和其他地方，超过 1800 人死于卡特里娜飓风的影响，更不用说数千人的生命受到无法弥补的损害。只有核电站才值得 PMH 提供更高程度的保护，支持这一结论的风险影响评估在哪里？正如一位观察员所指出的那样，它们之所以不存在，是因为潜在的成本效益分析认为它们没有必要。在大多数地方，为抵御可能的最大飓风而设计的防御模型在经济上是不合理的。[26] 然而，由于标准飓风项目旨在提供一个客观确定的风暴防护等级，因此，这种支持较低防护标准的经济考虑从未出现在审查中。政策制定者和公民不敢直接询问极端事件是否值得防范，因为标准飓风项目的风险评估武断地否认了极端事件发生的可能性。

新的保守主义方法取样了七次有记录以来最低的风暴，结果导致新奥尔良 SPH 中心压力测量值进一步向下修正至 27.30 磅/英寸。然而，对于标准飓风项目模型的设计者来说，卡特里娜飓风登陆时 27.13 磅/英寸的更低气压显然是可以预见的，这是比较标准飓风项目和新奥尔良"可能最大飓风"估计值所证明的（见图 3-7）。

在标准飓风项目模型构建中隐藏的各种规范性判断可能是出于一种担忧，即陆军工程兵的项目所面临的成本效益约束，不足以证明更高级别的风暴防护是合理的。毫无疑问，这种担忧本身是由陆军部队未能将其飓风

---

[25] Id. at 5.

[26] Perdikis, supra note 20, at 9.

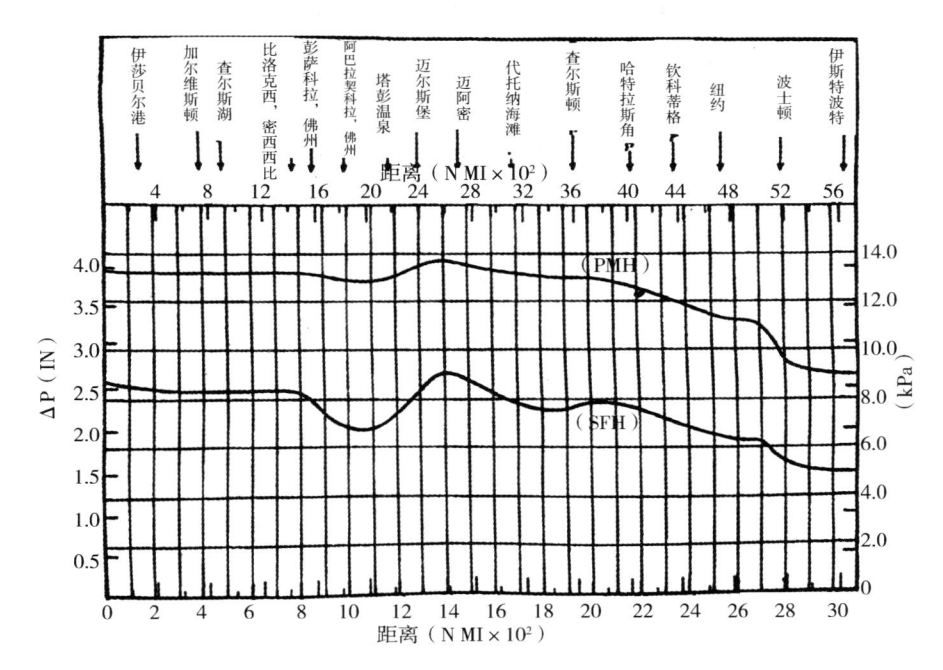

图 3-7　SPH 和 PMH 模型的压力下降比较

保护项目所带来的人类健康和环境效益货币化而引起的。[27] 它们也可能受到陆军部队使用 3.25% 折现率将项目的预期成本和收益转换为现值的标准的影响。[28] 第六章显示的程序体现了解决代际公平问题的笨拙和不充分的方式，特别是在面对灾难政策所涉及的那种长期规划时。在成本效益计算中不考虑被拯救的生命，以及对未来利益的贴现，这可能也促使陆军倾向于将私人发展的前景作为其防洪和飓风防护项目的一部分。由于陆军部队在其成本效益分析中没有包括被拯救的人的生命或生态资源，因此从保护飓风中确定的大部分收益往往来自保护不动产和个人财产。[29] 因此，为了对项目规划创造更高的管制"预算"，陆军工程兵部队设计了具有易于识

---

[27] U.S. Gov't Accountablity Office, Corps of Engineers: Improved Analysis of Costs and Benefits Needed for Sacramento Flood Protection Project 20 n.13 (2003).

[28] See U.S.Army Eng'r Dist, supra note 11, at Ⅷ-12 (1974).

[29] See id.at title page (仅将财产损害预防、土地集约、再开发作为年度收益分项报告); id.at Ⅷ-21 ("环境损害没有美元计算。")。

别和可变现的财产保护利益的项目,这意味着为未来开发湿地划拨了专项资金和预留了空间,如此这般,湿地保持其自然的、抑制风暴潮的功能就可能会受到严重贬损。㉚ 事实上,新奥尔良当地反对庞恰特雷恩湖及其附近地区的飓风保护项目的关键方面集中在这样一个问题上:部队的设计是否超越了保护现有和预期的土地开发,而是积极促进新的开发,如果不是由于工程兵部队的活动,这些开发是不会发生的。正如一位分析师所指出的,"庞恰特雷恩湖及其附近地区的飓风保护项目的净收益中有79%来自新的开发项目,这些项目现在可以通过改进的堤坝系统所提供的额外保护来实现"㉛。

正如第四章和第六章所证明的那样,即使美国陆军工程兵部队已将人类健康和环境价值纳入其成本效益计算,行为者仍将面临理论和规范上的难题,即如何将这些价值货币化以及如何解释其跨期分布。然而,新奥尔良飓风规划项目更确切地表明,在实践中,成本效益分析可能导致政治和分析上的扭曲分析,而这正是该程序旨在防止的。由于未能充分考虑到飓风防护设施的救生目的,该团队不仅低估了构建飓风保护设施的理由,而且还推动了私人土地开发计划,从防范风暴潮的角度来看,这些计划很可能适得其反。福利经济学家提倡他们的政策制定方法,部分原因是他们认为,公民和管制机构未能意识到环境、健康和安全监管的意外后果。然而,我们没有理由认为,他们所青睐的政策分析方法㉜不会受到意外后果的影响。实际上,在这种情况下,成本效益分析似乎已经让陆军的专家和官员们陷入一个熟悉的危险之中:因为他们无法衡量什么是重要的,他们就使他们能够衡量的东西变得重要。

㉚ See id.at ii ("通过提供进一步的食物保护和土地复垦,该计划将间接加速使得宝贵的沼泽和湿地城市化和工业化");see also id.at VIII-27(由于该项目的工程建设,若干地区将变得更适合城市使用。这种影响将反映在这些土地价值的增值上,这种增值被称为"增强效益",因为它们确实代表了国民生产总值的增加。)。

㉛ Burby, supra note 20, at 174 [citing U.S.Gen.Accounting Office, Cost, Schedule, and Performance Problems of the Lake Pontchartrain and Vicinity, Louisiana, Hurricane Protection Project 3 (1976)]. This conflation of protection and promotion purposes appears to be common within flood-control and hurricane-protection planning.See Raymond J.Burby & Steven P.French, Flood Plain Land Use Management: a National Assessment 146-147 (1985)(发现社区防洪工程与洪水灾害地区防洪工程建成后新开发的数量呈正相关关系)。

㉜ 指的是政策制定的成本效益分析方法。——译注

经过几十年对标准飓风项目模型的调整，庞恰特雷恩湖及其附近地区的飓风保护项目的实际设计和施工也都具有类似的适应性调整。由于政府间的争吵、公民团体的反对、成本超支以及其他一系列问题的困扰，该项目的实施时间远远超过了国会最初授权时的预期。然而，到2005年卡特里娜飓风来袭时，庞恰特雷恩湖及其附近地区的飓风保护项目已经基本完成；因此，在卡特里娜飓风的直接灾害后果中，正如专家多年来一直警告的最终将会发生的那样，许多评论家认为这场风暴只是刚刚超过了规范飓风项目的设计标准。一些随后的项目研究表明，罪魁祸首不是设计的失败，而是实施的失败，因此，如果新奥尔良的防洪堤建造和维护得当，卡特里娜飓风可能不会淹没它们。㉝ 相比之下，一个由陆军工程兵部队召集的跨部门绩效评估特遣分队得出结论，卡特里娜飓风造成的水位超过了大部分风暴防护系统的设计标准，并且这种漫溢对堤坝墙产生了巨大的冲刷和侵蚀力，导致堤坝坍塌。㉞ 不管最终是什么原因导致了堤坝的倒塌，批判性地审视庞恰特雷恩湖及其附近地区的飓风保护工程的设计过程，以证明我们对长期灾难性威胁的思考存在缺陷，仍然是一项有价值的工作。许多卡特里娜飓风前的预警，在风暴的直接后果中显得如此具有预见性，但在今天，无论是对卡特里娜飓风后的重建过程，还是对在气候可能急剧变化的时期更广泛地考虑自然灾害和其他环境危害的挑战，都具有迫切的意义。最明显的是，正如跨部门绩效评估工作组得出的结论，标准飓风项目的方法"已经过时，不应再使用"㉟ 与标准飓风项目模型隐含的成本效益最大化目标不同，工作组敦促决策者优先考虑弹性目标，即"在不发生灾难性故障的情况下，具有承受超出设计预期或假设的力量和条件的能力"。特别工作组指出，这种预防态度根本"不属于新奥尔良飓风保护系统设计的一部分"。㊱

在长期的环境和自然灾害预防项目中寻求当前公共投资的支持，是一项最高层次的政治挑战。考虑到这一困难，描述洪水和风暴防护项目的传

㉝ See Kysar & McGarity, supra note 7, at 191-198.

㉞ U.S. Army Corps of Engineers, supra note 16, at 1-64.

㉟ Id. at 1-4.

㊱ Id. at 1-72.

统重现期方法㉗的一个优点是,它对非专业受众具有现成的认知可及性。㉘与标准飓风项目模型的相对不透明不同,以频率术语表示的保护标准很好地符合了外行人对概率信息的理解和评估的偏好模式;因此,这些标准可以使公民能够追究相关政府官员和专家的责任,这就使他们感到巨大的压力,以控制保护项目的成本。㉙ 例如,当荷兰在1953年遭受了一场毁灭性的风暴,夺去了两千人的生命,这个国家开始了一项耗资数十亿美元、为期30年的计划,以保护该国免受一万年来最严重的风暴的侵袭,这个集体项目已经成为荷兰"国家认同"的一部分。㊵ 同样,在1927年,一场大规模的密西西比河洪水造成数百人死亡,50多万人流离失所,财产损失约30亿美元。美国国会和陆军工程兵部队开发了一种特别强大的防洪控制系统,设计用来抵御800年一遇的洪水,这一保护标准比20世纪

㉗ 为了通俗起见,往往用"重现期"来替代"频率",它表示在许多次试验中某一事件重复出现的时间间隔的平均数。需要特别指出的是所谓"重现期"并不是说正好多少年中出现一次,它带有统计平均的意义,说得更确切一点是表示某种水文变量大于或等于某一指定值,每出现一次平均所需的时间间隔。水文现象的重现期具有统计平均概念,不能机械地把它看成多少年一定出现一次;如"百年一遇"的雨量并不是指某地大于或等于这个雨量正好一百年出现一次,事实上也许一百年中这样的峰值出现好多次,也许一次也不会出现,只有在大量的统计过程中,或对长时期而论是正确的。

㉘ 正如认知心理学家格尔德·吉戈伦泽尔所指出的,当风险信息以频率而非概率形式呈现时,个体对风险信息的处理似乎更可靠。See, e.g., Gerd Gigerenzer, The Bounded Rationality of Probabilistic Mental Models, in Rationality: Psychological and Philosophical Perspectives 284 (K.I.Manktelow & D.E.Over eds., 1993); Gerd Gigerenzer, Ecological Intelligence: An Adaptation for Frequencies, in the Evolution of Mind 9, 11—15 (Denise Dellarosa Cummins & Colin Allen eds., 1998); Gerd Gigerenzer & Ulrich Hoffrage, How to Improve Bayesian Reasoning without Instruction: Frequency Formats, 102 Psychol.Rev.684, 697—698 (1995).

㉙ 正如美国总会计师办公室在1982年所报告的那样,新奥尔良的州和地方赞助商反复建议"美国陆军部队降低设计标准,以提供更现实的飓风防护措施,以抵御强度可能每100年发生一次的飓风,而不是建造一个能抵御200—300年才可能发生一次的飓风的项目"。U.S.Gen.Accounting Office, Improved Planning Needed By the Corps of Engineers to Resolve Environmental, Technical, and Financial Issues on the Lake Pontchartrain Hurricane Protection Project app.I at 9 (1982) (emphasis added). 之所以出现这种犹豫不决,是因为州和地方官员知道,根据陆军洪水和飓风保护项目的授权条例,他们的机构将不得不与联邦政府分担扩大的庞恰特雷恩湖及其附近地区的飓风保护项目项目的费用。

㊵ John Mcquaid & Mark Schleifstein, Path of Destruction: the Devastation of New Orleans and the Coming Age of Superstorms 361 (2006).

后期庞恰特雷恩湖及其附近地区的飓风保护工程采用的标准更具前瞻性，超前了 500—600 年。

这样的保护标准是否明智，一方面取决于由专家评估的工程和经济因素，另一方面也取决于由公民评估的有关风险、不确定性和代际义务的伦理考虑。环境灾害发生率和严重程度的驱动系统具有巨大的复杂性和不确定性，无论是由自然系统还是社会系统引起极端天气和地质事件，这些系统在一定程度上决定了这些事件的后果将有多么致命和代价高昂。因此，在长期的环境和自然灾害规划中，总是需要对公民表达意愿的承诺程度做出集体判断，无论是对当代同胞，还是对未出世的后代。由于这类长期预防和缓解风暴项目的收益极不确定，特别是在必须首先履行万年代际契约的一代人看来，该项目的规范性、可行性几乎永远无法得到经验验证。相反，第一代必须在信息高度不完整和不完全的基础上行动；至少在一定程度上，其预防行动受到给予此类环境决策规范性动力的超经验关注的激励。标准飓风项目并没有强调公众对这些问题的审查和审议，而是将它们隐藏在一种表达自信但最终是虚幻的"合理性"和"最佳性"保证中。

正如新奥尔良堤防规划项目的历史所证明的那样，即使这样做的经验基础相当薄弱，遵循风险评估和成本效益分析的概要范式需要决策者采用技术和策略，使政策空间具有可量化、可操作的特点。绝不仅仅是陆军部队的规划者们在努力否认环境决策的经验不足：最近，美国食品药品监督管理局（FDA）通过假定新工艺本身不值得高度关注和加强审查，控制食品、药品和化妆品科学风险评估过程的范围，从而证明了这种危险性。例如，这种假设似乎是该机构早期决定的基础，即如果之前对防晒霜等消费品中的纳米材料进行了健康和安全风险的宏观评估，则不需要对其进行额外的风险评估。这一假设也可能出现在 FDA 在转基因农业中使用的"实质等效原则"和用于人类消费的克隆牲畜的"成分分析方法"中。在所有三个案例中，FDA 认为新的科学过程（在这种情况下，纳米工程、基因改造和克隆）本身并不是监管审查或区别对待的理由，从而减轻了风险评估的负担，但是，只有当它们导致最终产品的物理或化学特征与传统产品相比存在差异时，才具有相关性。[41]

---

[41] See Douglas A.Kysar, Preferences for Processes: The Process/Product Distinction and the Regulation of Consumer Choice, 118 Harv.L.Rev.525（2004）.

这种假设有很多缺陷。就目前而言，最重大的缺点是该假设隐含的观点，即"我们不知道的东西不会伤害到我们"。在 FDA 的方法中，监管部门认为新工艺制造过程潜在影响的深度不确定性不值得关注，除非确定了一些具体的物质基础，这种方法反映了温迪·瓦格纳（Wendy Wagner）所说的"不预防原则"。[42] 可以肯定的是，这种放任的做法与自由市场、民主国家允许私人行动的趋势（相契合），除非有公开的理由得到证明。然而，问题是，这种倾向是以科学术语的形式呈现的，是对新兴技术的经验倾向的一种假设，而不是它真正的样子——这是一种根据政治价值观并以特定方式分配不确定性负担的偏好。在这种情况下，这种方法不仅在经验基础之外，而且在科学上都是有争议的。例如，美国食品药品监督管理局（FDA）关于纳米和宏观等效性的假设是可疑的：科学家们认为，纳米颗粒作为工业品投入生产具有潜在的革命性，因为与宏观等效物相比，它们在化学和物理性能上表现出显著的差异。[43]

风险评估和成本效益分析范式的支持者采用了更细致的方法来处理不完整的风险评估信息。例如，分析师有时会争辩说，对不确定情况的适当反应不是像预防原则所要求的那样放弃对最优化的追求，而是对不确定的成本和利益进行估计，并将其直接纳入最大化模型中。尽管比 FDA 直截了当地拒绝承认不确定性更可取，但这种方法仍然存在一个基本的局限性，即不确定性的问题会自行复发：如果不知道未来知识的预期价值（它依赖于同样未知的概率和结果，而这些未知的概率和结果使得真实情况不完全符合风险评估的目的），分析师就无法确定扩大监管检查本身在什么程度上不再是合理的成本：这位分析师不愿承认不确定性这种一目了然的现实，而是在无限回归的边缘摇摆不定。在复杂的

---

[42] Wendy E.Wagner, The Precautionary Principle and Chemical Regulation in the U.S., 6 Hum.& Ecological Risk Assessment 459, 466-468 (2000).

[43] 评估纳米级物质的假定等效方法并不仅限于 FDA。See J.Clarence Davies, Woodrow Wilson Int'L CTR for Scholars, Project on Emerging Nanotechnologies, EPA and Nanotechnology: Oversight for the 21st Century 31 (PEN 9, 2007), available at http://www.nanotechproject.org/process/assets/files/2698/197_nanoepa_pen9.pdf（"在记者的提问下，美国环保署透露，在 15 种新型纳米化学物质中，只有一种被发现具有'独特的属性'，使其与同一化学物质的更大形式不同"，但环保署没有透露"它是如何定义'独特属性'的，也没有说明它是如何得出结论的，如果它有证据的话"）.

适应性系统的背景下,这个问题尤其严重,分析师不能依赖知识获取收益递减的持续趋势,因为在一个时期的小扰动可能会导致此后许多时期的巨大影响。

将转基因生物或纳米材料广泛引入实地环境,引起了类似的担忧,因为这种行为实际上具有不可逆转的性质。为了解决这种不可逆的环境问题,成本效益分析的支持者通常主张,预期演算应该扩大到包括造成不确定和不可逆的潜在影响的丧失任何"期权价值"的活动。㊹ 例如,环境经济学文献中最早也是最重要的一篇论文开宗明义:"如果我们不确定投资对于发展的回报,我们应该选择投资不足,而不是过度投资,因为发展是不可逆转的。"㊺ 当然,预防性措施的支持者会完全同意这种观点。然而,他们不同意,如果这种预防性措施的期权价值应该简单地定价并纳入最大化计算,成本效益分析就可以用"通常的方式"继续下去。㊻ 对于预防原则的拥护者来说,在面对严重的、不确定的集体选择时,这种做法会招致排他性的、技术官僚式的决策,而他们认为,恰恰在这种情形下,更需要包容性和透明度,并能够承认正在做出道德抉择。

蒙特卡洛分析(Monte Carlo analysis)也容易受到这种民主批判的影响,它是一种日益突出的方法,用于在综合风险评估和福利计划背景下处理经验的不确定性。从本质上讲,蒙特卡罗计算机模拟评估了在世界上成千上万种可能的状态下政策建议的效果,即使面在对不确定性时,分析师也可以生成未知概率的假设分布,并找出在各种潜在条件下占主导地位的政策处方。毫无疑问,蒙特卡洛分析是对以往解决不确定性问题方法的改进,如不充分理由原则,该原则简单武断地假设,在没有相反证据的情况下,两种结果都可能是一样的。㊼ 尽管如此,即使是蒙特卡罗技术也依赖于对未知概率理论性质的某些假设的说明。与经典的科学传统相一致,分析人员通常在这种情况下指定正态概率分布。当应用于那些按照复杂性定

㊹ See Kenneth J. Arrow & Anthony C. Fisher, Environmental Preservation, Uncertainty, and Irreversibility, 88 Q.J. Econ. 312 (1974). For a leading efficiency model incorporating option values, see A. Myrick Freeman, The Sign and Size of Option Value, 60 Land Econ. 1 (1984).

㊺ See Arrow & Fisher, supra note 40, at 317.

㊻ Id. At 319.

㊼ See Cass R. Sunstein, Worst-case Scenarios 166 (2007).

律运行的系统时，这种假设可能会导致极其错误的政策建议。[48]

更容易招致这种批评的是德尔菲分析法（Delphi analysis），它主要是从相关领域的专家调查中收集对未知风险的主观评估。通过这种方法，分析师希望赋予一个贝叶斯[49]先验主观信念，从而在计算预期结果时，为"第一次尝试"提供一些非随机性基础。[50] 按照这些思路，形式化政策分析的支持者有时甚至否认存在不确定性这一事实，他们显然认为，如果采用贝叶斯（而不是频率论）概率论，那么成本效益优化程序总能获得一些数字。[51] 然而，问题立刻显现出来，谁的主观概率评估将构成贝叶斯演算的基础？如果不认真对待开放性和参与性等合法性要素，决策者就有可能通过实践来模糊判断的规范性本质，而这种做法可能只值得在尊重技术专长方面提供一个薄弱的理由。

这种对数据填充演算的民主批评尤其适用于灾难性威胁的情况。如今，科学家们基本上达成共识，在未来几个世纪里，人类面临着一个真实但无法量化的威胁，即将经历一个或多个灾难性的气候变化场景。[52] 正如

---

[48] See M.L.Weitzman, "Structural Uncertainty and the Value of Statistical Life in the Economics of Catastrophic Climate Change" (Nat'l Bureau of Econ.Research, Working Paper No.W13490, 2007), available at http://papers.ssrn.com/sol3/papers.cfm?abstract_id=1021968（他认为，期望值的计算，即使使用复杂的蒙特卡罗技术，也可能从根本上扭曲决策，因为这些技术倾向于假设正态或对数正态分布。）.

[49] 贝叶斯分类算法是统计学的一种分类方法，它是一类利用概率统计知识进行分类的算法。在许多场合，朴素贝叶斯（Naïve Bayes, NB）分类算法可以与决策树和神经网络分类算法相媲美，该算法能运用到大型数据库中，而且方法简单、分类准确率高、速度快。——译注

[50] For discussion of Bayesian probability theory, see David E.Adelman, Scientific Activism and Restraint: The Interplay of Statistics, Judgment, and Procedure in Environmental Law, 79 Notre Dame L.Rev.497 (2004); Matthew D.Adler, Against "Individual Risk": A Sympathetic Critique of Risk Regulation, 153 U.PA.L Rev.1121 (2005); Stephen Charest, Bayesian Approaches to the Precautionary Principle, 12 Duke Envtl.L.& Pol'y Forum 265 (2002). 正如查尔斯特（Charest）指出的那样，贝叶斯分类算法可能是对风险评估技术的改进，后者通过不那么透明的方式纳入了同样主观的假设。

[51] See Sunstein, supra note 43, at 159（这表明不确定性并不作为一个明确的认知范畴而存在，因为"个人概率"总是存在的。）.

[52] 在2002年，美国国家研究委员会（National Research Council）一个特别任命的委员会得出结论："温室效应和地球系统的其他人类变化，可能会增加发生大规模、突然、不受欢迎的区域或全球气候事件的可能性。" Comm.on Abrupt Climate Change of the Nat'L Research Council, Abrupt Climate Change: Inevitable Surprises I (2002); see also R.B.Alley et al., Abrupt Climate Change, 299 SCI.2005 (2003).

经济学家马丁·魏茨曼（Martin Weitzman）总结的那样，这类潜在的灾难包括"格陵兰岛和南极洲西部冰原突然崩塌，温盐环流减弱甚至逆转，可能会从根本上影响墨西哥湾暖流和欧洲气候等问题，以及由于（包括但不限于极地反照率损失、碳汇减弱以及北极永久冻土层融化后甲烷的快速释放）以几何级数的快速增长和积极反馈，导致全球变暖的气候敏感性问题失控和放大"[53]。除了这些临界点场景外，魏茨曼教授还指出，其他一些潜在的气候变化影响也会使传统预测模型的能力吃紧，其中包括"海平面动态、未知规模的淹没海岸线、迥异的极端天气模式，包括干旱和洪水，生态系统的破坏、物种的大规模濒危灭绝、全球降水模式和淡水分布的巨大变化、热带作物歉收、人口大规模迁徙、潮湿引发的传染病等等，不胜枚举"[54]。每一个这些事件都将伴随着巨大的生态和社会经济影响。然而，鉴于所涉及系统的复杂性，它们发生的可能性即使不是不可能，也很难估量。相反，我们只能说，现实的威胁是存在的，我们对威胁的理解可能会以不可预测的方式发展。

为了应对这种灾难性的前景，经济学家威廉·诺德豪斯（William Nordhaus）在其影响深远的《气候变化的成本效益评估》（"Cost-benefit Assessment of Climate Change"）一文中，根据对专家（其中许多是经济学家和其他社会科学家）的调查，计算出了灾难性事件的风险估计值。[55]在调查中，受访者被问及以下问题："有些人担心气候变化的低概率、高后果的产出。假设'高后果'指的是全球收入无限期地损失25%，大约相当于大萧条时期的产出损失……如果2090年气温上升3摄氏度，产生如此严重后果的可能性到底有多大？……"[56]然后，诺德豪斯计算出全球

---

[53] Martin L. Weitzman, A Review of The Stern Review on the Economics of Climate Change, 45 J. Econ. Literature 703, 716 (2007).

[54] Martin L. Weitzman, A Review of The Stern Review on the Economics of Climate Change, 45 J. Econ. Literature 703, 716 (2007).

[55] See Cong, Budget Office, Uncertainty in Analyzing Climate Change: Policy Implications 16 (2005) （他注意到，关于诺德豪斯和博伊尔所依赖的调查数据，"专家的损害估计似乎依赖于他们特定领域的知识：自然科学家倾向于比社会科学家预测更大的损失，大部分预期损失是对非销售商品和服务的损害，而不是标准国民经济核算中衡量的商品和服务类型。"）.

[56] William Nordhaus & Joseph Boyer, Warming the World: Economic Modeling of Global Warming 87 (2000).

"WTP（支付意愿）以避免灾难性风险"[57]，其方法是将受调查专家的概率估计乘以全球灾难的等值美元相当于一个全球性灾难（由于诺德豪斯将灾难定义为全球收入损失 25% 这一事实使其易于处理），并将结果向上调整为反映社会对风险的普遍厌恶。通过这种方式，诺德豪斯得出结论，为了避免灾难性气候变化事件的后果，世界只愿意牺牲全球 GDP 的 1%。

这一程序特别清楚地表明了政策分析师似乎不可抗拒的倾向，即将潜在灾难性或不可逆转的结果本质上的不确定性视为等同于低概率、高后果的事件。[58] 事实上，尽管它缺乏逻辑上的理由，诺德豪斯的调查问卷就是从这个等式开始的。灾难威胁的不确定性并不意味着它的可能性很低。此外，使用可能结果范围的加权平均值，可以消除在面对灾难时决策过程中的许多悲剧性特征。不像玩重复的货币赌博，概率决定的结果提供了宝贵的信息来源，期望演算似乎为不确定和潜在的灾难性事件提供了糟糕的决策指导。通俗地说，要么世界海洋的大传送带系统会关闭，使北欧陷入一个可怕的毁灭性冰川期，要么就不会。我们不知道所涉及的确切概率是多少，但考虑到不连续性和临界点的性质，我们知道预期的效用结果，即这些极端气候情况的加权平均值不会出现。

要想知道这种方法的不足之处，不妨假设诺德豪斯所描述的那种"低概率、高后果"的普遍情景真的会发生，在这种情况下，人类的痛苦、死亡和其他被认为相当于"全球收入无限期减少 25%"的负面后果将降临到后代身上。这些后代们是否认为导致我们造成这一威胁的决策过程已充分保护了他们的利益？一些专家，包括并不真正研究大气、海洋和陆地系统的社会科学家，将目前无法估量但在科学上似是而非的最坏情况，指定了一个纯粹主观的概率数字，这就足够了吗？全球为避免这种情况而愿意付出的代价，将以一种没有直接询问公众的方式进行计算，即为了避免给后代带来毁灭性的风险，他们愿意牺牲多少？这就足够了吗？有什么理由认为人类对这一问题的直接反应不如成本效益分析这样的决策方法可靠，因为这种方法使用了灾难的程式化定义，并且刻意逃避权利和责任问题？为什么要将灾难性损失和一堆微不足道的损失区别对待，尽管根据一些风险规避的背景概念稍作上调？是什么证明了这样的假设，即灾难

---

[57] Id. at 88.

[58] Clive L Spash, Greenhouse Economics: Value and Ethics T27 (2002).

性事件可以在政策模型中平滑成连续函数，而不是保持它们实际将采取的形式，如暴跌、峰值、翻转和破裂？

鉴于不可逆转或灾难性威胁所造成的令人困惑的政策问题，人们可能会倾向于同这些特殊情况下的处理相切割，而将风险评估和成本效益分析范式作为评估更常规的环境、健康和安全决策的主要方法。然而，复杂性理论的教义表明，我们对"常规"风险管制的理解在很大程度上是错误的。例如，不可逆性的问题不应被视为局限于一次性的灾难情景。相反，考虑到路径依赖的特性，某种程度的不可逆性应该被期望用来描述复杂适应性系统中的所有决策节点。事实上，如果复杂性理论的教导是可靠的，那么环境、健康和安全的困境，从其定义上讲，几乎可以提出包含不可逆性、不可消除的不确定性和其他难以计算的特征等问题。在这种情况下，如风险评估和成本效益分析范式的捍卫者经常断言的那样，有意识的福利最大化尝试可能不仅仅是一种不完善的方案，而是对决策有所助益的。相反，它可能是表示一种解决方案的概念，这种解决方案概念从根本上与手头上的问题任务不匹配。我们不能自信地期望，风险评估和成本效益分析的错误会聚集在"最优化"结果周围；的确，对于不适用的问题——也就是说，无法解决的问题不是由于缺乏计算能力，而是由于问题本身固有的特性所驱动的——最优化的概念本身就无法进行有意义的描述。因此，我们应该预见到，通过较少技术的决策程序，形式化政策分析的错误可能会在很大程度上和不可预测地偏离决策路径，而这些决策路径很容易被认为是可取的，即使不一定是最佳的。

这一论点应该区别于学者们长期以来抱怨的风险评估和成本效益分析会导致的"分析瘫痪"局面。[59] 风险评估和成本效益分析需要大量的信息，这将使得决策过程陷入停滞，以致在行政时间和资源有限的情况下，这些程序实际上是不合理的，这种传统的反对理由仍然具有相当大的影响力。然而，另一个更为根本的反对意见是，环境法的主题往往不适用于风险评估方法所能解决的问题。在这种情况下，仅仅通过机械的调整来解决不确定性、不可逆性和灾难性是不够的，比如期权价值、风险规避溢价，或者凯斯·桑斯坦曾说的人类"灭绝性溢价"。[60] 正如所见，这些手段往

---

[59] Thomas O.McGarity, A Cost-benefit State, 50 Admin.L.Rev.7 (1998).

[60] Cass R.Sunstein, Valuing Life: A Plea for Disaggregation, 54 Duke L.J.385, 433 (2004).

往更多地反映了政策分析师的专业偏好,而不是他们所认为的规范性判断。同样,仅仅给出成本和收益的范围而没有估计点数是不够的,因为经济方法的支持者有时为了应付不确定的问题而提倡这样做。[61] 复杂性理论的含义必须在非常科学的模型中加以调整,这些模型用于产生一系列的成本和收益。如果处理得当,这样的调整通常意味着,科学家只能提供一系列可能来自政策选择的定性描述的情景,而没有概率估计,因而不是定量描述,但最终无助于界定成本效益的范围。[62]

简言之,对于许多环境问题,坚持遵循福利最大化政策框架可能是非常不明智的。特别是面对复杂的适应性系统,哪怕是管制失误导致的最轻微后果,其中包含的反馈机制也可以令人印象深刻地加以放大,决策者应该放弃实际上试图寻找和追求"最优化"结果的伪装。相反,"他们应该对人类行为的可能后果进行纯粹的描述,以供集体决策参考,这样,政治共同体就可以直接考虑是否要把灾难性的或不可逆转的环境损害作为其独特遗产的一部分"。在人类预测和控制的愿望与现实之间,存在着一个重要的动机上的真理:正是由于无法最大化我们的因果关系能动性,才有助于我们持续关注对该方法的谨慎运用,这有助于重申,人类的选择和行为是我们身份的核心元素,而不仅仅是由"事实真相"决定的他律性时刻。重要的是,只要政治共同体拒绝将其规范性认同等同于经验景观,那么该共同体将仍然能够影响该经验景观的轮廓和定义。它将能够有意识地影响景观的哪些部分变得清晰可见,因此,这些部分将用来填充我们对"在特定领域中事实显示了什么"的理解。

简而言之,行动不能仅仅由结果驱动,因为我们对后果的认识本身就是我们行动的一个功能。这一点曾经被环境法所理解,但最近却被遗忘了。

---

[61] See CASSR. Sunstein, Risk and Reason: Safety, Law, and the Environ Ment 108 (2002). (例如,桑斯坦在分析砷监管的成本和效益时指出,合理的假设可以支持拟议标准的效益估计,从 1000 万美元到 12 亿美元不等。) See Cass R. Sunstein, The Arithmetic of Arsenic, go GEO.L.J.2255, 2258 (2002).

[62] Spash, supra note 53, at 115("为了研究大气化学变化对生物系统的影响,数据分析必须以通量、方差、极端事件和噪声为基础,而不是以浓度、平滑平均值和稳定状态为基础。")。

第四章　利益与涌现性[1]

美国陆军工程兵部队在新奥尔良的规划工作是风险评估和成本效益分析的一个特别粗糙的版本。因此，对这种失败教训的适当反应可能不是放弃通过定量分析来确定政策，而是以更严格的方法进行决策，部署最新和最先进的风险评估模型和估值技术，以便风险评估和成本效益分析的结果得以更好地符合全面、公正的功利主义评价理论的理想模型。然而，正如本章所揭示的，成本效益分析的方法论问题并不局限于陆军工程兵部队的实践版本。成本效益分析最常被宣称的优点之一是，它能够将有关政策后果的大量经验信息综合到一个单一的分析框架中。然而，正如数学家库尔特·哥德尔（Kurt Godel）的著名论证，这种形式系统不可能既一致又完整；相反，有些真理虽可以用形式系统的语言来表达，但只有从一个更高级的意义系统（本质上围绕着公理的子系统）的角度才能理解这些真理。[2] 因为一致性是为了抓住形式理性的本质，成本效益分析的实践者常常通过牺牲完整性来回应哥德尔的挑战；也就是说，为了保持成本效益分析结果的一致性，他们将某些决策标准视为外部给定的，而不是评估决策

---

[1] 涌现性，通常是指多个要素组成系统后，出现了系统组成前单个要素所不具有的性质。在系统科学中，有一条很重要的原理，就是系统结构和系统环境以及它们之间的关联关系，决定了系统的整体性和功能。霍兰说："涌现现象是以相互作用为中心的，它比单个行为的简单累加要复杂得多。"——译注

[2] See Kurt Godel, On Formally Undecidable Propositions of Principia Mathematica and Related Systems, in Jean Van Heijenoort, From Frege to Godel: a Source Book on Mathematical Logic 178 (1967); see also John D.Barrow, Impossibilty: the Limits of Science and the Science of Limtts 218-47 (1998); Paul W.Glimcher, Decisions, Uncertainty, and the Brain: the Science of Neuroeconomics 72 (2003); Giuseppe Dari-Mattiacci, Godel, Kaplow, Shavell: Consistency and Completeness in Social Decision making, 79 Chi.-Kent L.Rev.497 (2004).

结果的直接检验对象。③ 因此，尽管人们普遍认为成本效益分析比传统的方法涉及范围更广，但若只进行成本效益分析，就其本质而言，至少必须忽略特定决策背景下的某些参数。成本效益分析的实践者通常以试图将某些因素排除在外的方法来尽量减少这种复杂性，这些参数被认为几乎没有什么实际意义或被认为已由其他体制机制（如税收和排放权转让制度等）妥善处理。这种貌似明智的策略存在的问题是，成本效益分析越来越多地被适用于设定的选项中，在这种给定的情况下，外源化的变量对所审查的决策具有深刻和明确的意义，而其他替代性环境治理机制的潜在作用正被成本效益实践本身所取代。

成本效益分析框架的形式化性质导致了另一个更微妙的复杂性。就其结构而言，该框架不仅必然在实质上是不完整的，即在某种意义上，作为构建和维护其优化逻辑的一部分，它必须将一些重要的福利决定因素外生化，而且还必须能够否认其自身的不完整性。也就是说，该框架关于利益聚合和最大化的公理化语言必须再一次从其本质上表明，它已考虑到一项政策建议的所有相关影响，并确定了一个特别最优的结果。因此，无论支持者多么诚恳地敦促成本效益分析的结果只是整个决策制定过程的"一种输入性"参考因素，但福利经济学的措辞破坏了这些保证。由于被称为福利经济的单一语言主义的存在，每当批评人士试图强调缺失利益的重要性，建议将缺失的利益相关者纳入其中，或质疑解决不确定结果或有争议的估值方式时，必须克服不必要的举证责任。毫无例外，福利计算总是把这些额外的考虑因素嘲笑为有损整体福利的次优因素。因此，正如伯纳德·威廉姆斯（Bernard Williams）在2009年所观察到的，"这些价值观的捍卫者面临着一个两难境地，要么拒绝量化有关的价值问题，价值观从总和中消失，要么试图附加一些数据，他们歪曲了自身的观点，而且通常也会失去论据的支撑"④。

以这种理解方式，对环境、健康和安全法的福利经济学分析方法似乎没有通过公开的辩论和劝说，而是通过不明显的假设和排除来促进规范性观点。最关键的是，如本章所述，福利经济学框架假定存在区分效率和公

---

③ Cf. Clive L. Spash, Greenhouse Econpmics: Values and Ethics 267 (2002) ("最优性……难道事实上一致性分析和最佳结果并不是模型所保证的，而只是与假设一致的选择吗？")。

④ Bernard Williams, Morality: an Introduction to Ethics 96 (1972).

平的无争议基础，经济估价技术可以消除直接参与保护人类健康和环境的需要，而公共政策的制定只能支持个别的、预先存在的利益，而不是集体层面上产生的利益，或者只是在必要的优先政策选择之后才形成的利益。这些基本假设掩盖了公众制定环境、健康和安全法律背后的大部分原因。环境、健康和安全法似乎没有积极努力提高工人、濒危物种、子孙后代和其他法律保护的受益人地位，即赋予这些主体比他们在当前市场和政治均衡下所应获得的更大的社会价值。相反，这些法律似乎代表了在保护方面的"非理性"的过度投资。同样地，环境法并没有体现出一种刻意的努力，即利用法律不可避免的文化改变力量，引导个人随着时间的推移，选择一种安全、人道和生态可持续的生活方式，相反，环境法似乎体现了一些无法实现或不可预期的未来的"天真"或"家长式"表达。简言之，福利经济学家通过诉诸一系列有争议的技术来维持这样一种观念，即福利最大化只是被动和公正地聚合了个人的自主欲望，最终忽略了许多赋予环境、健康和安全法律意义的考虑因素。

　　福利经济决策范式的核心是，将个人福利最大化作为对人类行为的积极解释，并将社会或总体福利最大化作为法律和政策设计的规范性目标。这种同时认可福利最大化作为一种预测性和规范性模型的做法，并没有使法律变得无关紧要，因为这种范式带有重要的市场失灵概念，根据这些概念，即使是完全理性的个体行为者也无法使集体福祉最大化。因此，分析人士倾向于关注预期偏离教科书式市场条件的情况，如信息不完全或不对称、负外部性、公共产品、集体行动问题或垄断权力。然后，政策被设计来改变相关个人和经济实体的决策环境，使行为激励更好地与福利最大化的目标相一致。这项任务往往被简单地认为需要建立明确的财产权，或以其他方式减少经济交易的障碍，以便个人可以通过其自愿活动和交易，以一种分散的方式来改善整体福祉。在极端情况下，福利经济账户上的市场失灵可能需要更多的"干涉主义"措施，比如对某一特定活动征税，其数额等于该活动对其他活动造成的损害程度。以这种方式，负外部性将被引入市场的信息运作中，因此只有那些产生超过总成本的利益的活动才能继续下去。

　　当仅仅以这种方式"合理定价"不可行之时，监管者必须自己尝试确定最优结果。这种分析的黄金标准是帕累托最优标准，该标准认为，只有当一个政策建议至少使一个人的生活变得更好，而且没有任何其他个人的境况变得更糟时，该政策建议才是可接受的。此外，根据最严格的帕累托标准，所有个人必须自己决定一个建议是否使他们变得更好或更糟；在这种情况下，福利分析人士可以声称完全避免了对个人福利进行比较的需要。在这种对人际比较的厌恶背后，隐藏着一个关于福利经济学知识起源的熟悉的故事：在该领域的形成阶段，福利经济学家渴望达到与自然科学相一致的科学谱系水平；因此，他们试图从福利经济学的领域中剔除所有看似道德或非客观的分析模式，最明显的例子是个体间效用或福祉的比较。有了帕累托看似无可非议的政策评估标准，福利经济学家们开始对其学科的实证性提出强烈的主张，这一点可以从以下有把握的典例中得到证明："尽管帕累托最优的名称有点误导性，但这一点没有必要指出来，因为它的概念是完全客观的，我们的讨论是从实际出发，而不是规范性的。"⑤

与这些主张相反，有观点认为帕累托标准并不客观，即使在其最理想的表述中也是如此。最明显的是，该标准建立在一种规范性假设之上，即人类个体是福利分析的唯一相关指标，而其他利益相关者被排除在外，如人类不同世代、人类社群，甚至非人类生命形式。它还以这样一种观念为前提，即福利分析应当通过衡量权利和资源分配现状的变化来进行，而不是用一些社会上可以想象的替代基准。后一种假设具有深远的伦理后果。正如阿马蒂亚·森（Amartya Sen）所指出的，由于帕累托最优不允许对初始权利的基本分配进行核查，"一个社会或一个经济体可以是帕累托最优的，但仍然是完全令人厌恶的"⑥。除了这种规范上的复杂性，帕累托标准也不可行，因为它为允许的政策干预设定了极高的门槛。在复杂且相互联系紧密的社会中，如那些发达工业国家，很少有提案能避免导致一个或多个人的境况恶化。相应地，帕累托最优立场的机会成本可能是极端的：即使是一项让每个社会成员的福祉翻倍，而只让一个富裕的个人稍微变差的政策，也无法满足帕累托检验的严格条件。正如圭多·卡拉布雷西（Guido Calabresi）所指出的，一旦将交易成本和其他现实世界的变量考虑在内，事实上，可能就没有符合帕累最优标准的政策能够被采纳，此时帕

---

⑤ M.J. Farrell, The Convexity Assumptions in the Theory of Competitive Markets, 67 J. Pol. Econ.377 (1959).

⑥ Amartya Sen, Collective Choice and Social Welfare 22 (1970).

累托标准就基本上变得"毫无意义"。[7]

很大程度上是出于实际原因，随着时间的推移，许多经济学家转向了一种被称为潜在帕累托最优或卡尔多—希克斯（Kaldor-Hicks）最优的标准。与帕累托标准不同，卡尔多—希克斯福利标准只要求政策变化带来的总体福利收益大于损失，这样"胜利者"在理论上可以补偿"失败者"。由于这种补偿在性质上只是一种假设，也就是说，它不需要实际执行，以便认为一项政策建议是有效的，卡尔多—希克斯标准代表着一种理想，该理想既放弃了避免人际福利比较，也放弃了允许个人自己决定他们的福利是否以及在多大程度上因政策建议而改变。虽然人们仍在努力将福利估价建立在个人表达或显示的偏好基础上，但对这种偏好的识别和解释要比在帕累托背景下复杂得多，因为实际的同意不再是可接受性的标准。在实践中，卡尔多—希克斯标准倾向于促使从福利最大化到财富最大化的转变，因为福利影响的美元加权估值提供了最明显和最易操作的假设补偿测试方法。事实上，一些法律经济分析的支持者将卡尔多—希克斯效率标准描述为在概念上可以与财富最大化互换。[8]

尽管有一些重要而复杂的例外，[9] 大多数管制成本效益分析的使用都符合这一描述，因此，大多数使用可以说是在内心假定福利最大化是由卡尔多—希克斯效率标准所采用的传统的福利估值技术确定的，这具有首要的道德和政治意义。在理想的成本效益状态下，没有任何政策会

---

[7] Guido Calabresi, The Pointlessness of Pareto: Carrying Coase Further, 100 Yale L. J. 1211 (1991).

[8] See, e.g., Richard A. Posner, Pragmatic Liberalism versus Classical Liberalism, 71 U. CHI.L.REV.659, 666 (2004) （"卡尔多—希克斯算法也被称为财富最大化，只要求赢家的收益超过输家的损失，而不要求对输家进行补偿。"）.

[9] See, e.g., Matthew Adler, Cost-Benefit Analysis, Static Efficiency, and the Goals of Environmental Law, 31 Boston College Envtl.Aff.L.Rev.591 (2004) （提供了一份成本效益分析报告，根据福利的客观清单报告，而不是基于主观偏好的报告，以寻求整体福利最大化。）; Martha C. Nussbaum, The Costs of Tragedy: Some Moral Limits of Cost-Benefit Analysis, 29 J.Legal Stud.1005, 1029-1030 (2000) describing ways in which cost-benefit analysis need not entail utilitarianism or even consequentialism); Amartya Sen, The Discipline of Cost-Benefit Analysis, 29 J.Legal Stud.931, 936 (2000) （他认为，成本效益分析可以被设想为考虑到"大致结果性的评估"，涵盖"不仅包括功利主义者倾向于集中关注的诸如幸福或欲望的实现等事项，而且还包括某些行为是否被执行或特定权利是否被侵犯。"）.

降低总福利。⑩ 当管制机构必须制定环境、健康和安全标准时，它们会使用成本效益分析来选择社会成本和效益之间的边际等值点，从而使公民从管制项目中获得最大化的回报。⑪ 同样，通过将成本效益分析以连续的方式和在详尽的范围内应用于现有的和拟议的风险管制计划，风险分析师可以根据其成本效益生成一份政策清单，从而为社会决策提供一个依据，使其能够最有效地利用风险预防的整个管制预算。⑫ 假设同意基本福利主义框架，任何单一的成本效益分析结果或全球优先事项确定工作的结果，都不应成为严词反对或异议的理由，因为所有重要的考虑因素都将被确定并制成表格，并以一种能够确定最大化结果的方式进行加权处理。⑬

　　认识到这一论点在哲学上是多么偶然，近年来成本效益分析的支持者们已经使他们的辩护组合多样化。例如，他们认为，成本效益分析通过迫使管制机构接受"人们关于自身福祉的实际判断"，满足了"功利主义和义务论的解释"对道德的描述，这一观点显然假设，识别和衡量个人偏好的主流方法是"人们实际判断"的一个充分的代表。⑭ 通过帮助社会使各个医疗机构在每一次拯救生命中所花费的金额相等，成本效益分析也被认为是服务于重要的公平利益。这种方法为社会预防和管理各种风险的努力提供了统一的成本效益比率，从而服务于平等尊重人的原则这样一个观念。更一般地说，通过对政治选择所涉及的利害关系进行综合评估，成本

---

⑩　诚然，成本效益分析的学术支持者经常否认，他们希望成本效益分析计算的结果以这种方式强加一个严格的通过或不通过的测试。然而，学院之外的支持者往往没有这么谨慎。例如，臭名昭著"超级授权"1022号法案，即1995年的风险评估和成本效益法案，要求成本效益决策标准取代联邦监管项目中所有相互冲突的标准。See Thomas O.McGarity, The Goals of Environmental Legislation, 31 Boston College Envtl Aff.L.Rev.529, 551 (2004) (describing the bill).

⑪　Thomas O.McGarity, A Cost-Benefit State, So Admin.L.Rev.7, 39 (1998).

⑫　See Stephen Breyer, Breaking the Vicious Circle: Toward Effective Risk Regulation 19-21 (1993).

⑬　Cf. Laurence H. Tribe, Policy Science: Analysis or Ideology? 2 Phil.&Pub. Aff. 66, 85 (1972) (describing use of "the device of an imagined" impartial spectator "by proponents of cost-benefit analysis to bolster the appearance of objectivity to their policy analysis") (描述成本效益分析的支持者使用"想象中的""公正旁观者"的手段，以增强政策分析的客观性。).

⑭　Cass R.Sunstein, "Cost-Benefit Analysis and the Environment" 24 (Univ.of Chicago Law Sch.John M.Olin Program in Law & Econ., Working Paper No.227, 2d series, 2004), available at http://www.law.uchicago.edu/laweecon/ index.html.

效益分析被认为具有促进民主的重要价值，如提高政治审议的质量，控制不可靠的认知倾向，减少利益集团的扭曲影响，在传统上占主导地位和传统上代表不足的派系之间实现政治权力的平等。虽然用成本效益分析这一财富最大化的传统术语来表述，[15] 但这些公平和民主的关切不必如此狭隘地加以考虑。事实上，正如其他学者指出的那样，成本效益分析的倡导者与20世纪早期的进步人士有许多共同之处，他们均认为，通过改进理性政府的理念和实践，可以促进公共利益，而不仅仅是总体上满足偏好。[16]

　　这些多样化的理由把福利经济学的支持者从狭隘的功利主义范式中拉了出来，反过来也要求他们接受广泛的批评。最重要的是，他们必须更好地捍卫福利经济学的核心概念，即福利经济学对衡量政策后果的基本价值标准的选择。这一因素启动了最大化演算，一方面，决定了什么算法是有效的；另一方面，什么将被归入明显主观的领域，因而将被视为决策的"额外投入"，根据定义，这会降低效率。如上所述，福利经济学的政策分析中占主导地位的价值标准是个人福祉，它通常具体地、易于处理地表现为支付意愿评估。大多数福利主义者认为，官员应该利用这些估算来追求效率，而不应该考虑政策对分配的影响。在公平性、可持续性或其他非效率问题对特定结果不利的情况下，著名的福利主义者认为，这些目标应该仅仅通过税收和转移支付体系来实现，而不是通过改变环境、健康和安全法的实质性内容来实现。通过这种方式将政府政策完全聚焦在效率最大化上，同时通过累进税率和向穷人转移支付来解决其他问题，官员可以最大限度地"做大蛋糕"，最终，在一个允许非效率问题直接影响政策选择的世界里，每个人都有可能过上比现在更

---

[15] See, e.g., W. Kip Viscusi, Risk Equity, 29 J. Legal Stud. 843, 845 (2000) (The functioning of efficient markets involving risk establishes what I will take as my reference point for equitable risks.)（涉及风险的有效市场的运作建立了我将作为公平风险的参照系。）.

[16] See Michael Abramowicz, Toward a jurisprudence of Cost–Benefit Analysis, 100 Mich. L. Rev.1708, 1718 (2002); see also Herbert Hovenkamp, Knowledge About Welfare: Legal Realism and the Separation of Law and Economics, 84 Minn.L.Rev.805, 846 (2000) (providing a historical account of, inter alia, the Progressive Era, pragmatism, and neoclassical economic theory and noting that the Progressive conception of welfare was not defined by subjectively asserted preference.)（提供了进步时代、实用主义和新古典主义经济理论的历史解释，并指出"进步的福利概念不是由主观主张的偏好所定义的"。）.

好的生活。

正如福利经济主义者擘画的蓝图所述,技术和伦理分析领域之间存在着楚河、汉界,然而,效率和公平之间的概念划分并非毫无争议,它本身就是一种政治姿态。这就是为什么试图在福利经济学中明确界分实证分析和规范分析的不同领域归于失败的最基本原因,也是为什么环境、健康和安全立法永远不能以福利主义者所希望的方式简化为经验技术的最根本原因。当政府官员声称:"经济分析中的最佳实践标准是采用一种方法,在没有监管的世界的基准情境下,衡量监管行动产生的成本、收益和其他影响。"[17] 他们所说的不仅仅是方法论上的信念。正如使用完全不同的分配基准一样,优先分配权利和资源的现状并不是一种中立或客观的方法。举例来说,我们可以要求用一个对分配敏感的福利标准来衡量政策效果,这个标准对穷人的收益比对富人的收益更高。或者,我们可以效仿著名的福利主义者,如阿马蒂亚·森,他提出了一份"客观的清单",列出了人类需求的基本的商品或能力,并将之作为政府应该追求的社会福利的相关指标。[18] 更具戏剧性的是,正如后面几章所详述的,我们可以利用从虚构的市场中得出的价格来评估影响,在这个市场中,为了子孙后代的利益,将不可再生和可消耗的资源置于严格的保护措施之下。在每一种情况下,我们都会得出更符合公平和可持续发展目标的效率计算方法,这样一来,我们的目标之间不可避免的紧张关系就会减少。

福利经济框架的深层概念上的偶然性,可以在《清洁水法》的背景下加以具体描述,在该法中,已经做出努力,用更加市场化的价格和交易机制取代现有的分配机制。根据市场竞争程度和消费者之间可识别的差异程度,不受监管的水市场可能以歧视性方式制定价格:只要生产商能够切实、合法地根据使用量定价,那么饮用水和卫生用水的最重要用途将按最高单价收费,因为个人对这些用途的估价相对较高。另外,规模较大的用户,如农业、工业和娱乐行业用户,将获得大量折扣,因为他们的经营活动所支持的单位消

---

[17] U.S.Fish & Wildlife Serv, Draft Economic Analysis of Critical Habtitat Designation for the Rio Grande Silvery Minnow, Final Draft (May 2002), cited in Amy Sinden, The Economics of Endangered Species: Why Less is More in the Economic Analysis of Critical Habitat Designations, 28 Harv.Envtl. L.Rev.129, 169-170 (2004).

[18] See Amartya Sen, Commodities and Capabilities (1985).

费的支付意愿普遍较低。这种市场分配方法可能会产生有益的效果，减少某些低价值的使用，如对生态不适宜地区的农业进行灌溉，目前这种用途只能通过公共补贴来维持。然而，通过减少公众对水定价的控制，私有化和市场分配的政策改革也可能加剧穷人获得水资源的问题。

当然，以市场为基础的水资源分配的支持者并非没有意识到财富不平等的问题，也不是不知道必须保证获得基本的饮用水和卫生用水。因此，他们通常会在提议实行市场化分配的同时，敦促政府为穷人提供某种形式的公共援助资金。[19] 然而，这种方法反映了福利经济学家的倾向，即寻求从资源使用中获得的总体价值的最大化，同时允许通过某种形式的税收和转移支付计划来单独处理分配公平的问题。[20] 通过允许水资源的市场价格在不受管制的均衡状态下稳定下来，并通过向穷人转移足够的货币资金以使他们能够继续参与市场，实现了效率和公平之间的假定平衡。然而，这种通过转移支付等矫正手段来解释重大非效率因素的努力，却带有一种不必要的污名："权衡"的语言不恰当地将公平视为一种"成本"，以与效率相平衡；它意味着牺牲了福利，而不是提升生活水平。在诸如水这样一种基本资源的情况下，这一点尤其令人遗憾，我们最好回顾一下玛丽·沃斯通克拉夫特（Mary Wollstonecraft）表达的格言："这个世界上缺少的是正义，而不是慈善。"[21]

效率和公平之间的"权衡"可以被"公平使用"的综合标准所取代，这是一种基本的知识改革，它避免了市场自由主义的分离主义倾向和价值不可知论，而倾向于客观地解释福利的基本或最小决定因素。例如，在《清洁水法》领域，最近在水务专家中引起了极大关注和支持的一种需求侧管理工具

---

[19] See Andrew Lang, The GATS and Regulatory Autonomy: A Case Study of Social Regulation of the Water Industry, 7J.Int'l Econ.L 801, 808 (2004) (describing the common use of "direct subsidy payments to consumers" in order to address access problems following water-market reform.) （描述了向消费者直接支付补贴的普遍用途，"以解决水市场改革后的准入问题"。）.

[20] See Louis Kaplow & Steven Shavell, Fairness Versus Welfare 33 (2002).

[21] Mary Wollstonecraft, a Vindication of the Rights of Woman 167 (Penguin Books, 1992) (792). Wollstonecraft may have been inspired by Kant, who posited that the duty of hospitality toward members of the world community was "not a question of philanthropy but of right." See SEYLA BENHABIB, ANOTHER COSMOPOLITANISM 22 (2006) (quoting Kant's 1795 work Perpetual Peace: A Philosophical Sketch).

是分层或分段水价。㉒ 分级定价旨在协调用水的效率和公平性，而不是放松对市场的管制，或向贫穷的消费者转移资金，而是通过对用户最初消耗的水量收取较低甚至是零成本的费率，并随着消费水平的提高逐步提高费率。这种方法隐含的假设是，水资源的最重要用途应是最广泛获得的，实际上应是所有人都能获得的，而不论其支付能力如何。一般来说，更大的水资源使用量不那么必需，因此尤其需要更高的价格来鼓励节约。这样，分层定价下的效率计算与作为福利标准的支付意愿脱节；相反，使用量代表了社会决定的使用优先级。因此，有效结果不是指最大限度地满足货币化的偏好，而在于最大限度地满足人类生存和繁荣的基本条件，这也可以被称为结果公平。

当然，这并不是说效率不重要，也不是说社会不应该根据它所选择的价值标准来寻求促进进步；这只是暗示，价值衡量标准的选择是一种强调道德和政治的实践，一种应该对争论保持开放，并且至少偶尔应该让位于对正义问题的更直接的讨论。通过对传统的福利经济估值技术的仔细考察，可以认识到为争论和讨论保留开放空间的重要性。如上所述，个人偏好的价值标准，近似于支付意愿，已经成为诸如成本效益分析等福利经济学应用技术的主流。然而，由于成本效益程序是在假设的个人市场行为的情况下使用的，无法确保总体福利最大化，因此通常不可能直接观察个人对涉及环境、健康和安全决策的社会权衡的偏好。因此，经济学者们设计了各种间接的方法来衡量个人对各种公共物品的偏好，比如濒危物种、职工安全以及国家公园的能见度水平。这类方法有两大类，一类是揭示偏好法，它寻求从与公共产品有某种关联的实际市场选择中收集隐含的估值；另一类是明示偏好或有条件估值方法，它试图通过实验性调查激发个人对公共产品的市场评价。在这两类方法中，披露偏好法被认为能产生特别现实的估值，因为不同于假设性调查工具（或政治公投，就这一点而言），它所研究的选择发生在涉及实体经济资源的实际市场的规则约束下。㉓

在这些方法的背后，有一种信念，即通过假设个人使用工具性手段

㉒ See Reed D. Benson, Recommendations for an Environmentally Sound Policy on Westen Water, 17 Stan. Envtl. L. J. 247, 263 (1998) (noting that tiered pricing "is a key tool" for water management). 他指出，"分层定价是水资源管理的'一项关键工具'"。

㉓ See W. Adamowicz et al., Combining Revealed and Stated Preference Methods for Valuing Environmental Amenities, 26 J. Envtl. Econ. & Mgmt. 271 (1994).

和推理来寻求利益最大化，可以最好地描述和预测个人行为。个体被认为具有稳定的偏好函数[24]，并在追求这些函数的最大满足时采取理性行为，因此他们的行为可以被视为关于其利益的可靠的经验信息来源。例如，研究人员试图找到一种父母衡量婴儿生命金钱价值的间接方法，即通过父母选择更高的价格购买有机婴儿食品，而这种有机婴儿食品可能含有更少的农药残留物和其他对婴儿健康的潜在威胁。[25]正如这个例子所表明的那样，分析者必须始终依赖一系列的预设，将观察到的行为与最终的结论联系起来，即个人已经揭示了他们对"善"的评价。尽管人们常说这样的研究"实际上反映了个人偏好，因此也反映了效用"[26]。对所观察到的行为的解释实际上是一个难以捉摸的难题，在解答这个难题时，分析者必须对观察到的个体所面临的机会、信息和选择标准采取有争议的假设。有时，这些假设似乎更多地基于分析者的个人信念和专业习惯，而不是持续参与被观察个人的实际环境。正如马克·萨戈夫（Mark Sagoff）所说："选择充其量只是一个概念性的结构，它从行为的特别描述中推断出来，这些行为描述本身就假定了关于可用选项和偏好的信念。"[27]

例如，通过福利经济政策分析所评估的价值通常采取的形式是，如果采纳一项政策，另一些机会就会丧失。一般来说，这种试图将"可能会是什么"变戏法般和量化的尝试既是一门科学，也是一门艺术。当考虑到极其复杂和动态的系统，如无数的社会和自然系统驱动气候变化和被气候变化驱动时，情况尤其如此。例如，在一项关于气候变化的著名的成本效益分析中，作者决定增加一个变量，表示在一个更温暖的地方，娱乐机会增加，结果产生了金钱效益，这往往抵消了估计的发病率

---

[24] 偏好函数（preference function）是一个管理科学技术名词，是指群体决策中每个决策成员对一组备选方案都有自己的偏好排序，对偏好排序的表述构成了偏好函数。分为个人偏好函数和群偏好函数。——译注

[25] See Kelly B.Macguire et al., "Willingness to Pay to Reduce a Child's Pesticide Exposure: Evidence from the Baby Food Market"（Nat'l Ctr.For Envtl.Econ., Working Paper No.02-03, 2002), available at http://yosemite.epa.gov/EE/epa/eed.nsf/WPNumberNew/2002-03? OpenDocument.

[26] Viscusi, supra note 14, at 849 (emphasis added).

[27] See Mark Sagoff, Price, Principle, and the Environment 77 (2004).

和死亡率的影响。[28] 从本质上讲，分析者能够很容易地确定富人从每年多骑一周山地自行车中获得的收益，这一事实成为成本效益评估的一个极其重要的驱动因素。这种分析过于机械，如果人们知道他们额外的娱乐时间是通过赤道地区贫困人口疟疾发病率的增加而获得的，那么他们为什么还会继续以同样的程度重视山地自行车运动呢？这种做法显然存在相当大的选择偏差。从真正意义上说，气候变化有可能影响地球上的每一个自然和社会系统，而我们目前对这些系统的理解是非常不完整和不完善的。我们猜想，从这些影响中做出选择，并将计算结果作为客观标准，才是令人信服的，这种例行公事符合一种根深蒂固的愿望，即我们最困难的政策选择可以简化为科学或技术术语。

即使在迄今为止最完善的揭示偏好的文献中，这类概念问题仍然没有得到解决。在评估环境、健康和安全法规时，美国联邦机构通常使用人类的生命价值，这种价值是通过观察劳动力市场中的个人行为而获得的。这些研究的中心前提是，在其他条件相同的情况下，工人要求更高的工资，以便接受更高水平的职业死亡风险。基于这个假设进行的大数据分析显示，从业者形成了一个共识，即工资溢价[29]所揭示的生命的隐含价值大约为 700 万美元。[30] 现在，这些数据通常用于计算拟议的环境、健康和安全法规的货币化效益，为与管制的预估经济成本进行比较提供了一个现成的基础。

在很大程度上，工资溢价文献的真实性取决于劳动力市场主体和竞争性市场理想之间的契合程度。市场理想中至少有两个最重要的假设，即充分的风险意识和劳动者的自由流动性，这两方面似乎都存在问题。即使在理论上，这些假设也与成本高昂的技术规范相抵触。毕竟，在我们认为个

---

[28] See SPASH, supra note 2, at 170-171（describing William D. Nordhaus, "New Estimates of the Economic Impacts of Climate Change"[unpublished paper, 1998]）.

[29] 工资溢价是指，由于职业太辛苦或有工伤事故隐患，职业"声誉"不佳，被有更多选择空间的劳动者所摒弃，雇主需要有更高的薪水来吸引劳动者，这就是工资的"溢价"。——译注

[30] Two recent meta-analyses are W. Kip Viscusi & Joseph E. Aldy, The value of a Statistical Life: A Critical Review of Market Estimates throughout the World, 27 J. Risk & Uncertainty 5, 44（2003）; and Ikuho Kochi, Bryan Hubbell & Randall Kramer, An Empirical Bayes Approach to Combining and Comparing Estimates of the Value of a Statistical Life for Environmental Policy Analysis, 34 Envtl. & Resource Econ. 385, 400（2006）.

人接受死亡风险是"自愿的"之前，必须向他们提供多大程度的信息和理解，提供多大程度的机会和流动性？此外，一旦我们仔细研究市场运作，这些假设就会呈现出一幅模糊的经验图景。[31] 具有讽刺意味的是，工资风险溢价文献中出现的许多数据问题，正是因为美国在过去一个世纪中设法大幅降低了其职业危害水平，这一成就很大程度上源于保护性立法，而保护性立法不依赖于成本—效益分析来证明其合理性。[32] 因此，为数不多的、职业死亡率高到足以支持工资风险溢价方法的经济部门，也往往是那些社会、经济和政治资本变量最少的部分，而这些变量本身可能会影响机会、风险意识和被观察个体的偏好顺序。[33] 因此，成本效益实践者所认为的选择（以及由此而来的偏好和效用）可能更好地反映出分析者的倾向，即将就业市场的先前存在的权力关系和其他特征视为规范特权。例如，根据一些研究，关于工资—风险交互作用所揭示的隐含生命价值，加入工会的工人似乎比没有加入工会的工人高出数百万美元。[34] 换言之，工会成员资格似乎是补偿工资差异大小的一个强有力的决定因素，工资风险效应比支付意愿更具有讨价还价的能力。假设这些数据是准确的，分析者

---

[31] See Elizabeth Anderson, Value in Ethics and Economics 105-203 (1993); Sidney A.Shapiro & Robert L.Glicksman, Risk Regulation at Risk: Restoring a Pragmatic Approach 98-100 (2003).

[32] See Mark Sagoff, the Economy of the Earth: Philosophy, Law, and the Environment 116 (1988) ("A hundred years of compassionate legislation has produced conditions in which economists now argue that voluntary markets set an appropriate value on worker safety. This is a result not of more efficient markets but of persistent ethical regulation.") ("一百年来，富有同情心的立法者创造了一些条件，经济学家们现在认为，自愿市场为工人安全设定了一个合适的价值。这不是更有效的市场的结果，而是持久的道德监管的结果。").

[33] Cf.Shapiro & Glicksman, supra note 28, at 100 (noting that "[t]he pool of labor for hazardous jobs...consists of disadvantaged workers who are willing to accept health and safety risks in return for very modest amounts of compensation" 他注意到 "有危险工作的劳动力……包括愿意接受健康和安全风险，以换取极少量赔偿的处境不利的工人")(internal quotation marks omitted).

[34] See Kochi, Hubbell & Kramer, supra note 27, at399 (finding within a sample of U.S.studies a mean value of ＄17.0 million for union workers and only ＄6.8 million for nonunion.) (在美国的研究样本中发现，加入工会工人的平均收入为1700万美元，而未加入工会工人的平均收入仅为680万美元。); Viscusi & Aldy, supra note 27, at 44 ("Regardless of the estimation strategy, most assessments of the U.S. labor market found higher risk premiums for union workers than for non-union workers.") ("不论评估策略如何，多数对美国劳动力市场的评估发现，加入工会的工人的风险溢价高于位加入工会的工人。").

面临着一个难题：哪一组工人——那些被赋予了集体谈判权利的还是那些没有被赋予该项权利的工人——应该为安全投资提供相关的社会"偏好"？答案不在于成本效益分析，而在于持续的伦理研究，以免我们把那些我们认为是市场资本主义令人遗憾的副作用，而不是本身需要的东西，纳入我们经济的公共政策方面。

尽管如此，成本效益分析的支持者普遍认为，工资风险溢价研究确实为假设同意实施各种各样的健康和安全风险提供了充分的依据，这种观点反过来又导致他们认为，成本效益加总根本不涉及人的生命或健康，但只是这些价值的"货币等价物"。㉟ 这一主张隐含着两个重要的逻辑分析上的飞跃：第一，决定将风险的表面估值视为伸缩性的，例如，愿意投资一千美元以避免 1/1000 的死亡风险，可以转化为每个统计寿命 100 万美元的统一价值；第二，在政府采取行动减少生命健康威胁的所有情况下，决定利用蓝领劳动力市场的估值。在某种程度上，利益加总的支持者承认这些分析上的逻辑飞跃，通过指出大多数环境危害对人类造成的健康风险相当小，他们常常捍卫这种分析上的飞跃。因此，官员们可以放心地假设，个人愿意承担与风险补偿工资相当的环境风险。㊱ 这种辩解是不充分的，原因有二：第一，正如有关风险感知的心理学文献所表明的那样，即使是精算上完全相同的风险，个人的反应也会因风险的定性特征而发生巨大变化，因此，当官员们从工资风险溢价文献推断到其他情况时，不能说是尊重了"人们的实际判断"㊲；第二，与污染和其他危害相关的各种有害健康风险并不是微不足道的，因此，将这些环境危害的货币化价值简单地确定为补偿工资差别的线性函数，这种假设是不明智的。

成本效益分析在这方面的局限性，似乎是由程序中纯粹的个人主义价值观所驱动的。没有身份，也就没有意愿，甚至没有能力支付保护费用，那些受到风险威胁的生命的统计数据似乎根本不代表人类的生命，而只是

㉟ Eric A.Posner & Cass R.Sunstein, Dollars and Death, 72 U.Chi.L Rev.537-538 (2005).

㊱ See Sunstein, "Cost-Benefit Analysis and the Environment", supra note 13, at 25 ("In many cases of environmental regulation...rights violations are not involved; we are speaking here of statistically small risks.") ("在许多环境法规的案例中……不涉及侵犯权利；我们这里说的是统计上的小风险。").

㊲ Id.at 24.For a summary of the psychological literature, see Douglas A.Kysar, The Expectations of Consumers, 103 Colum.L.Rev.1700, 63-66 (2003).

它们的"货币等价物"。然而，风险统计数据同时代表了"没有人"和"我们所有人"。因此，只有从数据来源的同一实体的角度，即从"我们所有人"的角度进行评估时，统计上确定的环境危害的全部意义才得以彰显。因为，像成本效益分析这样的利益聚合方法拒绝将"我们所有人"视为利益相关者，所以他们努力用该领域应有的道德内涵的丰富性来看待环境、健康和安全管制。的确，正如乔治城大学法律教授、前环保机构联合部长莉萨·翰恩泽尔灵（Lisa Heinzerling）所指出的，通过对人的生命进行定价，并预先制裁使其生命处于危险境地的行为，"最基本的一种权利，即在与其他人平等的条件下免受他人身体伤害的权利，被那些生活在统计数字中的人剥夺了"[38]。因此，如果我们容忍如此这般对待统计学意义上的受害者，在一般情况下，这几乎会被视为犯罪行为。我们这样做，只是因为证明犯罪的必要的尸体和指纹等证据，一旦变成个人主义的一部分，就变得看不见了。从"我们所有人"的角度来看，空气污染物每年在美国造成数千人过早死亡；然而，从任何特定受害者的角度来看，没有一个原因和肇事者可以被清楚地识别出来，因此，"我们中没有一个人"曾被看到受过伤害。

我们需要更好地协调我们所遭受的损害的性质和我们所采用的估价技术。福利经济学家认为，在一个运转良好的市场中，衡量一件公共物品价值的恰当标准是，个人愿意为保存该物品而支付的金额。另一种完全不同的方法是，通过社会为保护受到威胁的利益而采取集体行动的意愿，使这种估值更可靠地得到体现。例如，人们可以简单地允许个人通过民主渠道表达自己的偏好，通过投票支持倾向于环保或对环保不感兴趣的政治家，或者就环境政策举行直接的全民公投。[39]正如萨戈夫（Sagoff）所观察到的，与成本效益分析的全面理性不同，"他的这种理性依赖于集体解决问题的美德；它考虑的是目标的合理性与其所体现的价值观以及我们为实现这些目标而必须做出的牺牲"[40]。可以肯定的是，人的生命的货币价值将隐

---

[38] Lisa Heinzerling, The Rights of Statistical People, 24 Harv.Envtl.L.Rev.189 (2000); see also Frank I.Michelman, Pollution as a Tort: A Non-accidental Perspective on Calabresi's Costs, 80 Yale L.J.547 (1971).

[39] See Anderson, supra note 28, at 144-147, 158-159, 203-210; SAGOFF, supra note 29, at 7-14; Cass R.Sunstein, Free Markets and Social Justice 21-23, 44-45, (1997).

[40] SAGOFF, supra note 29, at 70.

含在完成保护政策目标所需要的资源总量上。但是，这种价值观不会驱动最初的政策选择；相反，这种价值观只是一种政策选择的辅助效应，这种政策选择以社会价值观为前提，通过民主决策过程进行明确讨论和调解。

然而，成本效益分析的支持者们并没有接受集体环境损害需要集体评估的观点，相反，他们正朝着完全相反的方向前进，提倡一种完美的"分解的"的生命价值。[41] 这种分解过程将首先允许监管机构根据人口统计特征（如种族、性别或年龄等）改变统计生命的价值。最终，监管机构将希望根据特定决策影响的特定个人所提供的独特估值来制定政策，这或许可以通过与每项新规则制定相关的在线研究来实现。在实践中，这些分门别类的步骤，意味着某些少数种族和其他经济上处于不利地位的群体所拥有的生命价值往往低于目前使用的统一生命价值的做法。这种看似歧视性的政府待遇与桑斯坦（Sunstein）无关，他是分解论的主要支持者之一，因为在他看来，政府只不过是一个被动的最大化工具，而不是作为一个可能对它所构建的类别负责的动态共同体。在桑斯坦看来，如果将基于种族的生命价值差异用于政策判断，那么这些差异"就不会是政府将种族特征考虑在内的决定的结果；事实上，就政府而言，（这些差异）不会是任何群体层面歧视的产物"[42]。相反，分类寿险估值只会确保政府像市场上的其他卖家一样行事，根据人们现有的偏好和预算限制，只给他们真正想要的保护水平。[43] 这一概念再次武断地赋予经济中权利和资源的现状分配特权，将环境、健康和安全法的内容视为现状所决定的，而不是作为决定现状的法律法规背景的一部分。这是一个有点令人吃惊的让步：即使在被私人行为者歧视的情况下，我们的法律通常也不允许被告利用其客户的歧视性偏好作为不道德行为的托词。[44] 然而，这种对歧视的辩解正是桑

---

[41] See Cass R. Sunstein, Valuing Life: A Plea for Disaggregation, 54 Duke L.J. 385 (2004).

[42] Id. at 391.

[43] See id. at 405 ("If wealthy people show a higher [willingness-to-pay] than poor people, then a uniform [willingness-to-pay] based on a population-wide median will ensure insufficient protection of wealthy people and excessive protection of poor people in a way that might well prove harmful to both groups.") ["如果富人比穷人表现出更高的（支付意愿），那么基于整体人口中位数的统一（支付意愿）将确保对富人的保护不足，而对穷人的保护过度，这很可能证明对两类人都有害。"].

[44] See Kimberly A. Yuracko, Private Nurses and playboy Bunnies: Explaining Permissible Sex Discrimination, 92 Cal. L. Rev. 147 (2004).

第四章　利益与涌现性　　107

斯坦想要给予政府的。

对法律内容的"结果决定"和"决定结果"两种观点之间的区别，也许通过类比可以最好地加以说明，在这种背景下，将法律升华为福利经济分析是更令人不安的，或至少是不熟悉的。2001年9月11日事件发生后，美国联邦管理和预算办公室（OMB）呼吁研究如何衡量新的反恐措施可能牺牲的自由和隐私利益的价值。[45] 为了回应这一呼吁，哈佛大学的研究人员试图衡量个人在机场安检程序中为了安全和便利而牺牲公民自由的意愿。研究人员特别询问了受访者是否愿意接受种族侦防[46]，以换取减少排队等候的时间。毫不奇怪，白人受访者普遍比非白人受访者更愿意接受种族侦防。[47] 种族中立原则在白人受试者的决策中确实起到了一定作用：当被告知只针对非白人群体进行定性分析时，白人受访者表示不愿意为了区区10分钟的时间而支持这个明显基于种族的项目。然而，为了节省30分钟，白人受访者克服了他们的道德不安。[48] 很显然，他们表示愿意为维护种族中立的原则而付出代价。

通过呼吁进行这种性质的实证研究，联邦管理和预算办公室寻求制定评估限制公民自由对福利影响的程序。因此，从福利主义的角度来看，公民自由的价值将取决于个人为了维持自由而愿意承受的负担程度。然而，在一项政府的立宪计划中，马车放在了马的前面：公民自由是受法律保护的，如果人们坚持量化的话，公民自由的价值隐含在个人为了维护自由而被迫接受的负担水平上。至少从表面上看，环境、健康和安全法律也经常显示出这种结构：员工有权享有安全的工作场所，濒危物种有权享有必要的栖息地，公民有权享有清洁的空气和水，等等。这些权利是不可侵犯的；也就是说，它们应该受到法律的保护，因此，它们的价值是法律的创造物，而不是法律的决定因素。正如宪法权利计划旨在保护个人的某些利

---

[45] Office of Mgmt.and Budget, Draft 2003 Report to Congress on the Costs and Benefits of Federal Regulations, 68 Fed.Reg.5492, 5499 (Feb.3, 2003).

[46] 种族侦防：种族歧视多出于"族裔侦防"（racial profiling）心态，对于某些族群有先入为主的偏见。在美国，"拦检"政策被滥用，主要是针对非洲裔、西班牙语裔的不公平的族裔侦防。

[47] W.Kip Viscusi & Richard J.Zeckhauser, Sacrificing Civil Liberties to Reduce Terrorism Risks, 26 J.Risk & Uncertainty 99, 104-105 (2003).

[48] Id.at 105, tbl.1.

益不受多数主义民主政治的侵犯一样,通过民主程序制定的环境法也力求保护某些利益不受土地开发、污染和其他潜在有害短视活动的破坏。在这两种情况下,我们都试图将自我更好的集体价值观和目标铭记于心,但我们会时不时地受到动摇、逃避或欺骗的诱惑。例如,我们可能会发现自己愿意接受他人的种族歧视,而只是为了在安检线上节省时间。

通过传统政治渠道进行集体估价的可能性,表明成本效益分析的利益聚集模型有一个终极的局限性。与许多政策分析学派的标准假设相反,市场和其他社会法律体系的特点不像公共价值观与法律之间,或法律与公共行为之间的线性的、单向的关系。相反,这些张力之间的关系系统包含反馈回路、振荡和复杂自适应系统的其他特性。因此,正如法律政策可能会以复杂和出乎意料的方式影响行为一样,政策也可能改变个人的信仰和态度,包括根据福利经济分析最初证明政策选择正当性的信念和态度。正如在桑斯坦早期一篇有影响力的文章中指出的那样,诸多环境法和环境政策的制定可以预期会产生这些内生效应。[49] 更广泛地说,能源、自然资源、农业、污染、运输、土地使用、住房和其他基础设施政策是任何市场经济的基本性质,这意味着政府在制定环保政策和法律时,根本无法避免直接或间接地影响个人偏好的内容。由于成本效益分析将这些偏好作为政策制定的出发点,因此该方法只是捕捉到持续的动态过程的一个静态图像。

如上所述,成本效益程序典型地表现出一种政治保守主义,因为它考虑到权利和资源分配的现状。它通常还表现出一种保守的文化偏见,即集体行动的规范性取决于先前确定的偏好,而不是建立在行使集体参与而产生的偏好之上。在福利经济分析中,没有考虑到公民是否有可能根据变化的情况来调整自己的偏好,承认过去的行为所产生的道德责任,接受对其有害活动施加的任何新的限制,或者仅仅是通过新的但不一定是低劣的方式来获得福利而继续生活。这种视角过于狭隘:正如复杂的、适应性的生

---

[49] See Cass R.Sunstein, Free Market and Social Justice 17 (1997) ("当偏好是法律规则的函数时,政府不能接受给定的偏好,而且,规则不能通过引用偏好来证明其合理性。……"); Cass R.Sunstein.Endogenous Preferences, Environmental Law, 22J.Legal Stud.217 (1993) Cf.Samuel Bowles, Endogenous Preferences: The Cultural Consequences of Markets and Other Economic Institutions, 36J.Econ.Lit.75, 75 (1998) (describing conceptual problems created for economic theory when markets influence the evolution of values, tastes, and personalities) (描述当市场影响价值、品味和个性的演变时,为经济理论创造的概念性问题)。

物物理系统的某些属性和行为不能通过单独检查单个系统组件来预测一样,"社会有机体"的某些价值和目标[50]也不能通过简单的原子化偏好或利益的聚合来识别或预测。相反,在某种程度上,这些价值观和目标是通过社会制度和程序本身的运作而产生的。[51]

如上所述,公开的集体导向的政策制定被认为拒绝了他们的"实际判断",[52]而有"侮辱人类尊严"的风险,然而,将重要性和意义归结到个人可能不愿如此或无意的行为上,也是一种侮辱。由于经济学家识别偏好的方法必然包含经济学家自己的主观解释和判断,这种危险是相当真实的。此外,对于许多紧迫的政策问题,如果没有讨论和确定社会目标的适当论坛,个人偏好很可能不存在或无法表达。仅举一个例子,除非有大量的相关经验数据可供评估时借鉴,我们将不知道我们在使用克隆或转基因牲畜供人类消费方面的偏好。这种经验只有在我们的政治共同体主动或被动同意的情况下才会发生。因此,目前把有关克隆或转基因牲畜的政策与我们现有需求的描述联系在一起是没有意义的。相反,似乎需要某种机制来讨论我们想要的是什么。[53]这种性质的问题并不取决于成本效益的平衡,而是取决于一个社会构想并实现文化向共同理想转变的意愿。

福利经济学的捍卫者们会迅速辩称,这种讨论可以而且应该在个人层面和其他私人论坛上进行,但不能在政府政策制定的过程中进行。他们认为,在自由主义的政治传统中,政府的责任仅限于为个人提供最佳的有利

---

[50] Louis Menand, the Metaphysical Club 299 (2001) (quoting letter from John Dewey).

[51] As Laurence Tribe observes, "the whole point of personal or social choice in many situations is not to implement a given system of values in light of the perceived facts, but rather to define, and sometimes deliberately to reshape, the values-and hence the identity-of the individual or community that is engaged in the process of choosing." Laurence H. Tribe, Policy Science: Analysis or Ideology? 2 Phil & Pub.Aff.66, 99 (1972).

[52] Sunstein, "Cost-Benefit Analysis and the Environment", supra note 13, at 24.

[53] Cf. Harry G. Frankfurt, Freedom of the Will and the Concept of a Person, 68J. PHIL. 5 (197) ("一个人声明享有意志自由,意味着他有获得他想要的东西的自由"). As Henry Richardson has noted, often the task of determining what one wants to want entails dialogue and interaction with others. See Henry S. Richardson, The Stupidity of the Cost-Benefit Standard, in Cost-benefit Analysis: Legal, Economic, and Philosophical Perspectives 135, 158 (Matthew D. Adler & Eric A. Posner eds., 2001) ("在一个非常广泛的范围内,个人的选择是与许多与其互动的其他人的偏好动态妥协的结果。")。

条件，让他们能够独自追求自己的人生理想，在国家最少干涉的情况下，在个人的基础上思考他们想要什么。福利经济学的偏好聚合方法将这种自由主义的愿望发挥到极致，将国家行为本身表现为部长级的和弹性的。然而，正如第二章所证明的那样，这种抹杀集体的企图在概念上是有问题的，因为它们无法解释其自身的规范性；也就是说，通过采用福利最大化的授权，他们无法认同自身的能动性。即使在福利经济学的极简框架内，社会选择的规范性维度也不断地浮出水面：应该选择什么样的基线作为"公正"评估福利后果的标准？对于牵涉生命和其他神圣"物品"的政策效果，如果有的话，应该选择何种量化估值方法？工人的安全、濒危物种和公民自由，应该被视为附带的资源还是宪法赋予的权利？政策制定绝不仅仅是追踪个人偏好，而总是在影响其内容，对于这一事实，政府机构和官员应该保持何种程度的自我意识呢？即使在这些问题上的规范性协议能够以某种方式最终达成。例如，通过普遍接受的建模假设，这些明显棘手的问题可以被驯服，但利益聚集框架仍然暗示着某种政治集体的存在，并且，其能动性在选择不同的设想时发挥了作用。

  成本效益分析带来的最令人担忧的危险并不在于我们会选择错误的建模构想，而是在一场旨在考虑社会选择的所有相关后果的利益加总活动中，我们集体机构的全部权力和责任将丧失殆尽。这种全面性的表象是误导性的：成本效益分析提供的答案缩小了环境法所提出的问题。

第三部分　另一种环境

第五章　其他国家

　　法律有它自己的地理坐标。任何隐含在由地方、州、联邦和国际规则组成的显得斑驳的体系中的国家环境法律制度，都是对世界的展望：它的领土是如何界分的，它们是如何相互联系的，以及它们是否被超过总和的力量所超越。隐含在法律中的地理位置往往很奇怪，甚至对律师来说也是如此。例如，许多美国的环境法表面上并没有暗示存在一个超出国家领土边界的自然环境。相反，美国法律的地理位置反映了威斯特伐利亚传统的主权概念，即每个国家都被认为对其实际边界内的空间拥有几乎绝对的权力。因此，各国在其法律中把自己描述为既在政治上是属地管辖的，又在某种程度上是生态自治的。除了某些公认的共同遗产地，如南极洲、外层空间和深海海床，以及某些普遍存在的环境媒介，例如可以在其中找到政治领土的广阔的国际水域，环境法的首要原则是"各国拥有……根据本国的环境和发展政策开发本国资源的主权"①。

　　有时，通过制定有限的双边或区域协议来影响环境的途径，这些法律权威的确定的管辖范围被认为是相互关联的。例如，在北美空气污染和五大湖区区域管理方面，美国和加拿大之间形成了一系列的条约关系。尽管实际效果有限，这些协议确实代表了一种努力，即执行威斯特伐利亚主权原则的环境法基准条件中经常被遗忘的推论，即"各国承担……确保在其管辖或控制范围内的活动不会对其他国家或国家管辖范围以外地区的环境造成损害的责任"②。在某些情况下，美国和其他国家的环境法甚至更进一步，认识到真正具有全球性的环境问题，对这些问题需要作出综合

---

① Report of the United Nations Conference on Environment and Development, Annex 1, at Principle 2, U.N.Doc.A/CONF.151/26 (1992) (Rio Declaration on Environment and Development).

② Report of the United Nations Conference on Environment and Development, Annex 1, at Principle 2, U.N.Doc.A/CONF.151/26 (1992) (Rio Declaration on Environment and Development).

的、多边的反应。在这种情况下，阻止生产和消费消耗臭氧层物质的法律制度常常被视为国际环境立法的一个特别有效的例子，几乎获得了普遍的认同，并在其存在的头二十年里促成了这类物质使用量的急剧下降。因此，国际环境法倡导者认为目前的主要议程是扩大全球性环境问题的清单，例如臭氧消耗问题。这些倡导者期待着，随着时间的推移，法律中隐含的地理学将逐渐变得与地球科学相似。随着法律认可的环境路径类别的扩展和多样化，而且这些路径的运作在空间上被看作半球或全球的范围，而不是国家或地区的范围时，那么深度互联的主张最终在环境科学中显得如此突出，因此迫切需要在环境政策甚或环境法中找到具体的表达。

近年来，美国已被视为这一一体化议程的严重阻碍者，最明显的表现是美国退出了《京都议定书》，并且美国在转基因农业、持久性有机污染物和其他国际环境问题上的立场也很明显。当把美国对国际合作的承诺与美国环境法所体现的承诺放在一起对比时，这种对美国顽固态度的普遍看法就令人震惊了。例如，1973 年《联合国环境规划署参与法案》宣称："参与国际协调努力，以解决全球和国际关注的环境问题是美国的政策。"③ 早在 1970 年，美国国会"推荐和支持"国际科学联合会理事会和国际生物科学联合会的一项努力，即研究"美国社会或任何其他文明面对的最关键的环境挑战之一，即所有生命赖以生存的地球生态系统将遭受直接的或潜在的人类活动的破坏，并造成无法修复的生态损害"④。

这两项法令都承诺向国际社会提供道义上和财政上的支持，1977 年通过的《对外援助法》修正案也做出了此等承诺。这些修正案的出发点是国会的一项调查结果："在自然资源方面，世界面临着巨大、紧迫和复杂的问题，这些问题需要美国和发展中国家之间开展新的合作，以防止这些问题变得无法控制。"⑤ 鉴于这些问题，修正案指示总统"在彻底重新评估有关自然资源和环境的政策方面发挥领导作用，并与发展中国家广泛合作，以实现无害环境的发展"⑥。美国努力维护国际环境领导地位的其他例子包括《联邦水污染控制法》，它指示总统采取必要行动，确保其他

---

③ 22 U.S.C.A. § 287 note (2009).

④ 22 U.S.C.A. § 274a (2009).

⑤ 22 U.S.C.A. § 2151p (2009).

⑥ 22 U.S.C.A. § 2151p (2009).

国家即使在本国境内也能减少水污染,以及《海洋倾倒法》,它指示国务卿促进有效的国际合作,以保护海洋环境。⑦ 美国联邦法院对《国家环境政策法》⑧ 的一些解释和1979年卡特政府的行政命令也鼓励这种国家对国际环境责任的自我意识模式,⑨ 所有这些都鼓励美国政府考虑采取重大行动的域外环境影响。

就像美国环境法一样,这些促进国际合作的各种努力在通过时得到了无党派人士的大力支持,但自20世纪80年代初以来,在围绕美国环境保护主义的政治化和两极分化的氛围中,这些努力趋于衰落。尽管有许多因素促成了这种衰落,但本章认为,全球环境法尤其受到经济改革运动日益扩大的影响,因为该运动核心的工具主义无法充分适应国家之间的主体间关系。在早期联邦环境法规中,美国被描绘成一个有责任促进和领导其他政治主体之间关于环境保护的国际对话的主体,与这种自我意识形成鲜明对比,风险评估和成本效益分析框架的目的就是要从内部否定美国政界的观点。正如第二章所述,实质上,经济改革的倡导者要求政策制定者和官僚进行不知来自何处的监管,就好像他们从公正的角度来看待和回应环境政策问题,却忽略了政府的身份、关系和责任这一事实。

正如本章所述,福利经济范式并不能提供一个适当的工具,使公正和全面的福利分析的理想与始终依赖于内部观点的国家中心决策的现实相协调。在缺乏真正具有全球成本效益状态的情况下,经济框架仍然必须考虑跨界影响,无论这些影响是由一国造成的还是在一国内部造成的,但该框架缺乏确定如何考虑这些影响的资源。就外部观点而言,经济框架使政治团体无法充分、有利地认识到其行为的伦理意义,并认识到需要不断地考虑其行为对他人的责任,即使在制定环境法律规范时,这在传统上可能被

---

⑦ 33 U.S.C.A. § 1251 (C) (2009); 33 U.S.C.A. § 14I9 (2009).

⑧ See, e.g., Wilderness Society v.Morton, 463 F.2d 1261 (D.C.Cir.1972); Province of Manitoba v.Norton, 398 F.Supp.2d 41 (D.D.C.2005).

⑨ See Sanford E.Gaines, "Environmental Effects Abroad of Major Federal Actions" An Executive Order Ordains a National Policy, 3 Harv.Envtl.L.Rev.136 (1979). Although the United States is not a party to the agreement, the "Convention on Environmental Impact Assessment in a Transboundary Context," which entered into force in 1997, provides extensive extraterritorial impact-assessment procedures for member parties. "Convention on Environmental Impact in a Transboundary Context", Feb.25, 1991, 30 I.L.M.800 (1991), available at http://www.unece.org/env/eia/documents/corventiontextenglish.pdf.

认为属于国家主权的特权范围。[10] 毕竟，在列出国内政策的福利后果时，如何对待海外个人的利益？对某些人来说，追求公正和全面的功利主义愿望应该导致一种全球福利的计算，在这种计算中，个人的政治归属完全被忽视了；[11] 然而，在实践中，经济分析必须始终考虑到其域外影响，并参照已转向对援助进行成本效益分析的具体政治团体。因此，如何看待域外个人的问题，不能仅仅通过福利经济学的最优逻辑来解决，因为这个问题涉及最大化模型本身的构成，涉及什么样的利益以及在什么基础上进行最大化的基本决策。就内部观点而言，成本效益分析的实践者还必须决定是将在国内造成损害的其他国家的行动视为因变量还是自变量。换言之，其他政治团体是否应该被视为非自然系统，像飓风周期、剂量—反应曲线和渔业产量一样进行建模和预测，还是应该将它们视为理性和相互关系的主体？采用前一种方法将符合福利经济学家将政策制定正式化为确定性、客观的做法的目标。然而，与此同时，这将阻碍国家寻求与其他主权国家的合作关系，因为这些国家的活动日益影响监管机构实现甚至是国内环境目标的能力，而与非国民的利益是否应包括在这些目标之内的问题完全不同。[12]

为了加深对这些困境的理解，本章探讨了两种有缺陷的策略，即环境法的经济分析方法试图适应该领域不可避免的跨国性。首先，美国的管制孤立主义获得了辩护，理由是只有在各国实现足够的经济增长以承担起保护环境的"奢侈"，环境可持续性才能最好地实现，反过来，促进经济增长的最佳途径是通过贸易自由化和其他新古典主义改革，这些改革的特点是放松监管而不是加强监管。其次，在国际合作监管被认为是必要的情况下，它被建模为一种战略博弈，在这种博弈中，每个国家只关心最大限度地提高本国公民的总体福利。从这个角度看，国际法和国际关系仅仅被视为发生理性竞争的空间，而不是作为讨论和相互影响的论坛。本章认为，这些做法应予以拒绝：不能忽视环境途径，这些途

---

[10] Cf. Judith Resnick & Julie Chi-hye Suk, Adding Insult to Injury: Questioning the role of Dignity in Conceptions of Sovereignty, 55 Stan.L.Rev.1921, 1928（2003）（这表明，承认国家主权利益并不一定有利于主权豁免，而是可以理解为要求主权国家解释其行为的合理性。）.

[11] See Bruce A.Ackerman, Social Justice in the Liberal State 100-103（1980）.

[12] See Jurgen Habermas, Between Naturalism and Religion 320（Ciaran Cronin trans., 2008）（"如果没有其他国家的帮助，即使是超级大国也不能再保证自己人民的安全和福利，那么主权就失去了它的传统意义。"）.

径将各国紧密地联系在一起，而不管国内经济状况如何；不是简单地衡量和接受其他政治行为体的行为，并作为制定环境政策时的实证经验；与其将对国际法的自我理解矮化为一个缄口不言的、经常起反作用的博弈论问题，国家不如让其主权对等方参与合作，以实现共同的环境目标，这种对话的潜力曾经被美国环境法清楚地认识和接受，但现在似乎被普遍的经济工具主义所掩盖。

在讨论国际法的福利主义方法之前，有必要首先讨论那些主张保护环境的国际管制努力根本没有必要的论点。对一些经济改革议程的支持者来说，全球环境监管合作的必要性被过分夸大了，因为他们坚信，环境保护主义者所追求的目标可以通过相对无导向的、由财富驱动的社会变革来最好地实现。他们的信念有一些经验性的支持：从20世纪90年代初开始，经济研究人员证明了经济增长与环境质量之间的关系，即环境库兹涅茨曲线[13]（EKC），这一发现很快就支持了这样一种观点，即各国倾向于"通过增长实现可持续发展"。EKC指的是一种倒U形关系，即在工业化的早期阶段，环境退化趋于加剧，但随着各国人均收入水平的提高，环境退化的趋势就会逆转。这个相当直观的故事似乎首先在世界银行的一项研究中得到了实证证明，在人均收入水平达到5000—8000美元时，世界上48个城市的颗粒物和二氧化硫污染达到峰值，随后在达到更高的收入水平时开始下降。[14] 大量的其他研究使用了其他污染物、时间范围和地理位置，重复了这一结果。[15] 反过来，许多评论家根据这些数据认为，发展中国家的环境问题只能在经济增长的同时得到改善。偶尔，他们也会更积极地宣称，这种增长本身就能提供必要的催化剂，推动对环境质量的投资。[16]

---

[13] 库兹涅兹曲线：俄罗斯经济学家库兹涅兹发现从19世纪下半叶开始一直到20世纪中期，以前李嘉图、马克思等担心的"随着经济增长，贫富差距拉大"的现象消失了，贫富差距开始随着经济增长而缩小，完全变成了一条倒U形的曲线。——译注

[14] See World Bank, the World Development Report (1992).

[15] Theodore Panayotou, "Economic, Growth and the Environment" (Ctr. for Int'l Dev., Harv. Univ., Working Paper No.56, 2000), available at http：//www.cid.harvard.edu/cidwp/056.htm.

[16] See Bjørn Lomborg, the Skeptical Environmentalist: Measuring the Real State of the World 210 (2001) （"它是……我们有理由期待，随着世界上发展中国家实现更高的收入水平，就像我们在发达国家所做的那样，它们将选择并能够负担得起从未如此清洁的环境。"）. A more recent and slightly more refined version of this claim can be found in Ted Nordhaus & Michael Shellenberger, Break Through: from the Death of Environmentalism to the Politics of Possibility (2007).

这些评论家发现贫困与环境退化之间的联系是正确的,因此,他们把保护环境作为鼓励贫困国家适当发展经济的另一个理由。然而,正如后来的研究所表明的那样,他们忽视了各种因素,这些因素使得依赖 EKC 作为污染、含水层枯竭、森林砍伐和其他环境问题的简单补救办法成为问题。首先,也最值得注意的是,对于许多实际或潜在的环境损害来源,包括温室气体排放、城市固体废物的产生和潜在有毒污染物的使用,EKC 根本没有得到证实。[17] 此外,虽然一些污染来源的单位产出最终减少了,但排放总量却继续增加。[18] 对于受污染物影响的自然资源或生态系统服务功能而言,只有后一个变量才是重要的。值得注意的是,某些形式的环境损害,如生物多样性丧失,是不可逆转的。因此,对于在国家过度发展阶段牺牲的动植物物种,倒 U 形曲线中赎回的那一半没有出现,这种生态损害是无法恢复的。最后,许多环境问题涉及跨界损害的案件。这些案例推翻了 EKC 论点中隐含的原子论概念,根据这个论点,每个国家关于工业活动和环境质量之间的权衡的决定被认为只影响其本国公民。

基于所有这些原因,发达国家有兴趣帮助降低和缩短发展中国家的 EKC,促进不仅仅是追求经济扩张的积极监管努力。基于 EKC 的观点,还有一个更深层次的潜在问题,即如果假设对发达国家适用的情况一定会同样适用于发展中国家,评论家可能犯了构成谬论。[19] 也就是说,像美国这样的国家所看到的环境改善和 EKC 数据所捕捉到的,可能不仅仅是因为环境质量是一种只有富裕社会才能负担得起的奢侈品,但也因

---

[17] See Simone Borghesi, "The Environmental Kuznets Curve: A Survey of the Literature" 4 (1999) (municipal solid waste), available at http://www.feem.it/NR/rdonlyres/1D089671-FFCF-42F9-BA15-DEB9E2A581F1/138/8599.pdf; S.M.De Bruyn et al., Economic Growth and Emissions: Reconsidering the Empirical Basis of Environmental Kuznets Curves, 25 ECOL.ECON.161 (1998) (nitrogen oxides); Susmita Dasgupta et al., Confronting the Environmental Kuznets Curve, 16J. Econ. Persp.147, 162-163 (2002) (toxics); Daniel C.Esty, Bridging the Trade-Environment Divide, 15J.ECON.PERSP.113, 115 (2001) (greenhouse gases).

[18] See Hemamala Hettige et al., "Industrial Pollution in Economic Development Kuznets Revisited" (World Bank Pol'y Res. Working Paper No.1876, Jan.31, 1999) (water pollution), available at http://www-wds.worldbank.org/servlet/WDS_IBank-Servlet?pcont=details&eid=000oo9265-3980312102605.

[19] 构成谬误 (composition fallacy):混淆个体和整体的逻辑谬误。——译注

为美国已经能够将一些导致环境退化的活动"出口"到其他国家。如果这种性质的外部化在环境措施中广泛发生，那么 EKC 的经验就不会像评论人士希望的那样容易概括：一旦我们拒绝将环境成本视为外部的、全球分散的或其他不在资产负债表内的成本，基本的逻辑原则将阻止所有国家成为环境退化的净出口国。一项重要的森林保护研究支持了这一假设。科里·洛夫达赫（Corey Lofdahl）利用一个系统动力学分析模型，表明在 1976—1991 年，除了其他因素外，森林砍伐率、国内国民生产总值和一个国家贸易伙伴的国民生产总值"与一个高 GNP 贸易伙伴的贸易百分比的增加或传统贸易伙伴的 GNP 的增加，都会导致有关国家当地森林面积的减少"[20]。换句话说，发达国家的经济增长似乎与发展中国家的森林砍伐有关。因此，当评论人士认为"热带森林砍伐的首要解决方案将是更高的增长和更好的经济基础，从而确保相关国家对资源着眼长远"[21]，他们忽视了这样一种可能性：在发达国家，有利的重新造林趋势实际上可能依赖于欠发达热带国家的相反趋势。EKC 的经验被描述为是普遍可复制的，实际上可能取决于其他国家是否有资源可供国际开发。

开放世界资源以供市场交换正是贸易自由化的目标，即使是在《里约热内卢环境与发展宣言》这样的"绿色"文件中，这一目标也没有得到多少限制。[22] 贸易自由化的核心是一种基于帕累托最优精神的效率论证，这种论证声称，国家可以通过降低贸易壁垒来改善整体福祉，而不会使任何国家的境况变得更糟。大卫·李嘉图（David Ricardo）著名的比较优势定律假设，一国（葡萄牙）在生产两种不同商品（葡萄酒和呢绒）方面比另一国具有绝对的效率优势，而另一国（英国）在其中一种商品（呢绒）方面具有比较优势。[23] 因此，由于葡萄牙的葡萄酒出售给英国获得的价值，超过了葡萄牙生产呢绒的价值，两个国家都从各自擅长的

---

[20] Corey L.Lofdahl, Environmental Impacts of Globalizatton and Trade: a Systems Study 121-122 (2002).

[21] Lomborg, supra note 15, at 117.

[22] See Rio Declaration, supra note 1, at Principle 12 （"世界各国应合作促进一个相互支持和开放性的国际经济体系，以促进所有国家的经济增长和可持续发展。"）.

[23] Davtd Ricardo, the Principles of Political Economy and Taxatton 82-87 (Michael P.Fogarty ed., J.M.Dent & Sons 1962) (1817).

商品和允许跨境自由贸易中获利。这样，葡萄牙只生产葡萄酒，英国只生产呢绒，然后互相交换产品，这样对彼此均有利。通过这种方式，这两种商品的生产总量足以满足两国的消费，但其生产效率远高于在英国和葡萄牙分别生产时的效率。这似乎是无懈可击的经济逻辑——继续构成支持贸易自由化的关键因素——现在也得到了强有力的经验支持，因为过去50年来，全球生产大幅增长，这在很大程度上可归因于关税及贸易总协定（关贸总协定）、其继承机构世界贸易组织（世贸组织）以及许多其他贸易协定所推动的国际贸易自由化。

然而，在阐述他的观点时，李嘉图谨慎地指出，由于资本在国际上的流动性，比较优势法则并不适用于单个国家，事实上，它只适用于国与国之间。具体而言，他指出："考虑到资本从一个国家流向另一个国家、寻求更有利可图的投资机会的困难，以及资本在同一个国家从一个省转到另一个省的活动，很容易解释……单一国家与许多国家之间的差异。"[24] 相反，如果资本能够跨国界自由流动，那么全球局势就会变得与省区无异：资本将逃离英格兰前往葡萄牙，在那里，它将利用葡萄酒和布料生产的绝对优势，而不仅仅是比较优势。英国将从进口廉价葡萄酒和布料中获益，但同时也将失去有助于支撑其产品市场的就业基础。尽管李嘉图提出了警告，虽然国际金融和投资水平已呈指数级增长，但这种资本不流动的假设在很大程度上被当代理论家和政策制定者所忽视。这是一个奇怪的疏漏：正如对地球基本生态相互依存的认识挑战了威斯特伐利亚的领土主权概念一样，各国边界对资本流动的渗透性日益增强，应该会打乱普遍需要的自由贸易概念。正如著名经济学家保罗·萨缪尔森（Paul Samuelson）所言，传统自由贸易模式下"资本净流动为零"的假设，"有点像没有阴郁的丹麦人的《哈姆雷特》"[25]。

---

[24] See id.at 83.在贸易辩论中，对国际资本不流动假设的关注相对较少，这促使一些评论人士做出了不同寻常的努力，来强调这一假设对李嘉图思想的重要性。See Roy J. Ruffin, David Ricardo's Discovery of Comparative Advantage, 34 Hist.Pol.Econ.727, 734（2002）（注意到"李嘉图用了973个字来解释比较优势法则，485个字强调了经济元素不流动的重要性"）。

[25] Paul A.Samuelson, Where Ricardo and Mill Rebut and Confirm Arguments of Mainstream Economists Supporting Globalization, 18J.ECON.PERSP.135, 143（2004）.

因此，在一个资本国际流动的世界里，比较优势理论的关键注脚是，正如人们通常所说的那样，在自由贸易条件下，各国的境况并不一定都会变得更好，甚至不会变得更糟。相反，只有各国的总财富肯定会增加，而某个特定的国家可能会领先或落后。可以肯定的是，在这篇简短的描述中，大量的理论和经验的复杂性被忽略了。例如，即使英国失去了与葡萄酒和布料生产相关的就业机会，它也能通过增加资本所有者的投资回报的形式获得收益，而这些回报又可能通过税收和转移支付系统重新分配给下岗工人。国际资本流动是否以及在多大程度上也削弱了资本的"民族性"，也就是说，它是否愿意为国内税收和转移支付政策服务，是一个值得认真关注的问题。同样，李嘉图举例中简化的两种商品经济可能低估了即使在国际资本流动的背景下，英国能够将其生产多样化以保持其投资吸引力的程度。绝对生产优势是否在各国间分配得足够均衡，从而使资本流动性异议不具实际意义，也值得进一步探讨。最后，总体福利收益有望从受到适当管制的贸易自由化中获得，这一事实仍然是一个对其有利的重要论据，尽管这一论据需要比在自由贸易辩论中受到更加审慎的限制。那些认为经济活动的分配影响应该在政策制定过程中受到密切关注的人，不能像自由贸易最热心的支持者那样忽视资本流动的影响。在这方面，他们也不能满足于传统的福利经济反应，即将公平考虑置于税收和转移支付制度之下。鉴于在世界上缺乏强有力的具有代表性的再分配机构，并且考虑到自愿的再分配相对较少，这往往发生在有这些机构的地方。当贸易自由化发生在国际资本流动的条件下时，他们肯定会感到至少有些矛盾，这种矛盾心理将使他们将杰出的李嘉图和萨缪尔森，以及亚当·斯密和约翰·梅纳德·凯恩斯相提并论。[26]

---

[26] For instance, in developing his "invisible hand" passage, Adam Smith was careful to point out that the capitalist tends to "prefer the support of domestic to that of foreign industry", even if more generally he is driven by "only his own gain." Adam Smith, Wealth of Nations 423 (Edwin Cannan ed., Random House.1937) (1776). 同样，李嘉图赞同地指出，民族主义的忠诚感导致"大多数拥有财产的人满足于自己国家的低利润率，而不是在国外为自己的财富寻找更有利的投资"。Ricardo, supra note 21, at 83.最近，约翰·梅纳德·凯恩斯（John Maynard Keynes）强调，"所有权与真正管理者之间责任的分离"在"国际上适用"时变得"无法忍受"。John Maynard Keynes, National Self-sufficiency, New Statesman & Nation, July 8 & 15, 1933, reprinted in the Collected Writings of John Maynard Keynes 233, 236 (Donald Moggridge ed., 1982).

除了这种分配限制之外，有些人认为，在一个拥有国际流动资本的经济体中，自由贸易可能与环境可持续性的目标存在紧张关系。在这些担忧中，最突出的是人们熟悉的一种担忧，即国际资本竞争可能导致国家生产标准（包括劳动、环境和社会保障网络标准）的瓦解。由于生产成本并不像李嘉图那个时代所认为的那样，仅仅是劳动时间的函数，而是工资、税收和管制成本等的函数，国际流动资本将涌向能够打包提供最具吸引力的廉价但多产的劳动力、低税收和管制宽松的国家。无论是从理论角度还是从经验角度，这种"逐底竞争"[27]的论点都饱受争议。例如，有些人认为，随着越来越多的国家经历经济发展进程，并经历了公众对环境便利设施的需求增加和对环境密集型产业的依赖程度降低的趋势，管制标准最终将向上实现均衡。[28] 然而，对于环境可持续性的倡导者来说，这一论点听起来是空洞的：正如上文所述，除非出现非同寻常和无法预见的技术进步，否则资源密集型活动必然在某个地方发生，以便使较发达国家维持目前的生活水平。因此，环境评论人士们真正担心的是，管制竞争可能已经对可持续性造成了障碍，而且，无论如何，随着环境管制合规成本的上升，以及为资本贿买论坛产生更强烈的激励，管制竞争肯定会在未来造成这种障碍。

监管管辖区的竞争到底会往低处跑还是往高处跑，这完全是对竞争优势的不同看法，这个问题姑且不论。经济改革者倾向于支持国际管制协调，理由在于这可以降低交易成本，促进贸易。此外，他们还认为，高度权力下放、参与性决策不仅会导致管理商业标准中烦琐的异质性，而且还会增加制定保护主义或危言耸听的立法的可能性。因此，通过高水平的科学风险评估和成本效益分析来规范管制标准的感知价值，既在于使管制结果具有可预测性，又能缓和不合理的公众需求、利益集团扭曲和参与式治理的其他假定功能障碍。相反，从环境的角度来看，这种集中管制办法是不可取的，因为它们有可能使环境政策下降到共同的最低标准，而且更普

---

[27] 逐底竞争（race to the bottom），是国际政治经济学的一个概念，指的是在全球化的过程中，资本为了寻找最高的报酬率而在世界各地流窜，导致政府在有关福利体系、环境标准和劳工保障的政策执行受到限制。——译注

[28] See, e.g., David Vogel Trading up: Consumer and Environmental Regulation in a Global Economy (1995).

遍地说，它们破坏了管制实验主义的目标和对当地条件的敏感性。鉴于当地环境条件、文化习俗和可持续性的其他决定因素的多样性和复杂性，后一种品质被认为是特别可取的。

从另一个意义上说，国际贸易自由化可能会阻碍对地方异质性的敏感。除了确保公平和可持续地获得自然资源和生态系统服务的愿望之外，可持续发展的倡导者通常还希望确保各种人类社区、语言和传统的存续。例如，《关于环境与发展的里约热内卢宣言》指出，"土著人民……和其他地方社区在环境管理和发展中具有至关重要的作用"，因此各国必须"承认并适当支持他们的身份、文化和利益"。[29] 然而，这种保护特定社区和传统的愿望，可能会因市场的全球一体化而受到损害，特别是随着受文化影响的产品（如媒体和消费品）的贸易扩张，随着相关贸易主管部门从一个遵循非歧视原则的法律标准转变为一个更加肯定的支持生产商市场准入的标准。虽然将人类文化与消费模式粗略地等同起来是错误的，但相信两者之间不相关也是错误的。同样地，尽管对消费品制造商使用的广告和其他影响手段的最强烈批评无疑是夸大其词，但完全忽视每年数十亿美元的商业信息有助于塑造欲望、文化，以及（至少间接地）影响环境的可能性，那将是不明智的。[30] 因此，如果贸易自由化不仅有助于提高满足现有优惠条件的效率，而且也有助于增加参与新优惠条件演变的机会，那么，贸易自由化的目标和文化异质性很可能会发生冲突。

最后，正如赫尔曼·戴利（Herman Daly）所指出的那样，自由贸易可能会加剧本已相当严峻的挑战，即"通过让任何地方的资源供应和污染吸收能力同时满足世界各地的需求"，将经济体维持在环境可持续的限度内。[31] 对戴利来说，环境可持续性已经在国家层面提出了信息和治理方面的巨大挑战；允许全球范围内的自然资源进口和废弃物出口，可能意味着各国在监测资源消耗、污染负荷和其他活动的生态环境影响方面，面临

---

[29] Rio Declaration, supra note 1, at Principle 22.

[30] For discussion of alternative conceptions of consumer decision making and the impact of advertising and other marketing practices, see Douglas A. Kysar, The Expectations of Consumers, 103 Colum. L. Rev. 1700 (2003); Douglas A. Kysar, Kids & Cul-de-Sacs: Census 2000 and the Reproduction of Consumer Culture, 87 Cornell L.Rev.853 (2002).

[31] Herman Daly, Beyond Growth 149 (1997).

着更为单调乏味的激励措施。反过来,全球自然资源市场一体化可能导致这样一种情况,即水和其他基本生活手段受到竞争性的经济竞标,却很少或根本没有公共监督。自然资源和生态系统服务的私有化和商品化程度越高,就越有理由认为,它们的交换应遵守关贸总协定的要求和其他国际贸易规则,以便最终阻止各国保留淡水或其他重要的"商品"供本国公民使用。从这个角度看,各国在国家层面的活动中确保分配公平和环境可持续性的能力,这仍然是有效的参与性治理的主要层面,可能会受到全球市场一体化的严重阻碍。

由于各国似乎不太可能放弃或扭转全球市场一体化的趋势,自然的反应似乎是,国际社会应该通过全球监管来引导全球市场。正如本章开头所述,环境保护主义的主旨正是沿着这些思路,旨在改革法律和政策,以更好地承认全球相互依存关系。倡导这种观点的一个关键场所是世界贸易组织,在那里,环境保护主义者寻求确立基于贸易的环境管制努力的合法性,如商品标签要求、加工标准和环境关税,鉴于其在国际法律机构中的相对实力,甚至提议在世贸组织内建立广泛的环境管制机构。然而,这种对经济活动和环境状况进行综合分析的要求与专家长篇大论的分离主义倾向形成了鲜明对比,他们认为,国际贸易体制的合法性和有效性取决于一种看法,即国际贸易体制的工作纯粹是非政治性和技术性的,就像对效率和公平的综合分析的需求,与福利经济学家对分配问题和其他公开的道德和政治问题保持不可知的愿望,形成了鲜明的对比。

正如本章其余部分所展示的,这些分离主义倾向也出现在最近的国际关系博弈论中,其中包括已经原子化的威斯特伐利亚主权世界——正如菲利普·阿洛特(Philip Allott)所指出的,"人类选择将其国际世界秩序视为一个非社会性的世界"[32],并将其进一步简化为国家间争夺权力和资源的战略竞争,每个参与者都被假定为追求自己的利益最大化,就像新古典经济学中的个体参与者被假定为寻求自身利益的最大化满足一样。虽然这些学派的思想超越了 EKC 和其他自由放任的经济论点,承认国际管制合作的明确功能,但他们只是把这种合作描述为国家间存在地方性竞争关系的不稳定的暂时中止。通过这种解释,一个国家的利益应包括什么,例

---

[32] Philip Allott, the Health of Nations 407 (2002).

如，对其他国家的利他主义的尊重或对他国的道德义务是否应构成其法律的基础，这个问题与法律本身是分开的，只能在私人论坛上讨论和谈判，人们必须假定，这种讨论和谈判从未进入过对其他国家的福利经济决策框架的视野。[33] 正如我们将看到的那样，这种简化主义的观点甚至不适合于最大限度地扩大其狭隘的国家利益概念，因为国家福祉在许多方面依赖于其他主权国家的行动和决定。从环境角度看，一个非社会化的国际政策空间也是不可持续的。

在这次讨论开始时，应当指出，政治理论中存在着一个长期的传统，即模糊地看待提升跨国界正义和分配公平的前景。从某种意义上说，这种模糊的看法很难与自由主义信念相一致；正如保罗·卡恩（Paul Kahn）所指出的："如果我们认真对待我们的自由主义，我们就会不断地被引向全球扩张的跨国政府形式。"[34] 因此，像布鲁斯·阿克曼（Bruce Ackerman）[35] 和托马斯·波格（Thomas Pogge）[36] 这样的政治理论家均试图将自由主义理论不断向外推展，无论是在理想条件下，还是在具体政策问题上，如国际贸易、移民和自然资源开发的适当的自由主义立场上。然而，许多其他学者遵循托马斯·霍布斯的现实主义方法，并推导出正义的条件，也就是说，在正义得以伸张之前，被认为是必要的生理、社会和心理条件在国家之间并不存在。正如一位作家强烈指出的那样："主张社会经济正义全球原则的各种理论都归于失败，因为经济或政治正义的强大责任在不同国家的陌生人中并不存在。全球正义理论在

---

[33] 威廉·诺德豪斯（William Nordhaus）在他反驳斯特恩报告中试图在全球气候变化政策分析的背景下规定一个道德上合适的贴现率时，例证了这种方法："哲学家、经济学家或英国政府规定的规范上可接受的实际利率，与决定美国、中国、巴西和世界其他国家的实际金融和资本市场上使用的适当贴现率无关。当各国在关于碳减排和分担责任的国际谈判中权衡自身利益时，他们会关注谈判的实际收益，以及这些收益相对于其他投资的回报，而不是根据从理论增长模型中获得的收益。" William D. Nordhaus, A Review of The Stern Review on the Economics of Climate Change, 45 J.Econ.Lit.686, 692 (2007).

[34] Paul W.Kahn, Putting Liberalism in Its Place 45 (2005).

[35] See, e.g., Ackerman, supra note 11, at 95 ("限制移民的唯一原因，是保护正在进行的自由对话本身。") (emphasis in original).

[36] See e.g., Thomas W.Pogge, World Poverty and Human Rights: Cosmopoltan Responsibilties and Reforms (2002); Thomas W.Pogge, Realizing Rawls (1989).

正义领域犯了一个错误。"㊲ 即使是约翰·罗尔斯（John Rawls）的差异原则㊳提供了现代政治理论中最强大的平等主义理想之一，也对国家之间的平等前景望而却步，他在《万民法》中主张，深切感受到互惠的心理和道德条件——他认为这是差异原则的必要基础——只存在于同一个政治共同体中有着共同历史和共同自我意识的公民之间。此外，对于那些为了追求全球正义而强调世界各地生活条件的明显严重差异的人，罗尔斯认为，国家的历史不是由不平等的自然资源禀赋决定的，而是由其自身人力资本和政治文化成功或失败的运用所决定的，而这些国家必须对此负责。因此，对于那些由于悲惨的生活条件使他们无法实现一个稳定的社会（哪怕是非民主和不自由的社会）的"人民"而言，除了提供最低限度帮助的责任之外，《万民法》并不关心"全球最贫困人口的福祉能否得到改善"。㊴

从这个角度看，对全球环境问题的经济分析采用了"客观的"生活价值标准，如人均收入水平，为外国公民提供了一种比罗尔斯所要求的更为平等的对待：毕竟，对其他国家居民的福利给予一定的重视总比完全忽视好。然而，这种全球成本效益分析不同寻常，因为它们忽视了政治共同体之间的区别。大多数成本效益分析仍以内国为导向，一般忽略了国内政策对国外福利的影响，反之，要么忽视或只是笨拙地估计司法管辖外的活动造成的国内后果。当然，从理论上讲，任何一个国家最大限度地提高国

㊲ Pavlos Eleftheriadis, The Idea of a European Constitution, 27 Oxford J. Legal Stud. 1, 19 (2007). 一个更微妙的观点，但仍然对超越国界的正义理论的作用表示严重怀疑，see Thomas Nagel, The Problem of Global Justice, 33 Phil & Pub. Aff. Charles Sabel, Extra Rempublicam Nulla Justitia? 34 Phil.& Pub. Aff. 147 （2006）; and A.J. Julius, Nagel's Atlas, 34 Phil.& Pub. Affairs 176 （2006）. 论证道，只有改变公民的环境意识并在国内政策领域施加压力，才能最终迫使全球行为者充分改变其自我认识，开始将自己视为国际社会的成员，并被迫开始相互合作，从而考虑到对方的利益。see Jurgen Habermas, The Postnational Constellation: Political Essays 55 （Max Pensky ed., 2001）. And for what is perhaps the most defensible claim of all in this area, see Will Kymlicka, Contemporary Political Philosophy: an Introduction 313 （2d.ed.2002）（"对于跨国机构应该适用何种正义原则、民主化标准、道德规范或忠诚规范，人们没有任何明确的认知。"）.

㊳ 罗尔斯在1971年出版的具有划时代意义的《正义论》中，提出了其著名的两个正义原则，即自由原则和差异原则。其中，差异原则是指社会和经济的不平等应这样安排：使它们在与正义的储存原则一致的情况下，适合于最少受惠者的最大利益。——译注

㊴ John Rawls, The Law of Peoples 120 （1999）.

内福利的努力,都应该包括公民对外国人的无私关怀程度。例如,对外援助实践的一项分析表明,美国个人对发展中国家贫困公民福祉的潜在价值是美国公民价值的 1/2000。[40] 有了这些数据,成本效益分析人士可以将国内环境政策的域外影响纳入一种忠实于福利最大化概念的方式。然而,这种做法隐含的假设是,决策者只被授予代表国内公民的权力,而这种代表权只是一味追求利益最大化,这实际上使政治共同体无法重新评估其对其他国家公民的尊重和责任。

为了弥合福利计算与政策问题超越司法管辖权特征之间的鸿沟,越来越多的学者业已提出了一种折中福利主义方法来理解和确定法律与政策。福利分析人士不应完全忽略政治边界,如全球成本效益分析,或忽略当下政治边界之外的世界,如传统的国内成本效益分析,相反,福利分析人士应该通过建模和预测其他国家的选择和行为,就像对个人进行建模一样,在理性的行为人概念下进行预测。因此,国家应被理解为理性的行动者,它们"有目的地采取行动,通过与其他政治实体的合作和竞争关系,寻求最大限度地扩大国家利益"[41]。这种方法既有实证的维度,又有规范的维度。从理解和预测政府行为的积极角度来看,国家利益应被理解为等同于一个国家公民的总体福利(尽管政府代表不可避免地存在缺陷,如代理成本、信息匮乏和不忠诚,这将意味着国家的政策选择确实与国内福利不完全吻合)。同样,从制定国际法规则的规范性视角来看,国家利益应等同于一国公民的总体福祉,因为正如埃里克·波斯纳(Eric Posner)所说:"国家本身并不是道德代理人,国家利益只是建立在生活在国家内部的人们的利益和价值观结构之上。"[42]

尽管波斯纳等学者认为国家在道德上无关紧要,但他们的折中福利主义方法确实把国家视为政治中心。从理论上讲,因为国家作为集体在道德上是无关紧要的,理想的政府应该是一个世界政府,一个被动地、公正地

---

[40] See Wojciech Kopczuk, Joel Slemrod & Shlomo Yitzhaki, The Limitations of Decentralized World Redistribution: An Optimal Taxation Approach, 49 European Econ.Rev.1051, 1072 (2005).

[41] Jack Goldsmith & Eric A.Posner, The New International Law Scholarship, 34 Ga.J.Int'l & Comp.L.463, 472 (2006). See also Jack L.Goldsmith & Eric A.Posner, The Limits of International Law (2005).

[42] Eric A. Posner, International Law: A Welfarist Approach, 73 U. Chi. L. Rev. 487, 501 (2006).

为地球上所有人的福祉优化法律的政府。然而，交易成本、集体偏好、规模经济和其他现实世界变量的存在，被认为使政府的最佳规模小于总规模；因此，根据福利经济学的表述，在威斯特伐利亚民族国家体系中，每个"政府选择的政策，总是最大化本国公民的福利，而忽视其他国家公民的福利"[43]，这是出于实际政治需要而产生的。公民联合起来创建国家，以代表他们作为"代理人"，国家不是在哲学意义上的具有身份和责任的"厚重"主体，而是具有经济意义上的中介功能，只负责使委托人利益最大化。正如阿洛特所指出的，这种双重存在，即国家实际上不作为国内人格存在，而是专门负责国际法律秩序，倾向于强化这样一种观点，即个人只能被期待在一份正义契约中团结在一起，而无法跨越现有的社会共同体来缔结契约。国家的双重存在要求我们每个人都是双重人格，在我们国内社会中，有一套道德判断、社会愿景和法律预期……而对所有发生在国内社会边界之外的事情，则有另一套标准。[44]

通过观察，阿洛特提出了民族国家体系福利经济账户的一个重大复杂问题：威斯特伐利亚体系并非简单地从个人对其政治共同体的最佳偏好出发，而是实际上在构建和保持这些偏好的过程中扮演这一角色。[45] 正如国内环境法及其产生动力一样，这种内生可能性应该会减缓我们对国际秩序中福利经济观点的接受，在这种观点中，"国际法产生于并由各国为最大化其利益而采取的理性行动来维持……考虑到他们对其他国家利益和权力分配的看法"[46]。这种观点不仅反映了我们的文化适应性，而且部分地决定了我们的文化适应性。因此，有必要追问一下，这种对国际义务的悲观看法是否真的是我们希望作为一个行动指南来坚持的。[47] 从理性主义的角

---

[43] Id. at 504.

[44] Philp Allott, International Law and International Revolution: Reconceiving the World 16 (1989).

[45] See also Ryan Goodman & Derek Jinks, Toward an Institutional Theory of Sovereignty, 55 Stan. L. Rev. 1749, 1786 (2003). 两位作者指出："现代国家的几个构成特征（包括作为一个自主行动者的概念），是在全球层面上由社会构建的。"

[46] Goldsmith & Posner, supra note 37, at 463.

[47] See Alexander Wendt, The State as a person in International Theory, 30 Rev. Int'l Stud. 289, 316 (2004)（他指出，"即使是最具经验主义倾向的国际关系学者，也不是独立于现实世界的客观观察者，而是该现实的一部分，因此，至少间接地对其影响负责。"）.

度看，国际法并不代表"真正的法律"，因为它体现了一套价值观和期望，而这些价值观和期望是国际社会接纳这些法律主体作为其共同体成员的合法反映，甚至是其组成部分。因此，正如杰克·戈德史密斯（Jack Goldsmith）和埃里克·波斯纳（Eric Posner）所言，"各国没有遵守国际法的道德义务"；而且，鉴于政治理论家的结论，即公正的条件在国家之间无法实现，自由民主国家也没有义务参与到经常要求它们采取强有力的世界性行动中去。[48] 相反，各国只是有义务以一种经过战略权衡的方式部署国际法，以最大限度地增进本国公民的福祉。从这个意义上说，条约和其他国际协定只不过是"提供一个协调中心，并确定在囚犯困境中如何开展国际合作"[49]。

任何研究过囚徒困境的人都知道，游戏的正式结构几乎不允许合作、相互承认和交流，或者更广泛地说，社会和道德成长的希望渺茫。同样，从理性主义的角度来看，国际合作的成功前景也暗淡无光：不管其他国家采取何种预防措施，一个单一的"风险怪兽"国家可能会对全球环境问题造成令人难以接受的后果，正如在利益最大化理论下，一个"效用怪兽"对个人层面上造成难以接受的后果一样。[50] 即使被广泛接受的国际协定也不能解决集体行动的困境，因为从理性选择理论的角度来看，随着条约缔约国数量的增加，国家推卸责任和共识破裂的可能性也会增加。[51] 因此，在国际法似乎正在取得成功的时刻，国际秩序的理性选择理论方法重新提出了集体行动问题，建议各国保持孤立主义或只寻求双边或紧密的区域安排，而不是追求一种更具远见和包容性的全球正义形式。这些理论主张的结果是直截了当的："鉴于各国在各种问题上的多重利益冲突，以及在这些问题上国家权力的特殊分配，许多全球性问题是无法解决的。"[52]

---

[48] Goldsmith & Posner, supra note 37, at 463.

[49] Id. at 466. Cf. Nagel, supra note 34, at 140（"换句话说，正义只适用于一种要求具有政治合法性和有权以武力做出决定的组织形式，而不适用于有关独立各方之间为促进共同利益而自愿结成的联盟或协议。"）.

[50] Cf. Robert Nozick, Anarchy, State, and Utopia 110 (1974)（他观察到，"功利主义理论对效用怪物的可能性感到尴尬，这些怪物从他人的任何牺牲中获得的效用远远大于他人所失去的效用。"）.

[51] Goldsmith & Posner, supra note 37, at 469（他认为："随着缔约国数量的增加，对条约的遵守程度必然会下降。"）.

[52] Id. at 468 (emphasis added).

在美国联邦最高法院首次处理全球气候变化问题时，这种看待国际法和国际关系的方式所产生的影响表现得淋漓尽致。在马萨诸塞州诉美国环保署气候变化案中[53]，一个由州、地方政府和公民社会组织组成的联盟对环境保护署未能根据《环境保护法》的规定对温室气体排放进行监管提出质疑，该法规定，对"导致或促进"的所有机动车排放并可能合理预期会危害公众健康或福利的空气污染，进行监管。[54] 法院对该索赔案件的分析集中在当事人资格问题上，这要求起诉者证明他们遭受了具体的人身损害，这种损害可追溯到环保署声称的涉嫌违法行为，而且这种人身损害很可能通过请求救济得到纠正。[55] 该机构为自己的不作为辩护，认为气候变化是"一个独特的集体行动问题，美国单方面采取的行动很容易因国外排放量的增加而抵消，尤其是中国和印度这两个人口众多并快速发展的国家"。[56] 从本质上讲，政府援引了一个相当熟悉的结果主义论点——"我做与不做都无所谓，都没有区别"[57]，这种观点试图免除政府对过度确定的损害的责任。就个人而言，该论点利用了政府行动的古典自由主义框架的特征，在这种框架中，只能为了防止或补救一个行为者显然强加给另一行为者的伤害，国家才可以限制私人自主权。就国家而言，该论点利用了威斯特伐利亚国际法律秩序，在这个秩序中，国家主权被赋予从事大多数国内行为的权力，只要该行为不会造成重大和可识别的跨界损害。对于环境困境来说，牵涉其中的行为者的数量急剧增加，并使牵涉的因果关系链具有推测性或间接性，因此，环境危害并不明显；它们不依附于任何满足责任标准的特定因素。

除了这个结果主义的托词，政府在马萨诸塞州诉美国环保署案中也提出了一个基于国际关系理性主义理论的论点。具体来说，美国政府认为，

---

[53] 2007 年，美国联邦最高法院在马萨诸塞州诉美国环保署气候变化一案中，判决马萨诸塞州因全球气候变暖而产生的土地消失等损失，而要求美国环保署承担作为义务，订立新标准，以规范新出厂汽车的温室气体排放量。——译注

[54] 42 U.S.C.A. § 7521（a）（1）（2009）.

[55] 549 U.S.497（2007）.

[56] Transcript of Oral Argument. Massachusetts v. EPA, 549 U.S.497（2007）, No. 05 - 1120, at 50, available at www.supremecourtus.gov/oral_arguments/argument_transcripts/ 05-1120.pdf.

[57] See Jonathan Glover, "It Makes No Difference Whether or Not I Do It", 49 Proceedings Aristotelian Soc'y（Suppl.）171（1975）.

美国的单边行动实际上可能适得其反,因为这将"妨碍总统说服主要发展中国家减少温室气体排放的能力"。[58]因为我们只能期望各国在国际谈判中对各种"大棒加胡萝卜"政策做出符合自身利益的反应,故而,在达成多边协议之前减少国内温室气体的排放量,将使得美国放弃目前由于肆意污染而拥有的宝贵的谈判能力。在口头辩论中,法院的保守派成员似乎接受了政府工具主义推理的两条路线。罗伯茨大法官注意到,挑战者在可再生性方面的立场是"假设中国和其他地方的经济发展不会产生更多的温室气体,从而取代美国在这里获得的任何边际效益"。[59]同样,斯卡利亚大法官似乎也认同政府关于在多边政策出台之前过早地约束美国的担忧:"我认为,美国环保署考虑的问题是,我们在国际谈判中没有任何东西可以让步。如果我们已经尽我们所能减少二氧化碳,你知道,我们还能与外国做什么交易?他们有什么动机支持我们?"[60]阿利托大法官在质疑起诉者的提问中呼应了这一观点:"环保署的观点有什么错?如果美国采取单边行动,只会让事情变得更糟,他们会因此而拒绝监管?"[61]

尽管这些观点产生的影响很明显,但美国联邦最高法院在马萨诸塞州诉美国环保署一案中最终驳回了政府的立场,五位大法官一致认为,当事人资格要件已经被成功地证明了,而且《清洁空气法》的法律用语要求美国环保署确定温室气体排放是否危害公众。然而,战略僵局不可逾越的感觉继续阻碍着华盛顿采取气候行动。在国会准备首次审议重大的温室气体排放法案时,参议院能源委员会的资深共和党成员皮特·多梅尼奇(Pete Domenici)表示,他将"扼杀"任何不要求中国和印度达到与美国相同排放标准的气候变化法案。他的发言人简单粗暴地说:"无论我们做什么,他都希望中国和印度也这么做。"同样,在马萨诸塞州诉美国环保署一案判决之后,小布什总统指出,"我们所做的一切必须与国际形势协调一致"。他特别强调:"除非与中国达成协议,否则中国在短时间内产

---

[58] 127 S.Ct.at 1451.For an extensive analysis of this argument in connection with the constitutional permissibility of state climate change regulation, see Douglas A.Kysar & Bernadette A.Meyler, Like a Nation State, 55 Ucla L.Rev.1621 (2008).

[59] Transcript of Oral Argument, supra note 51, at 12.

[60] Id.at 50.

[61] Id.at 55.

生的温室气体排放将抵消我们所做的任何事情。"⑫ 奇怪的是，尽管美国国内的政治形势开始变得对有意义的气候变化立法更加有利，但这个国家却继续表现出对具有国际约束力的承诺的强烈反对态度。当德国作为 2007 年八国集团首脑会议的东道主，提出了一种基于温度的方法，要求各国有义务减少排放，以避免全球气温上升不超过 2 摄氏度（专家估计，这一目标将要求到 2050 年将排放水平降低到 1990 年水平的 50% 以下），美国回应说，它"从根本上反对"这种立法建议，它们"越过了我们根本不能同意的多条'红线'"。⑬ 欧盟提议将航空公司的排放纳入其监管计划，其中包括要求在欧洲着陆的美国航空公司购买温室气体排放信用额度，这是一个特别具有启示意义的时刻。作为回应，一位美国政策制定者提出了强烈的国家独立主张，似乎主张对欧洲登陆跑道实行领土控制："这是我们的主权范围。我们会处理的。"⑭

在小布什总统的声明中，一个本质上充满敌意、缺乏交流的懦夫游戏变得显而易见："每个国家都需要认识到，我们必须减少温室气体排放……希望能够提出一个有效的策略，当这些策略叠加在一起时……导致真正的减排。"⑮ 即使从肆无忌惮的国家自利的角度来看，这个概念也注定会失败，因为它所预设的是一种无法再维持的国家自治和自给自足的愿景：在环境相互关联性很深的情况下，国家或其他有关政治共同体不能满足于单边行动，或仅仅"希望"其他国家的政策"合在一起"，就会形成一个可持续发展的地球。相反，政治共同体必须将自己视为一个对地缘政治舞台上的其他重要行为者负有责任和相互依赖关系的主体。换言之，它必须将自己视为一个集体主体，在有限的自治范围内，根据审慎推理的价值和目标来支配自己的行为，同时尊重其他集体主体，并呼吁他们在同样不可避免地受到限制和因资源稀缺而被迫做出悲剧性选择的背景下，进行

---

⑫ Christine Todd Whitman, Carbon Ruling: A Welcome First Step, Washington Post, Apr. 9, 2007.

⑬ John Vidal, U. S. Rejects All Proposals on Climate Change, Guardian, May 26, 2007, available at http://www.guardian.co.uk/world/2007/may/26/usa.greenpolitics.

⑭ Darren Samuelsohn, House Transportation Chair, Bush Admin. Oppose E. U. Airline Plan, GREENWIRE, May 11, 2007.

⑮ "布什总统会见了欧盟领导人，包括联邦德国总理默克尔和欧洲理事会主席、欧盟委员会主席巴罗佐", transcript available at http://merIn.ndu.edu/archivepdf/EUR/WH/20070430-2.pdf.

推理和决策。在某种程度上，这就是阿洛特所说的必须使国际法律秩序社会化的含义所在。通常，人们可以从政治行为体用来描述他们所代表的集体的历史、身份和责任的修辞中发现这种"更厚重"的社会化世界的某些东西，这些华丽辞藻暗示了一种比福利主义方法中的利益最大化者更微妙的集体人格。例如，当英国政府在2007年年初通过了具有里程碑意义的温室气体立法时，时任首相托尼·布莱尔称赞那是"历史性的一天"，"为世界上其他国家树立了榜样"。[66] 不太可能成为布莱尔政治同僚的加州州长阿诺德·施瓦辛格（Arnold Schwarzenegger）认识到英国此举的重要意义："很明显，梅内塔部长对世界上许许多多国家都起到了巨大的鼓舞作用……我认为他是一个先驱者，因为他有勇气签署《京都议定书》，并向全世界表明，你可以同时保护环境和发展经济。"[67]

日本首相在观察到欧盟和美国在气候变化问题上的分歧后，进一步证明了这种社会化的国际空间，他表示国家有义务帮助领导气候谈判："我认为这是我们的重要责任。"[68] 观察人士还指出，鉴于日本作为《京都议定书》谈判主办国的地位，日本对陷入困境的《京都议定书》有一种特殊的承诺感。[69] 如果这一观察结果是准确的，那么它就具有启示意义：只有政治共同体拥有超越仅仅达成一项实际协议的共同的集体认同感，并通过机构和程序以实现个人利益的最大化，才会将其政治遗产视为与一份法律文件的成功实施密不可分，而这份法律文件恰好以它所在城市的名字命名。

---

[66] Andrew Grice, Global Warming: The Climate Has Changed, the Independent, Mar. 14, 2007, available at http://www.independent.co.uk/environment/climate-change/global-warming-the-climate-has-changed-440117.html.

[67] Andrew Grice, Global Warming: The Climate Has Changed, the Independent, Mar. 14, 2007, available at http://www.independent.co.uk/environment/climate-change/global-warming-the-climate-has-changed-440117.html.

[68] Shingo Ito, On Eve of G8 Summit, E.U. Reaches Agreement with Japan on Emissions Cuts, Agence France-presse, June 5, 2007.

[69] Likewise, reports suggest that Danish officials and citizens felt significant responsibility for the success of negotiations for a post-Kyoto climate agreement, in light of the key talks being held in Copenhagen. See Lisa Friedman, 2009 Climate Talks Are Already a Nail Biter for the Danes, Greenwire, July, 14, 2008（引用皮尤全球气候变化研究中心负责人安吉拉·安德森的话："他们希望自己的名字出现在这份协议上。他们希望这一事件被载入史册，成为世界上真正解决气候变化问题的时刻。"）.

更普遍的是，尽管《京都议定书》的包容性不足，美国不愿意参与该条约，但大多数工业化国家仍坚持执行该议定书，这一事实表明，对这些国家来说，预期结果并不能完全决定国家行为的规范性。毕竟，如果美国、中国或印度能够各自抹杀欧洲和日本温室气体限制的有益影响，国内限制措施就不会产生相应的影响，那么为什么还要推行国内限制措施呢？答案或许是，这些国家气候政策的基础超越了利益最大化的范畴，还包括一种信念，即政治共同体对彼此负有一定的责任，考虑到伴随全球环境破坏所带来的深度不确定性，这些责任必须谨慎地履行。尽管有现成的利己主义和其他现实政治的解释，[70] 值得保留的观念是，这些国家可能实际上希望激励和引导其他国家在气候变化问题上形成新的共同观点，认为国家利益的看法不仅推动国际关系，而且至少在一定程度上也可以由它们决定。

在"马萨诸塞州诉美国环保署案"的口头辩论和反对意见书中，首席大法官罗伯茨断然否定了这种社会化国际政策空间的构想，尖锐驳斥了起诉者的论点，即美国在气候变化问题上的单边行动可能会激励其他国家采取类似的措施。[71] 从本质上讲，罗伯茨试图将国际关系的理性选择理论方法神圣化为法律地位学说。他认为："国内的温室气体排放在全球排放中所占比例可能越来越小，而请愿者所期望的标准所产生的任何减排，都可能被世界其他地区排放量的增加所抵消许多倍。"[72] 他引用了肯尼迪大法官早先的一个固定的观点，[73] 认为起诉者必须明确地证实，环保署的监管行动将促使其他国家效仿。由于罗伯茨认为，在全球背景下，排放量将

---

[70] See, e.g., Scott Barrett, The Problem of Averting Global Catastrophe, 6 Chi. J. Int'l. 527 (2006); Bruce Yandle & Stuart Buck, Bootleggers, Baptists, and the Global Warming Battle, 26 Harv.Envtl.L.Rev.177 (2002).

[71] See Transcript of Oral Argument, supra note 51, at 9（在提到挑战者的证词时，他说："那些证词说，如果政府开始监管，技术将会改变，如果技术改变，其他政府就会采用它，等等，这让我觉得有点像对各种猜测的猜测……"）; see also Massachusetts v.EPA 127 S.Ct.at 1469（Roberts, C.J., dissenting)（他认为："不必担心其他国家对全球变暖的贡献会远远超过美国汽车尾气排放；一定会有人发明一些东西，而像中国或印度这样的国家，无论成本如何，肯定会要求使用新技术。"）.

[72] 127 S.Ct.at 1469.

[73] Asarco, Inc.v.Kadish, 490 U.S.605, 615（1989）（Kennedy, J.）（他争辩说，"原告资格取决于独立行为人在法庭之外所做的不受约束的选择，法院不能假定能够通过行使广泛而合法的自由裁量权来控制或预测他们的行为"，寻求原告诉讼地位的团体或组织必须提供证据来支持他们关于独立行为者将如何行动的主张。).

继续增长，并抵消美国监管机构采取的任何行动，他将其斥为"障眼法"。[74] 大多数人认为，监管机构可以通过"随着时间的推移逐渐消除这些威胁，随着情况的变化，随着他们对如何更好地开展工作形成更细致的理解，改进他们的首选方法，从而适当地纠正受到威胁的环境损害"[75]。在罗伯茨看来，美国国内采取措施减少温室气体排放将改变国际政策舞台的可能性，简直难以想象，这种怀疑主义忽视了早先消耗臭氧层物质的例子，而美国领导层恰恰想达成这种效果。[76]

终审法院首席大法官对全球环境中可诉性的限制性意见值得推敲：如果这种方式使起诉资格的审查在很大程度上取决于结果主义的效力，那么，即使是国内环境法也不会有好的结果，因为这些法律的许多目标面临着域外行动的严重破坏。例如，日益明显的是，不仅臭氧损耗和气候变化具有国际依赖性，而且所有空气质量管制也具有国际依赖性。当然，国际社会长期以来一直存在某些国家之间跨境空气污染的问题，如美国、加拿大或欧盟成员国。[77] 然而，在过去十年中，关于东亚越境污染排放及其对北美空气质量影响的新科学证据突出表明，域外活动对空气污染管制的影响比以前所认识到的要严重得多。根据《清洁空气法》规定的几种空气污染物，包括地面臭氧前体物、悬浮微粒、一氧化碳和汞，美国各州和联邦当局满足空气质量标准的能力越来越受到周期性跨太平洋污染物羽流[78]的影响，以及更普遍的东亚对背景污染物浓度水平的贡献。例如，在2020

---

[74] 127 S.Ct.at 1471.

[75] Id.at 1457.

[76] Leading legal scholars similarly dismiss corrective justice arguments in favor of disproportionate U.S. responsibility for greenhouse gas mitigation on the theory that prior emissions restrictions would have had no discernible effect on the overall climate.See Eric A.Posner & Cass R.Sunstein, climate change Justice, 96 Geo.L.J.1565, 1600 (2008).

[77] 在这些国际协定中，最雄心勃勃的是1979年的《日内瓦远距离跨境空气污染公约》，该公约责成包括美国在内的51个成员国"努力限制并尽可能逐步减少和防止空气污染，包括远距离跨境空气污染"。"Convention on Long-Range Transboundary Air Pollution", Nov.13, 1979, TI.A.S.No.1054I, reprinted in 18 I.L.M.1442.该公约随后的议定书阐明了更具体的减少和预防空气污染的义务，但获得批准的国家却较少。

[78] 羽流（plumes），又称"缕流"，流体力学专业用语。羽流的标准定义是"一柱流体在另一种流体中移动"。有几种效应控制着流体的运动，包括动量（惯性）、扩散和浮力（密度差）。在环境领域，羽毛在大气中扩散的方向和速度被用来模拟空气污染。——译注

年之后,当亚洲氮氧化物的排放量预计将比 1990 年的水平增加四倍时,跨太平洋臭氧前体物羽流可能会使加利福尼亚州春季臭氧浓度按体积计算增加十亿分之四十(ppbv)。[79] 从这个数字来看,截至 2010 年年初,国家环境空气质量标准的地表臭氧浓度为 75-80 ppbv(按体积计算十亿分之一),每天平均持续超过 8 小时。[80] 科学家们已经估计,自 20 世纪 80 年代中期以来,亚洲地区臭氧前体氮氧化物排放量的增加已经导致美国西部地区的臭氧浓度增加了 30%(10 ppbv)。[81]

这些空气污染的跨境影响使美国各州陷入进退维谷的境地:在根据《清洁空气法》制定空气质量实施计划时,各州必须在其规划中纳入来自跨界来源的预期排放量,如美国其他州或外国的行为体,[82] 然而,他们自己几乎没有权力控制或影响这些超越司法管辖权限的污染来源。正如史蒂文斯大法官在马萨诸塞州诉美国环保署一案中就气候变化问题所说的,"马萨诸塞州不能入侵罗得岛州以迫使其减少温室气体排放,而且它也不能与中国或印度谈判来达成一项排放条约"[83]。因此,在《清洁空气法》下,各州发现自己的处境与福利经济框架强加给政策制定者的情况非常相似,将司法管辖范围外的来源视为经验性的假定,而不是作为认知、理性和负责任的主体。随着越来越多的关于亚洲温室气体排放的环境、社会和经济成本的信息被发现,不仅是在气候变化等明显的全球性问题上,而且在传统上属于国内领域的问题上,美国监管机构寻求与中国和其他国家合作关系的必要性将越来越明显。从这个意义上讲,政府政策制定的福利经济框架将越来越受到这样一种认识的困扰,即其他国家拥有一种无法被经验感知的主观性,威斯特伐利亚秩序的完整性已经受到无处不在的外部性

---

[79] James J.Yienger et al., The Episodic Nature of Air Pollution Transport from Asia to North America, 108 J.Geophysical Res.26931, 26944 (2000).

[80] A summary table of all current national ambient air quality standards is maintained at http://epa.gov/air/criteria.html.

[81] For this work, background ozone means "air from the Pacific with O3 levels not significantly influenced by North American emissions within the previous three days." Daniel Jaffe et al., Increasing Background Ozone During Spring on the West Coast of North America, 30 Geophysical Res.Letters 15-1 (2003).

[82] Robert E.Lutz, Managing a Boundless Resource: U.S.Approaches to Transboundary Air Quality Control, 11 Envtl.L.321 (1981).

[83] 127 S.Ct.at 1454.

的损害，而这些外部性不可避免地会侵蚀到某些地方，在这种情况下，当国家政策的力量依赖于理性主义的利益最大化时，就会化为乌有。

在我们看来是不连续的政治实体或地点——那些成为我们法律地理概念上的"领土""国家"和"个人"——仍然深深地嵌入系统中，无法随时进行剖析、理解和控制。我们面对的不是仅由某些全球共同基础连接起来的孤立的自然环境，也不是仅由某些国际商业渠道和环境影响连接起来的孤立的政治社区。相反，我们面对的是一个"组织复杂的事件"，既包括生物物理问题，也包括社会法律问题，在这种情况下，即使是传统的国内环境问题也必须被视为全球范围的问题，因此，政治和法律必须适应国家间根深蒂固的相互依赖性的挑战。风险评估和成本效益分析范式的兴起，非但没有促进这种相互依赖性，反而使美国的环境政策和立法更加难以理解和完善。当其他国家被迫仅仅作为经验计算的输入数据而出现在政策评估中时，环境问题就显得棘手、难以解决和异常严峻。在这种缺乏交流的背景下，理性的唯一标志似乎是纯战略的、自利的行为，这种逻辑将全球范围内解决环境问题的可能性限缩为一个例外的、偶然产生的相互协议。反过来，这种狭隘的工具主义自然而然地让人产生绝望感并得出结论：在马萨诸塞州诉美国环保署一案中，持不同意见的法学家们表现得尤为突出。他们认为，不应将国内环境法解释为包括气候变化和其他全球环境破坏造成的损害，因为美国的单方面行动最多只能减轻这些损害的一小部分。

这个貌似有力的逻辑比异议人士所承认的情形更为黯淡。跨太平洋空气污染问题表明，马萨诸塞州诉美国环保署异议者的理由不仅会阻碍诉讼当事人质疑美国环保署未能监管温室气体排放；它还将使《清洁空气法》现有的大量环境空气质量计划被迫放弃，因为该方案不再可以独立于司法管辖权外的决定而被考虑，而司法管辖权外的决定将在很大程度上决定其有效性。因此，即使从福利主义方法所假定的纯粹的利己主义的有利地位来看，法律的地理空间也必须变得更加广阔、更具渗透性、更深入地相互依存。然而，在空气质量和许多其他环境问题上取得进展所需的多边时刻，似乎不太可能在一个政策框架占主导地位的情况下得以实现，这种框架未能促进与国际对话与合作要求相称的集体自我意识。

正如下一章所解释的，一个类似的理论问题困扰着代际正义问题。正如现实主义者在国际事务中秉持的立场一样，许多政治理论家认为在代际的情况下无法支持正义关系。因为子孙后代永远还没有到来，他们在结构上很容易受到当代人的剥削，最明显的是通过极具诱惑力的暂时的外部成本手段。在这种观点下，不同世代被定位为本质上的现实主义者，就像国家被认为是纯粹自利的一样。[84] 即使是那些可能希望脱离这种现世主义状态的几代人，也会因为他们为促进后代利益而做出的努力——例如，通过留出财政资源或未开发的土地——而总是易于受到中间几代人自私自利掠夺行为的损害。因此，代际关系被认为类似于国家之间的关系，具有类似的沉默和绝望的感觉。

然而，正如下一章所论证的那样，不同世代就像不同国家之间一样，也可以被理解为相互依存和社会化的。尽管时间的箭头是单向的，但并不是说"没有一种机制可以让后代把资源转移给我们"[85]，或者反过来，给我们造成损害。代际时间关系的特点是不对称和当前世代的专制，但至少有一种需要，后代可以提供，以换取我们对他们利益的认真管理：他们的敬意。同样，我们的子孙后代也会通过重新评价我们的历史，根据他们对我们做得好坏的评价来改变我们身份的意义，从而伤害我们。[86] 因此，正如我们应该超越狭隘理性主义对国际关系的解释一样，我们也应该超越其对代际关系的解释——在代际关系中，子孙后代的福祉完全取决于我们这代人的慷慨赐予这种狭隘的解释。再次重申，世界需要的是正义，而不是慈善。

---

[84] Brian Barry, for instance, has observed that Hobbesian ruthlessness seers to be exactly what past generations have shown toward the present, leading him to doubt prospects for a dramatic reorientation of attitudes toward futurity.See Brian Barry, Democracy, Power, and Justice: Essays in Political Theory 485 (1989) ("我的印象是，我们的祖先没有造成更多生态环境破坏的唯一原因是他们缺乏这样做的技术和能力。").

[85] W. Kip Viscusi, Rational Discounting for Regulatory Analysis, 74U. Chi. L. Rev. 209, 211 (2007).

[86] See generally John O'neil, Ecology, Policy, and Politics: Human Well-being and the Natural World (1993).

第六章　其他世代

将国家描绘为具有强势主导地位的主体，与当今国际法中占主导地位的进步思想相悖，这种进步思想认为，国家作为全球舞台上的一个法律人格应该被淡化，或者说，至少应该给予非国家行为者，如倡议团体、原住民社区、商业联盟和其他实体以更大的角色和显著性。① 然而，上一章的论点并不否认需要在全球范围内进行更具包容性的决策对话，也不认为国家是承认和解决全球环境政策问题的一个没有疑问的设置。相反，这一论点只是认为，作为最低限度的充分条件，成功的全球环境治理需要比理性主义的福利分析能提供更多的东西。该框架的一个基本前提是，集体选择应该被动、不偏不倚地追踪个体化福利计算的结果；因此，政府政策并不附属于对其内容或效果负责的可识别机构。由于国家在21世纪初仍然是主要的地缘政治单位，② 不能仅仅将国家的特征视为一套关于风险评估和福利最大化的指令；同样，也不能将国家的社会世界仅仅视为围绕固定利益或目标进行竞争性操纵的竞技场。通过接受集体责任的概念，如预防原则中所隐含的概念，国家可以将自己视为地缘政治舞台上一个重要的独立行为者，一个与其他主权国家处于依赖和义务关系中的行为者。国家之间相互依赖的观点反过来可以突出国际领导和合作的必要性。③

---

① 对于这一观点较早的深刻阐述，see Philippe J.Sands, The Environment, Community and International Law, 30 Harv.Int'l.L.J.393（1989）。

② See Thomas Nagel, The Problem of Global Justice, 33 Phil.& Pub.Aff.113, 3（2005）（"尽管并不完美，但民族国家是政治合法性和追求正义的主要场所，民族国家的实际存在也是国内政治理论的优势之一。"）.

③ 正如威尔·金里卡的观察，尽管文本的重点仍然放在民族国家的主体性观念上，但"社会团结和政治稳定问题"也可以通过"强调一种共同的生活方式"或"强调一种政治参与"来处理。Will Kymlicka, Contemporary Political Philosophy：An Introduction 257（2d ed.2002）。在某种程度上，关于国家与环境上他者的伦理关系内容，可以通过建构广泛包容的政策对话,（转下页）

正如第二章所指出，这种自觉的集体或有机主义的治理概念与自由主义政治理论的个人主义主旨相冲突。虽然自由主义有许多种类型，但自由主义理论的核心往往是相信，个体即使在本体论上不优先于社会群体和社会秩序，但至少在规范上享有特权，因为它提供了一个适当的有利位置，可以从这个位置考虑国家保护和给付义务。就后代而言，由于未来个体尚未存在这一不可回避的事实，这导致一系列的复杂问题。与儿童一样，后代人也是一种"自由主义的阿基里斯之踵"（Achilles'heel of liberalism）④——对于那些处于不完美境地的主体来说，他们处于脆弱的位置，无法以自由主义通常要求的方式维护自己的权利或利益。只要我们将自决的希望视为我们政治哲学的基础，毫无疑问，我们就应该以相应的方式对待当前的生活者，那么未来世代在我们看来将永远是他者，不能完全进入我们的社会伙伴关系。⑤

然而，我们的环境法恰恰要求我们这样做：在公共决策中从认知和计划上考虑到后代。1969 年年末，美国国会列出联邦政府的六项具体义务，作为其对《国家环境保护法》前瞻性导入的一部分，其中首先需要"履行每一代人作为后代环境受托人的责任"。⑥ 国会的措辞让人想起《易洛魁民族大和平法》（the Great Law of Peace of the Iroquois Nation）⑦，该法同

（接上页）将预防进路与共同民族性和政治参与思想相结合。甚至可以想象，这样的结合会产生一种普通的生活方式，因为国家的环境认同导致消费、交通、住房、就业以及其他具有决定性影响模式的戏剧性变化。进一步讨论共同民族性的概念，see David Miller, Community and Citizenship, in Communitarianism And Individualism 8 (Shlomo Avineri & Avner De-Shalit eds., 1992).

④ Steven Shifrin, Government Speech, 27 UCLA.L.Rev.565, 647 (1980).

⑤ Cf.Richard P.Hiskes, The Right to a Green Future: Human Rights, Environmentalism, and Intergenerational Justice, 27 Hum.R'ts Q, 1346, 1350 (2005)（指出，后代"作为一个非常抽象的人群中的面孔，他们的容颜似乎不可避免地消失了——我们可以想象他们是团体的成员，但我们很难扩展团体人权。"）.

⑥ 42 U.S.CA. § 4331 (b) (1) (2009); see also National Park Service Organic Act, 16 U.S.CA. § 1 (2009)（宣布国家公园、纪念碑和保留地的目的是"保护其中的风景、自然和历史遗迹以及野生生物，并规定以不损害这些遗迹的方式和手段供后代享用"）; Wilderness Act of 1964, 16 U.S.C.A § 1131 (a) (2009)（宣布"国会的政策是确保美国人民今世和后世享有荒野资源的持久利益"）.

⑦ 《易洛魁民族大和平法》又称《易洛魁宪法民族》或《易洛魁宪法》，是卡尤加、奥农多加、莫霍克、奥奈达、塞尼卡以及后来加入的塔斯卡罗拉六个印第安部落联盟的宪法。《易洛魁宪法》最初是口头文件，现在仍然在每年举行的六个部落仪式上大声朗诵。《易洛魁宪法》包含自治和权力制衡的观念，对《美利坚合众国宪法》具有重要影响。——译注

样指出："部落决策者必须关注和倾听全体人民的福利，不仅要考虑当代人，还要考虑后代人。"为了履行这一顾及未出生者的义务，《易洛魁宪法》(*Iroquois Constitution*) 提出了一个简单、现已广受赞誉的决策启发法："在我们的每一次审议中，我们必须考虑我们的决策对未来七代人的影响。"⑧ 今天，可持续发展的共识加强了后代人在讨论环境法律和治理方面的中心位置。与预防原则一样，尽管批评者坚定地声称这一概念模糊不清、站不住脚，但这一概念在整个国际环境界吸引了众多的追随者。⑨ 它的影响也许来自它对未来世代的承诺，因为如果不是为了他们，我们为什么要维持环境的完整性？

未来伦理观确实有一些东西能引起深深的共鸣。它似乎承诺，整个世界观和政治哲学可以简化为车尾贴上的真言："我们不是从我们的祖先那里继承地球，而是从我们的孩子那里借来的。"这种流行的情绪与早期宣传小册作家托马斯·潘恩的情绪没有什么不同，潘恩在关于启蒙运动的自由和平等理想的开创性声明中宣称："人的平等权利这一启发性的神圣原则……不仅与活着的个人有关，而且与世代相传的人有关。"⑩ 一个多世纪后，西奥多·罗斯福巧妙地颠覆了功利主义的推理——这种推理可能会建议对森林和其他荒野地区进行广泛的经济开发——他指出："'最大多数人的最大利益'适用于在时间怀抱中的人，与之相比，现在活着的人只是其中微不足道的一部分。"因此，在罗斯福看来，如果保留重要的荒野地区，目前的经济利益几乎不会足够大到超过美国人世代相传的娱乐、审美和精神利益："我们对包括未出生者在内的全体人民的责任，要求我

---

⑧ lroquois Nations Constitution, Tree of the Long Leaves §L1, reprinted in Arthur C. Parker, The Constitution of The Five Nations 38–39 (Iroqrafts Ltd.1991) (1916).

⑨ See, e.g., Wilfred Beckerman, A Poverty of Reason: Sustainable Development and Economic Growth (2002); W.Kip Viscusi, Rational Discounting for Regulatory Analysis, 74 U.Chi.L.Rev.209 (2007).

⑩ Thomas Paine, The Rights of Man 36 (Everyman's Library ed. 1958) (1791); see also Edmund Burke, Reflections on the Revolution in France, 192 (Conor Cruise O'Brien ed., 1968) (1790) ("之所以将联邦和法律奉为神圣，即在于其首要和最主要的原则之一，是避免临时拥有者和终身租借者不顾他们从祖先那里得到的东西，或他们后代应得的东西，而表现得好像他们是十足的主人；他们不应认为他们有权通过随意破坏社会的整个结构来撤销继承权或浪费遗产……").

们限制当今无原则的少数人浪费这些未出生后代的遗产。"[11]

重要的是，在罗斯福看来，这种保护和管理遗产的义务并不意味着未来对现在的暴政。相反，他认为这反映了一种扩大的民主，在这种民主中，子孙后代与当代人的需要和利益是同等的："保护荒野生命的运动以及更大的保护所有自然资源的运动，在精神、目的和方法上都是民主的。"[12] 几十年后，一些著名的政治理论家加入罗斯福的阵营，认为自由民主和代际正义之间并不存在本质上的紧张关系。其中最突出的是约翰·罗尔斯（John Rawls），他在《正义论》中提出代际责任的"公正储蓄"（just savings）原则，根据这一原则，每一代人都必须"留出……适量的实际资本"，以便形成和维护"公正的制度和自由的公平价值"。[13] 罗尔斯没有在代际问题上运用他著名的分配正义的差异原则，而只是要求每一代人都为资本的积蓄做出贡献，从而"使建立和维护公正的基本结构所需的条件成为可能"，[14] 此后，代际正义的要求将得到满足，净资本积累的义务将降至零。此外，罗斯福保护主义责任要求保护遗产地区和其他特定的自然资源，与之不同，罗尔斯的公正储蓄原则只是要求代际转移无差别的"实际资本"积累，罗尔斯从广义经济学的角度将其解释为与社会制度的物质基础有关。

更进一步，就像罗斯福认为自然资源的保护可以从扩大的民主制度中顺利、毫无矛盾地流淌出来一样，罗尔斯认为，公正储蓄原则能够既确保后代人的福祉，又避免政府对其公民的生命历程进行不适当的界定或限制："虽然各代人都要尽自己的责任，达到事物的公正状态，超过这个状态就不需要再储蓄了，但这个状态不能被认为是赋予整个过程意义和目的的唯一状态。相反，各代人都有其适当的目标。"[15] 罗尔斯也不是唯一持这种乐观

---

[11] Theodore Roosevelt, A book–lover's holidays in the open (1916), available at https://www.bartleby.com/57/.

[12] Theodore Roosevelt, A book–lover's holidays in the open (1916), available at https://www.bartleby.com/57/.

[13] John Rawls, A Theory of Justice 285, 288 (1971).

[14] John Rawls, Justice As Fairness: A Restatement 159 (2001).

[15] Rawls, A Theory of Justice 289 (1971); see also John Rawls, Political Liberalism 245–246 (1993) （认为社会可以保护自然和生物多样性，因为它对个人具有重要的工具和美学价值，但是采用"自然宗教的态度"会违背公共理性的准则。）.

主义观点的自由主义大师。罗纳德·德沃金（Ronald Dworkin）也同样认为，自由主义者可以适当地支持政府资助的环境保护，因为他们希望保留后代人在自然区域中景仰和重建的能力。[16] 在他看来，环境保护并不违反自由主义反对政府在相互竞争的善的概念之间进行裁决的立场，因为保护主义政府只是寻求保留后代人对自然的价值选择（如果他们选择这样做的话）。布鲁斯·A. 阿克曼（Bruce A. Ackerman）在其经典著作《自由国家的社会正义》中也同样指出，自由主义托管义务应该寻求保存一种"反映未来可能拥有的各种丰富可能性对象的整体模式"。[17] 虽然他承认在某些情况下，像大峡谷这样不可替代的资源可能会被保存，这与自由主义的中立性是一致的，但他倾向于同意罗尔斯的观点，即通常可以用可替代的经济资源来兑现对未来的遗赠。[18]

这些保留选择权的立场具有不可否认的吸引力。不过，这些立场还是提出了一个问题：如果为子孙后代保留生态选择权确实排除了当代人所期望的生活方式，该怎么办？如果我们已经历一个时期，在这个时期里，生产力的提高、技术的发展和新领域的开辟，为我们提供一个摆脱生态现实局限的路径，那该怎么办？如果我们现在直接面对未来的环境诉求，该怎么办？政治理论家们似乎常常渴望洛克式生态学，在那里，人们相信存在"足够多且好的"自然资源，从而避免集体决定资源使用的必要性。[19] 其实，有时，资源的适度稀缺，而不是严酷稀缺，正是自由主义正义规则发挥作用的前提。[20] 然而，根据其明确的范围，未来保障义务很可能会严重限制自由主义政府为当前生活的个体提供私人活动和自我决定的充分空间的能力。特别是当富裕的消费者——而且是其中的许多人——认为他们善的观念依赖于

---

[16] See Ronald Dworkin, Liberalism, in Liberalism and Its Critics 60, 76-77 (Michael J. Sandel ed., 1984).

[17] Bruce A Ackerman, Social Justice in the Liberal State 217 (1980).

[18] See id. at 212 [指出"在一个较大区域的经济范围内，有必要问问一下，（现在）这一代人已经通过资本形成和技术创新传递给（未来几代人）的天赐资源，能让其物质条件不至于随着时间的流逝而恶化"].

[19] But see Jeremy Waldron, Enough and as good left for others, 29 PHIL. Q. 319, 319-328 (1979)（提出了强有力的论据，认为洛克希望"足够好"的附带条件是为合法占用资源建立充分但非必要的条件.）.

[20] 罗尔斯曾经认为："除了罕见案例，世界上没有任何一个社会拥有如此稀少的资源，以至于尽管得到合情合理的组织和管理，它也不能秩序井然。" Rawls, A Theory of Justice 108 n.34 (1971).

获得更多更好的物质产品时,自由主义很可能与后代的需求和利益相冲突。

仅举一个具体的例子,假设我们的目标是保护活的珊瑚礁,让子孙后代可以享受和欣赏。为了实现这一目标,我们需要通过立法要求许多国家目前活着的人的生活方式立即做出重大改变,因为与这些生活方式有关的能源、运输、农业和土地使用模式威胁到地球上所有活珊瑚的生存。[21] 因此,我们将面临这样的选择:一方面,改变目前活着的人的生活轨迹,另一方面,改变后代的环境,从而限制他们可能的生活轨迹。[22] 自由放任的经济增长政策并不能避免这一困境,反而隐晦地认定,活珊瑚礁不需要成为后代选择的一部分。

*

尽管民主与保护、自由个人主义与代际环境正义之间能和谐共存的标准观念引起了人们的共鸣,但这种观念可能是不真实的:代际环境正义似乎预设了某种集体利益共同体的存在,而不只是个人利益的加总——否则人们如何将代际义务概念化——而且它似乎还需要实施资源政策,而这些政策的前提是关于美好生活性质或明或暗的假设。事实上,政府对特定技术、偏好和价值观的有意认可或谴责的必要性已经被大多数国际环境决策人士所承认。2002年约翰内斯堡《可持续发展问题世界首脑会议执行计划》以非常直接的语言攻击市场自由主义的前提,将"改变不可持续的生产和消费模式"确定为"可持续发展的首要目标和基本要求"。[23]

十年前,在筹备里约热内卢联合国环境与发展大会的过程中,美国代表臭名昭著地警告说,"美国的生活方式是不可谈判的",这正是对上述思想的反对。美国代表们在里约热内卢能够不显尴尬地采取这种绝对主义和似乎是

---

[21] See Ocean World, "Coral Reefs: Coral Reef Destruction and Conservation", http://oceanworld.tamu.edu/students/coral/coral5.htm.

[22] See Ackerman, Social Justice in the Liberal State 212-217 (1980) (讨论了各代人之间同样难以解决的冲突,并得出结论:教育公民尊重多元价值的自由教育过程,通过鼓励当代人根据后代人的目标重新考虑自身的目标,为减少冲突提供了最佳希望。).

[23] UN Dep't of Econ. & Soc. Aff, Div. of Sustainable Dev., Plan of Implementation of the World Summit on Sustainable Development 2 (2002), available at http://www.un.org/esa/sustdev/documents/WSSD_POL_PD/English/WSSD_Planlmpl.pdf.

自私立场的原因之一是，他们带着一个理论大厦，声称要驳斥进行任何这种谈判的必要性，这个大厦声称要表明"美国生活方式"不仅可持续，而且对后代最理想。具体而言，美国代表们带着新古典增长理论和福利经济政策分析的教义而来，这两种理论似乎都解决了代际资源分配的问题，避免了跨时代使用自然资源的择优问题。[24] 重要的是，这些经济思想学派声称不需要对现行理论模型或伴随的政策处方进行严肃调整，就可以解决代际关系问题。这是一个引人注目的说法，因为道德和政治哲学家认为代际关系的话题是人类所有思想中最令人烦恼和需求最高的话题之一。[25] 那么，代际关系问题怎么会有一个如此简单的解决方案呢？

需要明确的是，这并不是说经济学家们相信不受管制的市场活动将代表未来世代保护环境，因为他们通常承认环境问题确实需要公共管制措施，如制定和执行可交易排污许可证，或者通过管制或税收对负有责任的行为者进行更直接的控制。[26] 然而，经济方法的支持者通常会根据理论模型来形成他们的政策建议，这些理论模型描述了一个以市场为基础的社会，这个社会在某种程度上没有污染的外部性和其他私人秩序的失灵。这种修正出现在宏观经济层面，表现为最优增长理论，至少在一种流行形式中，它的目的是在时间上描述一个理想社会中会出现的消费模式，在这个理想社会中，所有的人都以一个统一的指定比率对福利进行贴现，所有的

---

[24] 他们还从自由主义思想流派中受益，认为通过分散的私有市场活动可以最好地解决代际正义的问题："与一种有意识地要求大型政府限制自由并限制当前财产使用以造福子孙后代的体制相比，有限政府、人身自由和私有财产的古典自由主义制度使后代受益更多。"Richard A. Epstein, Justice Across the Generations, 67 Tex. L. Rev. 1465, 1466 (1989).

[25] See, eg, Ackerman, Social Justice in the Liberal State 202 (1980) (注意到"继承问题具有极大的理论重要性，如果我们希望掌握自由主义理想的形态，我们必须直面它"); Derek Parfit, Reasons and Persons 351 (1984) (认为代际责任的形成规范"是我们道德理论的最重要组成部分，因为接下来的几个世纪将是人类历史上最重要的部分"); Rawls, A Theory of Justice 284 (1971) (观察到"世代之间的正义问题……对任何道德理论都施加了严格、甚至是不可能的检验"); Amartya K. Sen, On Optimizing the Rate of Saving, 71 Econ. J. 479, 486 (1961) (观察到对代际问题不可能有民主的解决方案); Lawrence B. Solum, To Our Children's Children's Children: The Problems of Intergenerational Ethics, 35 Loy. L. A. L. Rev. 163-164 (2001) (指出："众所周知，代际伦理学是道德和政治哲学中最困难的部分").

[26] See Partha S. Dasgupta & Geoffrey M. Heal, Economic theory and exhaustible resources 472 (1979).

市场都是竞争性的,没有外部性,并且存在一套完整的期货市场。[27] 在微观经济层面,它以成本效益分析的形式出现,如前章所解释的那样,这种分析旨在通过边际成本效益评估来评价特定政策建议对福利的影响。

这些模式的吸引力在于其隐含的主张,即只要在社会上"价格合适",环境的可持续性就可以仅通过市场机制来实现,而不需要集体决定资源的使用和保护政策。不过,在这种情况下,还是要注意在"世代效益"和"跨时代公平"之间的平衡。即使在理想化的宏观经济模型中,最优消费路径也不能保证在任何特定时期达到任意特定的消费水平。换句话说,尽管"提高经济效益的标准政策补救措施——如建立产权、解决外部性等"——可能有助于使代际总效用的净现值最大化,但它们"并不能保证可持续"。[28] 相反,为了构成真正的可持续发展,社会必须在贴现福利最大化标准的基础上,增加一个额外的要求,即不允许贴现福利随着时间的推移而减少,或至少不允许它降到最低可接受福利的某个基线之下。[29] 如下文所讨论,这样做的一个方法——虽然不是经济学家通常接受的方法——是保证提供某些不可剥夺的生态服务。

代际效率标准可以视为在概念上类似于代际背景下的卡尔多—希克斯效率(Kaldor-Hicks efficiency)标准。正如卡尔多—希克斯效率政策在理论上可以既有效率又公平(因为政策的赢家可以补偿输家并仍然保持领先),代际效率消费路径在理论上也可以变得既有效率又可持续(因为赢的几代人可以向输的几代人转移足够的资源以确保福利不下降)。[30] 据此,正如卡尔多—希克斯效率通常被称为潜在的帕累托效率一样,环境经济学家建议,代际效率也应该被认为是"潜在的可持续性"。[31] 通过这种概念

---

[27] See Partha S. Dasgupta & Geoffrey M. Heal, Economic theory and exhaustible resources 472 (1979).

[28] See Kenneth Arrow et al., Are We Consuming Too Much? 18 J.EcoN.PERSP., Summer 2004, 147, 154-155.

[29] See Kenneth Arrow et al., Are We Consuming Too Much? 18 J.EcoN.PERSP., Summer 2004, 147, 155.

[30] See Robert N.Stavins, Alexander F.Wagner & Gernot Wagner, Interpreting Sustainability in Economic Terms: Dynamic Efficiency Plus Intergenerational Equity, 79 Econ.Letters 339, 342 (2003).

[31] See Robert N.Stavins, Alexander F.Wagner & Gernot Wagner, Interpreting Sustainability in Economic Terms: Dynamic Efficiency Plus Intergenerational Equity, 79 Econ.Letters 339, 342 (2003).

上的澄清,福利经济学家的目的是在政策分析中建立独特的竞争优势:经济范式的支持者能够将政策建议的重点放在代际效益最大化,而环境可持续性的倡导者将不得不依靠税收和转移支付体系的"政治流程"在今世和后代之间分配资源。[32]

正如第四章揭示了效率—公平结构是一个麻烦的构造一样,本章其余部分将剖析效率—可持续性结构,特别侧重于其基本的分析支点,即指数贴现。在最优增长理论和福利经济政策分析中,都是通过使用贴现率来解决跨时间的福利衡量问题,该贴现率试图将不同时间段出现的数值"标准化"。根据这一标准,今天的价值增量被视为比明天同样大小的增量更有价值。例如,按照5%的年贴现率,明年105个单位的幸福感在今年只值100个单位。更加戏剧化的是,在同样的贴现率下,"明年统计的一次死亡相当于四百年后十亿次死亡"[33]。无论这种做法在代内政策制定方面是否明智,[34] 它在代际层面出现了明显的问题,因为在较长时间范围内进行贴现的实际效果大大降低了未来发生的政策效应的权重。事实上,在对气候变化等代际挑战的经济分析中,将未来成本和收益贴现为现值的影响往往会淹没所有其他变量。[35] 因此,支持贴现做法的论点值得密切关注。除非能够发现贴现在规范上有吸引力的实例,否则这种明显不具吸引力的

---

[32] See Robert N.Stavins, Alexander F.Wagner & Gernot Wagner, Interpreting Sustainability in Economic Terms: Dynamic Efficiency Plus Intergenerational Equity, 79 Econ.Letters 339, 342 (2003).

[33] Tyler Cowen & Derek Parfit, Against the Social Discount Rate, in Justice Between Age Groups and Generations 144, 147 (Peter Laslett &James S.Fishkin eds, 1992).

[34] 正如莉萨·翰恩泽尔灵所表明,尽管许多人得出结论认为贴现在一代人中是没有问题的,但这种做法仍然带来各种在概念和道德上具有挑战性的问题。See Lisa Heinzerling, Discounting Our Future, 34 Land & Water L. Rev. 39 (1999); Lisa Heinzerling, Environmental Law and the Present Future, 87 Geo.L.J.2025 (1999).

[35] See Clive L.Spash, Greenhouse Economics: Value and Ethics 201-203 (2002). 确实,《斯特恩气候变化经济学评论》与气候变化的其他著名经济学分析差异如此之大且有争议的主要原因之一是,该报告的作者在代际贴现方面偏离了经济正统观念。See William D.Nordhaus, A Review of The Stern Review on the Economics of Climate Change, 45 J.EcoN. Literature, 686, 701 (2007) ("斯特恩评论关于需要立即采取极端行动的明确结论将无法取代与当今市场的实际利率和储蓄率更加一致的假设")。甚至连经济学家也没有足够重视适当贴现率的不确定性所产生的影响。See Martin L.Weiteman, Why the Far-Distant Future Should Be Discounted at its Lowest Possible Rate, 36 J.ENVTL.EcoN.& MGMT.201 (2008) (证明如果寻求共识的贴现率,则应朝着合理利率的底部倾斜,以抵消复利的影响,这将武断地偏向那些支持较高利率的人。).

做法应该遭到强烈反对。

*

在代际政策背景下，为维护贴现而提出的许多论点都可以简单驳回。例如，后代可能因灭绝而不存在——有时被用来作为贴现分析的基础——后代生存的可能性本身就是通过贴现福利分析做出的政策选择的结果，在这种情况下，贴现辩护并没有什么说服力。由此情形来看，提倡贴现的人似乎颇像一个老笑话中的少年刑事被告：在被指控谋杀父母后，少年向法庭求情，宣称："我是个孤儿。"同样，据说拒绝贴现所产生的荒谬或悖论性结果，也未能成为贴现的败笔，因为它们假定社会事先遵守了一种数学上的优化程序，而事实上，所提出的问题正是代际决策是否最好通过这一社会选择机制来管理。例如，分析人士有时会争辩说，未来利益应该以某种正数折现，否则，在福利最大化任务下运作的这几代人将被迫永远放弃当前的利益，以便在将来以较低的当前成本获得相同水平的利益。这种论调的问题在于，它仅仅表明当代人可能希望避免为后代人做出不适当的牺牲；它并没有解释为什么贴现是实现这种愿望的适当方法。

以观察到的时间利率（rate of time）为前提的贴现，其理由也成问题。时间利率偏好被认为是一种适当的政策手段，因为它是描述性的，可以在个体行为中发现。也就是说，当前活着的个体似乎以某种经验上可识别的偏好比率来消费当前而非消费未来，因此分析者认为，类似的无耐心程度应该适用于代际的消费分配。[36] 然而，在这种情况下，方法论个人主义的视角导致了混乱，最明显的是不加批判地假设，观察到的当代个体成员的无耐心程度应该支配留给后代的消费机会。如果我们的目标是使个人的实际偏好最大化，那么就需要一些更慎重的尝试来预测和理解其他世代的时间利率偏好。此外，由于把显性偏好作为福利分析的唯一标准，分析者没

---

[36] See Frank S. Arnold, Economic Analysis of Environmental Policy and Regulation 180 (1995)（"然后，以与受影响公民将使用的相同比率将未来利益贴现为当前利益，似乎是合理的，因为代表他们参与了该项目"）；Robert W. Han. The Economic Analysis of Regulation: A Response to the Critics, 71 U.Chi.L.Rev.1021, 1026 (2004)（"贴现的基本原理是，消费者在今天消费一美元的商品与明年一美元的商品之间并非没有差别；贴现率是反映这种偏好所必需的。"）。

第六章 其他世代

有承认，民主政府的一个传统且通常相当受欢迎的功能正是为了抵消消费者急躁情绪的影响。我们公民本身就经常支持那些束缚消费者双手的政策，如强制退休储蓄或禁止有害商品的广告。[37] 当关系到未来世代的利益时，这种缓解不耐烦或束缚双手的功能可能更加重要，因为这些未来世代的成员比目前活着的人遭受着更大的暴政。经济学方法的支持者有时通过表明他们的政治承诺来回应这种争论："以道德为理由凌驾于市场价格之上，为不可调和的矛盾打开了大门。如果道德论证而不是公民的显性偏好构成低贴现率的理由，那么道德论证就不能适用于其他问题吗？"[38] 这种反对意见是错误的：事实上，无论当代人如何行事，都不可避免地需要"道德论证"和"偏好比较"，因为无法观察到后代人的时间利率偏好。

即使能够可靠地预测未来世代的时间利率偏好，一个逻辑错误仍然会伤害贴现实践，因为福利最大化需要在政策计算的那一刻就起算相关贴现期，即在未来几代人的生活还没有开始的情况下就开始计算贴现期了。同样，如果真正遵循尊重个人偏好的准则，那么对时间不耐烦的未来成本和收益的贴现应该只在受政策建议影响的个体实际活着、经历不耐烦的时间段内开始和延续。而福利最大化者则采用了一个恒定的贴现率和不间断的贴现期，这个贴现期脱离了现在或未来任何实际存在的个体生命。最大化者之所以采用这种反直觉的方法，是因为他已经意识到了一种微妙的未被认可的转变，即以一种无形的形式从个体福利影响的集合（aggregation）转到这些福利影响的附聚（agglomeration）[39]。最大化者本质上是把未来几代人中的所有成员当作一个无限活着的利益持有者。但很难想象，为什么后代会同意被这样对待——好像他们的生活在他们出现的那一刻就已经在衰退了——而他们自己并没有享受到我们因牺牲他们而获得的青春奢侈期。不管怎么说，因时间利率偏好而进行的贴现意味着未来福祉比今天福祉的权重要低，原因无非是未来福祉发生在时间的后段。因此，这种做法显然与平等或至少公平

---

[37] See Lisa Heinzerling, Regulatory Costs of Mythic Proportions, 107 Yale L. J. 1981, 2048 (1998).

[38] Kenneth J. Arrow et al., Intertemporal equity, discounting, and economic efficiency, in Climate Change 1995: Economic and Social Dimensions of Climate Changer 125, 133 (James P.Bruce, Hoesung Lee & Erik F.Haites eds., 1996).

[39] aggregation 与 agglomeration 都有聚集的意思，差异在于，前者是积聚成为一个整体，后者是无序地堆叠在一起。——译注

考虑后代的原则相冲突。㊵

以机会成本的衡量为前提的贴现,其规范性理由比时间利率偏好的论点更有说服力。从这一角度来看,根据公共资金其他用途的收益率来对未来成本和收益进行贴现是必要的,从而确保各项政策为未来世代留下利用最佳投资机会的资源禀赋。捍卫贴现的人认为,这种做法有利于后代,因为它确保最终留给他们的资源存量将增长到可获得的最大规模。在他们看来,社会为后代利益服务的最佳方式不是转让任何特定的资产组合,而是最大限度地增加后代的选择权,这反过来又建议通过让资源用于最有价值的用途来培育有用资本的总体存量。从这一角度来看,我们被《约翰内斯堡执行计划》单独挑出来谴责的当前生产和消费模式,似乎代表着市场经济可取的创造性破坏:"正如前几代人投资于资本货物、研究和教育,以便将实现高水平消费的能力留给当代人,尽管自然资源基础面临压力,但当代人仍在进行必要的投资,以确保在未来提高实际生活水平。"㊶

需要关注机会成本,但这并不足以确证贴现就是适当机制。仔细观察,机会成本的论点与时间利率偏好的论点一样,充满了复杂性和悖论。最值得注意的是,为了避免将潜在帕累托改进与实际帕累托改进严重混为一谈,贴现的机会成本论证必须假定,即使在我们的政策制定中对后代利益做了成倍的贴现,也会实际进行足够的代际资源转移,以确保后代的情况不会恶化。如上所述,在经济学家的术语中,实际可持续和潜在可持续之间存在至关重要的区别。即使一个社会通过贴现的强制效应实现了投资价值的最大化,它仍然可能需要进行审慎的代际资源转移,以确保各代人之间的公平。这样的任务需要福利经济学家卷起袖子,按照自由主义政治理论中阿克曼(Ackerman)的方法或生态经济学中赫尔曼·达利(Herman Daly)的方

㊵ See Richard L.Revesz, Environmental Regulation, Cost-Benefit Analysis, and the Discounting of Human Lives, 99 Colum.L.Rev.941, 998(1999)(描述了代际而不是代内"按恒定比率对时间偏好进行贴现的道德妥协状态");Geoffrey Heal,"Climate Economics: A Meta-Review and Some Suggestions" 8(Nat'l Bureau of Econ.Research, Working Paper No.13, 927, 2008), available at http://www.nber.org/papers/w13927("在选择时间偏好时,问题很简单,就是我们是否要歧视未来人。关于为什么这样做是正确的这一问题,我从来没有见过令人信服的解释。")。

㊶ Kenneth Arrow et al, Are We Consuming Too Much? 18 J.Econ.Persp., Summer 2004, 147, 148。

第六章 其他世代

法，考虑代际托管责任的细节。[42] 相反，代际转移的形式和方法在经济文献中通常没有说明，或者被归入用于处理代内公平问题的"政治进程"垃圾箱。

更糟糕的是，一些分析者认为补偿性转移完全没有必要，因为他们相信，只要公共管制者不插手，我们就会把经济增长和技术进步的遗产留给后代。毕竟，他们认为，最近的人类历史表明，每一代人都会比上一代人生活得更好，原因就在于通过不受管制的市场活动所积累的知识和资源。[43] 就像一些环保主义者的极端技术悲观主义一样，这种"涓滴向前"的贴现辩护更多的是一种情绪，而不是一种论证。即使从慈善的角度来看，这个辩护也是错误的，因为正如杰弗里·希尔（Geoffrey Heal）所指出的，它"不是一个跨时期判断。它是一种人际判断"[44]。也就是说，该辩解试图证明贴现对后代影响的合理性，并不是因为这些影响将发生在预计比现在的人生活得更好的未来人身上。这个错误与上面讨论的错误类似，即成本效益分析者将为我而计算的贴现与为时间而计算的贴现以及为避免不适当的牺牲而计算的贴现相混淆。作为一个公平问题，我们可能同意这两种争论，但它们需要与粗略的数字贴现不同的实施手段。具有讽刺意味的是，如果我们使用标准的经济方法来评估生命的价值，那么未来收入的预期增长实际上表明，未来的生命比现在的生命更值得拯救，而不是更不值。[45] 因此，我们不应该因为未来世代的生活会更好而对环境保护的未来利益打折扣，而应该放大它们。这个结果的奇怪之处在于，贴现的规范性理由还没

---

[42] See Herman E.Daly, Beyond Growth (1996).

[43] 沿着这些思路，W. 基普·维斯库斯观察到，未来的几代人很可能"比我们更富裕，经济状况更好"，因此断言"现在的公民……可能不太会对他们更富裕、更遥远后代的困境有感触"。Viscusi, W.Kip Viscusi, Rational Discounting for Regulatory Analysis, 74 U.Chi.L.Rev.209, 210 (2007); see also Cass R.Sunstein, Worst-Case Scenarios 12 (2007)（如果人类历史有任何指导意义的话，未来将比现在富裕得多；而说相对贫困的现在应该将其资源转移到富裕得多的未来是没有意义的）; Robert C.Lind, Intergenerational Equity, Discounting, and the Role of Cost-Benefit Analysis, 23 Energy Pol'y 379, 382 (1995)["在所有的可能性中，未来几代人将比现在几代人富裕得多，如果他们（未来几代人）想要更少的温室气体和更低的温度，他们应该为此付出代价"]。即使是约翰·罗尔斯，他在重新唤起人们对代际正义问题的兴趣方面功不可没，但他似乎隐含着假设进步和福祉的单向上升趋势。See John Rawls, A Theory of Justice 253 (1971)（暗示不知道自己将属于哪一代人的情形就相当于不知道自己将经历哪个阶段的"文明"）。

[44] Geoffrey Heal, Discounting: A Review of the Basic Economics, 74 U.Chi.L.Rev.59, 60 (2007).

[45] See Lisa Heinzerling, Regulatory Costs of Mythic Proportions, 107 Yale L.J.1981, 2051 (1998).

有充分建立起来（它还应该表明，我们目前在调整当代人中富人和穷人所累积的利益方面做得太少了）。

也许是考虑到这些复杂因素，许多贴现的维护者强调，代际分配公平必须通过审慎的资源转移来解决，而不是盲目地任由市场过程来解决。然而，为了使这一立场具有实践意义，政府必须制定某种或多或少的综合公共核算体系，以确保实际上是为了未来世代的利益而扩大（或至少是保存）资源基础。目前来说，危险太大，因为可能会把消费与投资混为一谈、环境外部性可能没有得到充分考虑、许多重要的自然资源和生态系统服务可能会在国家分类账目中完全消失。此外，如果环境核算体系显示，有利于未来遗赠的总资本存量没有得到充分的保存——正如许多人所期望的那样——那就需要某种社会控制的代际资本转移机制，以满足帕累托标准，或者更适当地满足为各代人维持最低福利水平的愿望。设计和执行这种代际转移机制，将需要社会讨论实现代际转移的最理想方法，包括讨论为未来世代分配的资源构成。

这样的对话使我们回到用自由主义政治理论来应对代际生态需求的挑战。像罗尔斯一样，福利经济学家倾向于拒绝针对特定资源的代际计划，而倾向于更加分散地转移"资本积累"的义务。例如，一位著名法律经济学家认为，这种说法是不完整的，并且可能会误导人们认为当前一代人有义务（或没有义务）让未来世代去做这样或那样特定的事情，如清洁环境、保护不可再生资源或避免积累大量债务。[46] 类似的，最近贴现辩护者断言："没有充分的理由相信，保留某种特定的环境设施（森林、湖泊），对后代来说，总是比其他不涉及环境的投资（基础研究的支出、国家债务的减少）更好。"[47] 这样的陈述可以无限次繁殖。[48] 总体而言，它

---

[46] Louis Kaplow, Discounting Dollars, Discounting Lives: Intergenerational Distributive Justice and Efficiency, 74 U.Chi.L.Rev.79, 85 (2007).

[47] Cass R.Sunstein & Arden Rowell, On Discounting Regulatory Benefits: Risk, Money and Intergenerational Equity, 74 U.Chi.L.Rev.171, 203 (2007).

[48] See, e.g., Kenneth Arrow et al, Are We Consuming Too Much? 18 J.Econ.Persp., Summer 2004, 147, 151 ("即使某些资源，如矿物储量，沿着消费路线被消耗掉，但如果其他资本资产的积累足以抵消资源的减少，就可以满足可持续性标准"); Robert M.Solow, An Almost Practical Step toward Sustainability, 19 Resources Pol'y 162, 168 (1993) ("可持续责任不是要把任何特定的东西遗赠给未来世代……而是要赋予他们达到至少与我们相当的生活水平所需的一切，并同样照顾到他们的下一代。").

们反映了环境经济学文献上所谓的弱可持续性（weak sustainability）概念，这一立场可以追溯到罗尔斯的公正储蓄原则。具体来说，为了推动价值随时间推移而不断下降，弱可持续性的支持者只要求将资源耗尽的一部分收益再投资于可再生资本，同时基本上不考虑在竞争性自然资源使用中的市场偏好。[49]

这些论点的核心是基于一种相称的世界观，即各种人力资本和自然资本之间存在着近乎完美的可替代性。经济学家之所以接受这种完美的可替代性假设，部分原因是他们认为，试图保留自然资本的任何特定资产组合都将导致决策的浪费。但他们接受这一假设的动机也仅仅是因为他们分离主义事业的需要：只有当公平分配和环境可持续的社会目标能够通过事后的货币转移，而不是特定的资源赋权得到充分满足时，才能将这种社会目标安全地从政策分析领域中驱逐出去。因此，从根本上说，弱可持续性概念依赖于这样一种信念，即任何形式的资本都可以补偿任何形式的剥夺——生产效率提高、资源替代和技术创新可以解决未来可能出现的任何特定的自然资源环境问题。这类似于前述的乐观主义倾向，即相信自由放任经济政策的成果会不可避免地"涓滴向前"流传给后代。这种乐观主义并不限于经济方法的支持者，而是反映了西方知识传统中对进步的普遍信念，甚至被那些对启蒙自由主义持批评态度的人所接受。[50]

尽管有这种广泛认同的观点，或者正因如此，作为弱可持续性概念基础的假设往往没有得到足够的科学关注。许多研究环境可持续性问题的物理科学家远没有经济学家、政治理论家和其他社会科学家那么乐观。他们更倾向于一种强可持续性制度，即政府政策将自然资源的使用和其他人类活动限制在生态所决定的可持续性条件下。例如，在强可持续性制度下，

---

[49] See John Hartwick, Intergenerational Equity and the Investing of Rents from Exhaustible Resources, 67 Am.Econ.Rev.972, 973-974（1977）（注意到"将可耗尽资源的所有净收益投资于可再生产的资本……意味着代际公平"）。

[50] 例如，曾经的批判法律研究学者罗伯特·昂格尔最近接受了技术乐观主义者的观点。"我们将自己视为管理者，为子孙后代托管一个不可再生资源的沉没基金。我们在消费需求和节俭责任之间进行平衡。这是一种建立在错觉上的焦虑。在现代史上，作为发明之母的需要，从来没有不对一种资源的稀缺性做出科学和技术上的反应，使我们比以前更富有。如果地球本身日渐衰弱，我们会找到一种从它逃到宇宙其他地方的方法。" Roberto Mangabeira Unger, The Self Awakened: Pragmatism Unbound 240（2007）。

可再生资源的开采速度只能无限重复，如地下蓄水层的自然补给率。反过来，不可再生资源的消耗速度将与实际替代资源的开发速度相等。[51] 这些经验法则加在一起，将有助于切实实现托马斯·杰弗逊（Thomas Jeffersons）的禁令，即"地球在使用权上属于活人"。[52] 经济学家和其他社会科学家反而继续坚持完美可替代性假设，甚至在稳定气候这一基本环境资源方面也是如此，这可能并不是因为他们无视自然科学家的知识和信誉。[53] 相反，这很可能是源于他们担心接受自然科学家的立场会破坏自由主义的项目，即避免政府裁决相互竞争的善的概念之间的冲突，以及相关的经济项目，即避免人与人之间的福利比较。不愿"突破并明确模拟我们自然资本存量所产生的生态系统服务的消费"[54]，分析者反而模拟了他们政治欲望的世界。

最后，与时间利率偏好辩护一样，即使假设其他缺陷可以克服，贴现的机会成本辩护也存在逻辑错误。具体来说，贴现的支持者将为后代保护自然资源的决策建立在节约所带来的机会成本的大小上，而事实上，许多环境政策最好由体现这种机会成本的市场收益率来决定，而不是相反。如果化石燃料、耕地土壤、淡水、湿地和其他形式的自然资本的节约率部分地决定了所有资本的收益率——换句话说，是否节约自然资源的决定影响了机会成本的大小，而机会成本的大小应该决定节约是否最优——那么，用市场收益率来贴现的理由就是循环论证。毕竟，许多经济学家认为温室气体减排是一种"低收益"投资，[55] 其中一个主要原因是，他们通过贴现

---

[51] See Herman E. Daly, Beyond Growth 82 (1996). 为了避免人们对这种看似严厉的措施感到畏惧，请考虑这样一个事实，即使这些原则也可能不足以确保环境可持续性：如果特定的可耗尽资源在生产和消费中足够重要且不可替代，那么无限期的可持续性就根本不可能实现，这一点热力学定律的学生都已明白。See Partha S. Dasgupta & Geoffrey M. Heal, Economic theory and exhaustible resources 4-5 (1979).

[52] Willard Sterne Randall, Thomas Jefferson: A Life 486 (1993)（引用了一封托马斯·杰斐逊写给詹姆斯·麦迪逊的信）.

[53] Martin L. Weitzman, Gamma Discounting, 91 Am. Econ. Rev. 260, 266-269 (2001)（说明对2160名经济学家的调查显示，大多数人对长期项目的贴现率低于对短期项目的贴现率）.

[54] Geoffrey Heal, "Climate Economics: A Meta-Review and Some Suggestions" 20 (Nat'l Bureau of Econ. Research, Working Paper No. 13, 927, 2008), available at http://www.nber.org/papers/w13927.

[55] Bjørn Lomborg, The Skeptical Environmentalist: Measuring the Real State of the World 312 (2001).

将其与资本回报率进行比较,而资本回报率被化石燃料经济及其自由放任的气候变化政策锁定。由此,维持温室气体排放的现状似乎是比减排更好的投资,部分原因是减排的收益已经按照假设减排不会发生的比率进行了贴现。对于实际影响不大的决定,或许还能容忍这种循环论——在这种情况下,最终的结果可能不会受到不同的资源权利参考案例的影响——但对于解决气候变化等日益占据环境法律和政策中心的大规模长期问题来说,这种循环论就难说是适当的。[56]

无论喜欢与否,都不能回避直接解决代际资源公平问题的必要性:即使在涉及期货市场和代际讨价还价零障碍的思维实验中,人们仍然面临建立代际资源初始禀赋的问题。世代之间的每一次资源分配都会产生不同的市场均衡,包括在该均衡中产生的最终市场利率,而该利率将被视为反映社会福利政策贴现分析中资本的机会成本。因此,我们必须首先解决资源在各代人之间的基础分配问题,然后才能开始代际效益分析。我们没有意识到这一需求——相反,我们认为当前的市场均衡在某种程度上反映了一种规范上的特权时刻,即便与未出生的人相关——是站不住脚的。这类似于自由主义试图将当前市场均衡从其过去的不公正和任意性历史中抹去,只不过是一种前瞻性的类似。直截了当地说,对于不可再生和可耗竭资源,如石油、煤炭、矿产、木材和地下水,没有一个客观或自由市场的价格可以确定——然而这些资源却是工业化国家所有经济活动的重要基础。在环境经济学文献中,关于这些资源的标准智慧是,开采这些资源的净收益应重新投资于可再生资本,以确保可持续性和代际公平。[57] 但是,分析者必须对可耗竭资源的"影子价格"有一些事先的概念,才能确定所需的再投资额。这一概念反过来又要求对理想化经济的政策特征作出判断,在这种经济中,"生态资本的各种组成部分"要维持在"规定应保留的关键阈值水平之上,以确保系统的复原力"[58]——这一概念恰恰是经济学家希望使用贴现率和其他从当前不可持续的市场条件中得出的数据进行福利

---

[56] See Clive L.Spash, Greenhouse Economics: Value and Ethics 157 (2002) ("一个严肃的温室气体减排方案将改变经济的技术基础,例如,发展替代能源、新的运输系统和生活方式。由此,比较赢家和输家的基础就无法确定了。这就影响到收益估计和成本分析。")。

[57] John Hartwick, Intergenerational Equity and the Investing of Rents from Exhaustible Resources, 67 Am.Econ.Rev.972, 973-974 (1977)。

[58] P.K.Rao, Sustainable Development: Economics and Policy 105 (2000)。

最大化程序的判断。

作为这些要点的说明,请考虑以下看似简单的问题:使用成本效益分析确定特定渔业(如西北大西洋)的适当捕捞水平时,如曾经在新英格兰海岸繁衍的西北大西洋鳕鱼种群,未来鱼类消费的收益应以多大的比率折现?如果一个人的反应是商品的现行市场利率,或者是可供选择的公共投资的回报率,甚或是根据代际平等的抽象原则由社会确定的贴现率,那么人们就会同意罗伯特·索洛(Robert Solow)的观点,他辩称"如果不吃一种鱼,就可以吃另一种鱼",而且"没有明确的目标,即可持续发展目标、可持续发展义务要求我们保持不变"。[59] 然而,其具体比率是确定的,使用贴现因子来固定代际资源权利意味着鳕鱼的生存完全取决于该比率是否恰好允许生存。

另外,如果人们对这个问题的回答是"无论什么比率都能导致可持续管理渔业"的某种变化,那么人们就同意这样的观点,即对某些稀缺的生态产品的分配判断先于贴现率的选择。换句话说,人们接受,在福利最大化工作中,要贴现的价值取决于权利和责任在各代人之间分配的具体背景,而环境法律和政策制定的许多内容正是与资源在各代人之间的分配这一分析上的先决问题有关。可以肯定的是,以渔业为例,在这样一个环境中,分配判断相对容易处理,甚至似乎承认了"最优"结果:可再生资源的收获水平应确保最大的可持续产量。然而,同样的概念框架是所有代际环境影响问题的基础,包括最紧迫的大气层耐受温室气体排放的有限能力在时间上的分配问题。贴现不能解决这些问题。相反,自然资源和生态系统服务能力应如何在不同时间段内分配,从根本上说仍然是一个伦理问题,这意味着一个贴现率,但不能由贴现率所决定。

*

当政策建议对后代的预期影响包括提高人类死亡率和发病率时,代际贴现就会变得更加棘手。代际贴现的维护者往往认为,"生命、生命风险

---

[59] Robert M.Solow, Sustainability: An Economists Perspective, in Economics of the Environment 179, 181 (Robert Dorfman &Nancy S.Dorfman eds., 1993).

和生命享受可以用金钱来衡量"[60]，据称这种假设使他们能够证明代际贴现与人的生命价值问题分开具有可取性。他们辩护道：他们的程序根本不需要对未来生命进行贴现，而只需要对"成本和收益"[61]进行贴现，即"人们避免……风险的支付意愿"[62]或"与减少生命风险的支付意愿相等的货币数额"[63]。他们坚持认为，"所计算的是风险本身的货币价值"[64]，而且相关议题是一个"技术经济学问题"，而不是"关于贴现是否适当的伦理问题"。[65]

这些分析者抗议太多了。帕累托标准是福利—经济—政策分析的黄金标准，因为它可以避免人与人之间的福利比较问题。也就是说，每个人自己决定自己是否会因为一项拟议的政策而变得更好——或者至少不会变得更糟。无论人们如何看待这种代内决策的方法，它都不能转化为代际决策，原因很简单，未来的世代还不存在。因此，在代际范围内，不可能有帕累托标准，至少当这个术语被理解为需要个人自己来决定他们是否因一项政策建议而变得更好或更坏时，就不可能有帕累托标准。这是一个不小的复杂问题：猜测和满足后代人偏好函数的做法必须建立在一个规范性的基础上，这个基础独立并有别于通常支持代际福利主义政策的基础。

在这方面，关于贴现的最有力规范性论点——它通过关注机会成本为后代留下更有价值的资源储备——会因为这一事实而尴尬：这些后代的某些成员因支持本应使他们受益的替代性投资而被牺牲掉。有时，除了福利最大化者本人，其他人似乎都清楚这种尴尬。例如，关于成本效益分析和气候变化的一个著名讨论："后代是否接受皮肤癌发病率的增加，取决于

---

[60] Dexter Samida & David A. Weisbach, Paretian Intergenerational Discounting, 74 U. Chi. L. Rev.145, 147 (2007).

[61] Dexter Samida & David A. Weisbach, Paretian Intergenerational Discounting, 74 U. Chi. L. Rev.145, 150, 152 (2007).

[62] Cass R.Sunstein & Arden Rowell, On Discounting Regulatory Benefits: Risk, Money and Intergenerational Equity, 74 U.Chi.L.Rev.171, 182 (2007).

[63] W.Kip Viscusi, Rational Discounting for Regulatory Analysis, 74 U. Chi. L. Rev. 209, 230 (2007).

[64] Cass R.Sunstein & Arden Rowell, On Discounting Regulatory Benefits: Risk, Money and Intergenerational Equity, 74 U.Chi.L.Rev.171, 175 n.26 (2007).

[65] Dexter Samida & David A. Weisbach, Paretian Intergenerational Discounting, 74 U. Chi. L. Rev.145, 165 (2007).

他们得到了什么。"⑥⑥ 同样，法律经济分析家自信地断言："如果我们可以问后代，他们是否希望我们从事（一个特定）项目，而该项目在贴现后没能通过成本效益分析，他们会更愿意我们按市场回报率投资，因为这样的投资会更好。"⑥⑦

请注意这些主张发生了什么：论者巧妙地将相关利益持有者的概念从个人主义转为集体主义，因此，遭受死亡率增加代价的同一实体（"后代"）似乎也是接受损失补偿的人。这与上文讨论的概念滑坡类似，当福利最大化者为时间偏好而不断贴现时，即使人类只在其个体生命开始和持续过程中经历时间上的无耐心，也会出现这种情况。在这两种情况下，后代作为集体实体被赋予明显的规范意义，尽管福利最大化本身建基于个人主义的福利评估。这种从个人主义视角向集体主义视角不被认同的转变会导致荒谬的结果，包括后代人即使已经灭绝，也有可能看起来"过得更好"。也就是说，由于生命与所有其他资源一起被货币化和交易，在标准的成本效益分析框架内，没有任何东西可以排除这样一种可能性，即杀死人类的每一个成员似乎都是福利最大化，而据称使后代"过得更好"的资本存量却在永远不会被提取的银行账户中继续成倍增长。我们未来的继任者将永远无法获得这些资金的事实表明，我们的理论已经超出了它的能力范围；我们已经忘记了约翰·罗斯金（John Ruskin）所说的"一个伟大的事实"，即"除了生命，别无财富"。⑥⑧

这一点怎么强调都不过分：贴现支持者在拯救生命方面诉诸机会成本的做法所真正证明的是，未来失去的生命可能会得到比今天失去的生命成本更低的补偿。实际牺牲生命的决定——从而与补偿相关的情况——仍然是一个完全分离、哲学上更成问题的问题。这种分离在德里克·帕菲特（Derek Parfit）那里得到清晰的阐述，他认为，我们可能对后代施加的未来残障或其他严重身体伤害不会随着时间的推移而以货币投资方式变

---

⑥⑥ Eric Neumayer, Global Warming: Discounting Is Not the Issue, but Substitutability Is, 27 Energy Pol'y33, 40 (1999).

⑥⑦ Dexter Samida & David A. Weisbach, Paretian Intergenerational Discounting, 74 U. Chi. L. Rev.145, 153 (2007).

⑥⑧ John Ruskin, "Unto This Last": Four Essays on the First Principles of Political Economy 88 (Lloyd J.Hubenka ed., Univ.of Neb.1967) (1862).

化。[69] 经济范式的支持者对这一看来无可辩驳的观点作出了回应，他们认为，将未来的残障按现值折现并不适于公共政策分析，因为"残障的护理成本或治疗成本很可能会随着时间的推移而下降"。[70] 即使按其本身的术语，从实际福祉而不是福祉的货币等价物来评估，这一论点也是有弱点的：同样的经济力量，据称可以使当代人每天留出较少的钱来补偿明天的伤害，也意味着明天补偿伤害所需的钱会更多，因为金钱和有形形式的补偿所提供的边际效用在下降。[71] 只有当健康可以像其他商品一样以同样的方式货币化，并且随着收入的变化和时间的推移，所产生的货币等价物与这些商品表现得相似时，健康的货币等价物才会与收入的增加成正比。无论这种描述对轻微的健康影响是否有效，对死亡和其他极端的伤害而言，它是不可信的，因为对未来个人造成的伤害在道德和心理上的影响与长期经济增长率关系不大。

更重要的是，福利经济学家对残障案例的回应错误地说明了道德问题的性质，问题不是如何照顾或治愈已经遭受的残障，而首先是能否造成伤害。假定健康人的生活与已获得补偿的残障人士的生活在伦理上没有区别，经济学家的回应违反了最基本的道德准则，即未经个人同意，不得将个人用作手段而非目的。造成伤害——未来个体在未经他们同意的情况下被利用并实际上被牺牲——以便促进他们将无法享受的幸福。这就是为什么在代际背景下无法将贴现问题与评估问题区分开来的原因。这也是为什么说，当分析者断言"一旦产生相关的数量……它们就将货币化，因此必须予以折现"[72] 时，他们只是成功地将重要的伦理决策在分析中往后推了一步，推到在代际背景下是否以及如何将生命货币化的问题之后。

我们用另一个思想实验来帮助阐明这一点：假设社会设立了一个信托基金，当社会中的任何一个成员死亡时，将从该基金中向幸存的家庭

---

[69] See Derek Parfit, Reasons and Persons 483 (1984).

[70] Dexter Samida & David A. Weisbach, Paretian Intergenerational Discounting, 74 U. Chi. L. Rev.145, 164-165 (2007).

[71] See John Broome, Discounting the Future, 23 Phil.& Pub.Aff.128, 149 n.17 (1994).

[72] Cass R.Sunstein &Arden Rowell, On Discounting Regulatory Benefits: Risk, Money and Intergenerational Equity, 74 U.Chi.L.Rev.171, 183 (2007); see also Cass R.Sunstein, Worst-Case Scenarios 285 (2007)（主张代际公平和效益"必须分开分析"）.

成员或其他代表支付等价款项。鉴于社会成员的预期寿命不同，信托基金的管理者可以适当地将较少的钱用于年轻成员，而不是用于年长成员。同样，他们也可以为尚未出生的社员预留更少金额。在这两种情况下，个人的预期死亡时间越晚，预留的较少金额就可以通过替代投资而增长，直到最终到期支付。不过，请注意，在时间上晚一点出生这个多少有些武断的事实，并不能支持未来的生命实际上比现在的生命"价值低"的判断，至少在任何意义上都不能证明有意设定一个生命比另一个生命的牺牲是合理的。为了说明缘由，假设一些不可预见的社会紧急事件实际上确实需要有意牺牲一定数量的生命。会不会有人认为，仅仅因为信托基金记账系统似乎显示他们的生命具有最低的当前货币等价物，就应该选择最年轻的社会成员？进一步假设社会可以通过牺牲一定数量的尚未出生的人来应对紧急情况，也许是通过将危险废物储存在一个百年后会泄漏的容器中，并造成可预测数量的死亡。金钱的时间价值本身就能证明剥夺这些未来的生命而不是现在的生命是合理的吗？最后，假设社会可以牺牲一定数量尚未出生的人，或者通过降低目前占GDP1—2个百分点的生活水平来应对紧急情况，如许多经济分析人士所估计的那样，从而大大降低灾难性气候变化的可能性。现在，难道不清楚信托基金的核算完全是题外话吗？

根据有争议的显性偏好研究，假设当前一代成员对各种环境、健康和安全风险的个性化同意是一回事（如第四章所述，这是拙劣的事情）。在没有表决权、没有发言权也没有决断力离开我们政治共同体及其影响范围的未来个人之间假定这种同意，是另一回事。

*

上述讨论的任何内容都不是要表明，分析人士在考虑代际政策困境时，关注机会成本是不对的，或者说一个社会应该完全忽视谨慎的环境政策所带来的利益。然而，这种机会成本不应该被机械地复合到福利最大化工作中，至少在没有首先提出某些关于代际环境正义的基础性问题之前，不应该这样做。环境法文献中对贴现问题进做了最深入讨论的理查德·瑞维兹（Richard Revesz）也得出同样的结论：代际决策应考虑"机会成本，但不应受某一特定贴现率的支配"。[73] 经济学家们有时会争辩说："考虑机会成本和在福利计算中容纳机会成本——从数学上讲——之间不存在这样的区别,就像他们偶尔会否认风险和不确定性之间存在有意义的区别一样。"[74] 然而,这种辩护没有达到目的,因为他们假定了一种计算上的强制,而瑞维兹明确拒绝这种强制。并非所有的理性都是形式化的,尽管经常有人说福利最大化是可取的,因为它鼓励对结果的全面评估,但事实上,只有形式化系统,如成本效益分析,本质上一定是不完整的。瑞维兹似乎认识到这一不可避免的分析困境,并选择牺牲形式化、公理化的一致性,而不是实质上的完整性;因此,与预防原则和可持续发展的支持者一样,瑞维兹认为机会成本只是对代际义务进行多元评估的一个因素。[75]

相反,福利最大化的支持者选择强调逻辑上的一致性——尽管他们很少承认,但这种知识偏好要求他们牺牲完整性。正如本章所揭示,福利经济政策分析牺牲完整性的一个重要方式是通过使用贴现率,该贴现率假设代际环境公平问题可以通过事后的货币转移来充分解决,或者更粗暴,可以完全忽略。对这些假设的辩护是没有说服力的。通过贴现,代际公平的基本问题(作为一个伦理问题,哪些风险和资源应该强加或赋予后代?)与代际效益问题(作为一个技术问题,根据给定的贴现率和假定的权利分配,哪一代人从资源的使用中得到或将得到更多的效用?)混为一谈。通过这种混杂,后代人被迫对自然资源的出价高于现在的所有者,其数额不仅反映了他们需求的强度,而且反映了在所涉时间段可投入的所有资源的替代用途,包括他们生命的"货币等价物"。这是概念上的混乱。作为对这种竞价差异的补偿,即使向未来世代转让货币资源,贴现程序仍然存在一个基本缺陷:确定补偿金额的效益工作将以贴现率为基础进行,而这个贴现率忽略了评估代际公平的艰苦工作。

所有这些观点都曾经得到福利经济学家的认同。该学科的创始人曾一

---

[73] Richard L. Revesz, Environmental Regulation, Cost-Benefit Analysis, and the Discounting of Human Lives, 99 Colum.L.Rev.941, 1008-1009 (1999).

[74] Dexter Samida & David A. Weisbach, Paretian Intergenerational Discounting, 74 U. Chi. L. Rev.145, 151 n.24 (2007).

[75] Richard L. Revesz, Environmental Regulation, Cost-Benefit Analysis, and the Discounting of Human Lives, 99 Colum.L.Rev.941, 1008-1009 (1999).

度表示，任何形式的贴现都"在道德上站不住脚"，它"只意味着我们的望远镜能力有缺陷"，而且这种做法充其量只是"对贪婪和以狂热征服理性的一种礼貌表达"⑯。即使是当代福利最大化的捍卫者有时也承认需要更直接地思考代际环境正义。例如，最近，有评论者指出："如果尊重后代意味着什么，那就意味着尊重我们对他们愿望的最佳猜测，并尽可能地帮助他们。"⑰ 然而，在其分析中，评论者没有任何地方真正涉及"我们对他们愿望的最佳猜测"是什么的问题，也没有涉及我们如何去构建和实施一个进程，以决定和满足这些愿望。相反，他们只是简单地假设，我们目前的偏好可以投射到后代身上，他们的利益可以被打折扣，好像他们完全属于我们。这是一种奇怪的做法，不仅因为其时间上的封建主义，还因为我们对气候变化确信无疑的一件事是，未来的环境背景将与现在大不相同。后代人的喜好无疑会反映出这些巨大的变化，因而他们与我们的喜好大相径庭。因此，为了真正尊重未来世代的利益，我们必须做出努力，预测和考虑他们困境的细节，并提供他们承受这种困境所需要的具体制度和资源。

  这种为我们不可知的继承者进行具体预测和供给的尝试，不应视为对我们自由主义信念的重大威胁，而应视为一种简单的承认，即我们无法对他人的可能性和偏好产生深远的影响，尤其是代际情形。比起自由主义中立性外表的其他裂纹，个人自治首当其冲受到挑战。在自由主义中立性外表下，个人自治可以作为一个没有问题的概念，但未来世代在时间上的错位对之提出了挑战，因为现在活着的个人的行动和决定，无论是公共的还是私人的，都不可避免地会影响未来个体的需求和欲望。正如塔尔博特·佩奇（Talbot Page）所言，这种内生偏好的问题在代际决策中尤为突出："资源基础如何保持完好……生物多样性如何减少，土壤、森林、地下水如何枯竭，人口如何拥挤……将会影响我们未来世代的前景和价值观，从

---

  ⑯ 这些引证分别出自 Frank Ramsey, A Mathematical Theory of Saving, 38 Econ. J. 543, 543 (1928); Arthur C. Pigou, The Economics of Welfare 25 (1932); R. F. Harrod, Towards a Dynamic Economics 40 (1948); see also Henry Sidgwick, The Methods of Ethics, 414 (Macmillan. 7th ed. 1907)（指出"普遍认为，一个人存在的时间不能影响其幸福的价值"）。

  ⑰ Dexter Samida & David A. Weisbach, Paretian Intergenerational Discounting, 74 U. Chi. L. Rev. 145, 153 n.24 (2007).

而形塑代际社会。"[78] 在这方面，令人震惊的是，罗尔斯认为对目前活着的个人适用差别原则是合适的——他们通常可以在某种程度上提出申辩或抗议，甚至在没有公正制度的社会中也是如此——而对尚未出生的个人却拒绝给予这种分配保护，因为他们最容易受到剥削，而且事实上，他们正在正义的假定条件之外无可奈何地等待。

正如第九章所述，在宪法中保证为后代提供某种程度的环境支持——例如获得足够的淡水以维持生计和卫生的权利或基本的气候稳定——不仅使公正储蓄原则在生态学上有一个坚实的基础，而且还有助于使后代对我们来说更加可见、更加亲近、更少陌生。这将有助于确保他们在我们的社会伙伴关系中作为公认的——尽管是不可知的——平等者出现，而不是仅仅作为实用工具，他们的生存取决于我们的福利计算结果，只是这种计算恰好能使他们的生存是可行的。如果我们不是徒劳地寻求避免对他们的生活轨迹产生任何强制影响或者致力于使某种无形的福利存量最大化（他们可能活着也可能没能活着分享），而是供应他们基本需求，至少确保他们"呼吸和生活的必要条件"[79]，我们对未来世代才是有益的。对一个未知的不速之客的不可预知的到来持开放态度的理念——有人认为这种好客理念对政治理论具有指导意义[80]——并不建议对客人采取冷漠或中立甚至容忍的态度。相反，它建议的是一种爱的形式，在这种情况下，它至少允许一些简单的命令，因为我们可以放心地假设，无论出现什么，我们的客人将需要食物、水和住所。[81]

---

[78] Talbot Page, On the Problem of Achieving Efficiency and Equity, Intergenerationally, 73 L. And Econ. 580, 591 (1997); see also Mark Sagoff, The Economy of the Earth: Philosophy, Law, and the Environment 63 (1988) (观察到，"我们关于环境的决定……将在很大程度上决定未来的人是什么样、他们的喜好和品位是什么"）。

[79] Jacques Derrida, Adieu to Emmanuel Levinas 72 (Pascale-Anne Brault & Michael Naas trans., 1999) (引用列维纳斯).

[80] See generally Jacques Derrida, Of Hospitality (2000).

[81] Cf. Brian Barry, Democracy, Power, and Justice: Essays in Political Theory 500 (1989) ("的确，我们不知道我们遥远后代的确切口味是什么，但他们不可能希望患上皮肤癌、水土流失或因冰盖融化而使所有洼地被淹没"); Gregory Kavka, The Futurity Problem, in Obligations to Future Generations 186, 189 (R.I. Sikora & Brian Barry eds., 1978) ("因为我们确实高度肯定地知道未来几代人的基本生物和经济需求——有足够的食物吃、有足够的空气呼吸、有足够的空间活动、有足够的燃料运转机器"）。

即使我们以某种方式证明这一预测是错误的——即使后代的技术使他们从我们的生态和生物遗产中脱离出去,使我们的供应变得毫无用处——我们也不会浪费一个更好地操纵我们物质世界的机会。相反,我们将获得一种代际认同和责任感的延续,而这种认同和责任感必须先于所有这些物质操纵。

第七章 其他生命形式

个人主义既是一种分析方法，也是一种规范性承诺，旨在通过个体之眼解读政治问题，而未来世代的时空间距暴露了个人主义的重大盲点。德里克·帕菲特所说的"非同一性问题"（non-identity problem）可能最有力地证明了这一盲点："实际上，为给定问题选择的任何政策都可能影响未来个人的认同。"[1] 非同一性问题与内生偏好有关，但不同于内生偏好，如第四章所讨论，其源于环境政策可能对个人偏好产生深远影响，甚至包括那些可能被用来决定环境政策内容的先前确定的偏好。这种非同一性的争论不仅表明未来个人的偏好会因政策选择而发生变化，而且他们的存在也取决于这些选择，换句话说，不同类型的个人是否存在，取决于我们的决定方式。在这种情况下，我们不能说将来某个人会因政策变得更好或更糟，他们只是被制定。

对于复杂性理论的学生来说，这种偶然认同的问题很快被认为是复杂自适应系统深刻的内生性和相互联系的体现。另外，对于福利最大化者来说，这个问题根本上是破坏性的。一旦我们承认了偶然认同的事实，我们的福利计算就必须承认代表着完全不同的利益共同体的多重均衡。因此，我们必须在福利主义之外制定一些规范性标准，以便在其中进行选择。事实上，正如帕菲特所指出，非同一性问题对任何以特定个人的权利、偏好或利益为框架的规范理论都提出了深刻的概念挑战。[2] 帕菲特所说的这种

---

[1] See Derek Parfit, Reasons and Persons 351-379 (1984); see also Anthony D'Amato, Do We Owe a Duty to Future Generations to Preserve the Global Environment? 84 Am.J.Int'l L.190 (1990); Edith Brown Weiss, Our Rights and Obligations to Future Generations for the Environment, 84 Am.J.Int'l L.198 (1990). 对于借助罗尔斯的"原初状态"装置来解决非同一性问题的尝试, see Jeffrey Reiman, Being Fair to Future People: The Non-ldentity Problem in the Original Position, 35 PHL.& PUB.AFF.69 (2007).

[2] See Derek Parfit, Reasons and Persons 370-371 (1984).

"影响人"理论,在决策情境中几乎没有提供分析的牵引力(traction),因为在这种情境中,相关后果将由完全不同的人感受,而这取决于做决策的方式。

目前,我们对这种"不同人的选择"的道德和政治思维还很不成熟。例如,它导致了这样的结论:我们对未来世代没有任何义务,③ 我们只有义务确保我们的选择给未来世代留下最低限度的生活价值,④ 更一般地说,我们"目前存在的人构成了一种本体论的精英,他们的利益要严格优先于其他所有人的利益"⑤。为了避免这种不吸引人的结论,帕菲特建议,我们必须超越简单的"诉求我们行为所影响的人是好是坏",而是形成评估"可能生活的不同集合"的方法。⑥ 把未来一代人设想成连贯的集体实体,而不仅仅是等待中的个人,是朝这个方向迈出的有希望的一步。还值得重申的是,尽管预防原则存在着种种缺陷,但它通过建立一种与代理人有关的环境责任标准,促进了这种集体概念。在这种标准中,人类社会和各代人可以被视为不同的主体,他们彼此之间存在着责任和债务关系。通过这样的建构,我们可以开始将我们的自由个人主义理想与这样的现实相协调,即相对于后代成员而言,某种程度的影响和家长制是不可避免的。

---

③ See Stephen A.Marglin, The Social Rate of Discount and the Optimal Return of Investment, 77 Q.J.EcoN.95, 97 (1963) ("我希望政府的社会福利功能只反映当前个人的偏好。不管民主理论还可能暗示或不暗示什么,我认为民主政府只反映目前政治体成员的个人偏好是不言而喻的。"); Terence Ball, The Incoherence of Intergenerational Justice, 28 Inquiry 321-322 (1985) ("我们不可能知道遥远世代的男人和女人对'正义'的含义,也不可能知道他们会认为什么是不公正的……世代越是遥远,他们的道德观念和我们的道德观念至少部分甚至完全不可通约的可能性就越大。"); Terence Ball, The Incoherence of Intergenerational Justice, 28 INQUIRY 321, 322 (1985).

④ See Thomas Schwartz, Obligations to Posterity, in Obligations to Future Generations 3 (R.I.Sikora & Brian Barry eds., 1978).

⑤ R.I.Sikora, Is It Wrong to Prevent the Existence of Future Generations? in Obligations to Future Generations 112, 12 (R.I.Sikora & Brian Barry eds., 1978) (指的是一种常见、但笔者认为过于简化的方法); see also Jan Narveson, Future People and Us, in Obligations to Future Generations 38 (R.I.Sikora & Brian Barry eds., 1978) ("如果有的话,我们对后代欠什么?对这个问题的回答千差万别。事实上,它们的范围从'无'到'一切'——这并不值得惊慌,除非机器人的答案以及介于两者之间的一些答案有理性的支持。").

⑥ See Derek Parfit, Reasons and Persons 377-378 (1984).

然而，福利主义法律和政策方法的著名辩护者强烈反对这种有机主义和面向未来的政治观念，而认为社会选择必须仅仅反映现在的个体利益，"他们拥有选票，从而能够影响当前政府官员的选举成功与否"[7]。他们拒绝接受自觉地集体参与其他政治共同体成员（甚至包括本共同体的未来成员）的需要和利益的观念。在他们看来，政策制定者应该只在当前一代成员基于他们已有的偏好而寻求利他主义的政策范围内促进后代人的利益。[8] 一些理论家甚至进一步否认利他主义偏好的合法性，认为成本效益分析应该只反映自利的偏好，才能真正体现福利主义理想。[9] 这种倾向具有强烈的政策含义，这在法律经济学者埃里克·波斯纳（Eric Posner）那里得到了印证。针对环境法应努力回应其他利益主体的伦理认同这一主张，波斯纳说道："政府官员被授权最大限度地提高当前一代美国人的福利，而不是所有未来几代美国人的福利，也不是当前和未来世界人口的福利。正如各机构无权制定提高外国人福利的法规一样，他们也无权独立于当前美国人的偏好制定提高未来美国人福利的法规。未来是另一个国度。"[10]

与福利主义的隐含假设一样，即当代人拥有自然资源的全部基础，波斯纳的所有重要分析工作都是在他的基本假设下完成的，即"机构应忽视未来的效用，就像它们目前忽视外国人的效用一样"[11]。但是，如果各机构采用这种方法，它们将无视许多法规的明确命令，正如第五章和第六章所指出，这些法规明确指示各机构在不同情况下考虑国家对其他政治共同体成员和未来世代的义务。这些法规所规定的机构旨在积极考虑和构建国家与其他共同体的伦理关系，而不是执行先前可能存在或可能不包含其

---

[7] Eric Posner, Agencies Should Ignore Distant-Future Generations, 74 U. Cl. L. Rev. 139-140 (2007).

[8] Eric Posner, Agencies Should Ignore Distant-Future Generations, 74 U. Cl. L. Rev. 139, 141 (2007)（观察到负责任的官员只会"支持得到当代有投票权成员赞同的对无投票权后代有利的政策"）.

[9] See Matthew D. Adler & Eric A. Posner, New Foundations of Cost-benefit Analysis 127-135 (2006).

[10] Eric Posner, Agencies Should Ignore Distant-Future Generations, 74 U. Cl. L. Rev. 139, 143 (2007).

[11] Eric Posner, Agencies Should Ignore Distant-Future Generations, 74 U. Cl. L. Rev. 139, 142 (2007).

他偏好的福利职能。坦率地说，由波斯纳召唤出来的独立的当前政治共同体只存在于对成本效益分析的某些拥护者的理论想象中：与其说是未来，不如说是福利经济学家自己构成了"另一个国度"。

平心而论，回避成员资格的伦理和政治问题，并不只有福利经济学。当代政治哲学普遍倾向于关注公正的实质性内容（如政治参与权、初级产品、功能、能力、资源、福利）及其实现模式（如平等、充分性、最小化、帕累托最优、卡尔多·希克斯最优）方面所要求的问题。对成员资格问题的关注要少得多——谁在政治共同体中被授予或不被授予地位的问题，这些问题将从所选择的度量和所选择的平等分配模式中受益。这种疏忽引人注目，因为正如塞拉·本哈比布（Seyla Benhabib）所言，这个问题——谁是我们——是一个基础性政治问题。[12] 事实上，它之所以是一个基础性政治问题，是因为其答案至少会隐含地建构或抑制所有的其他政治判断。[13] 即使在波斯纳提出的激进观点中——在这种观点中，国家封闭边界，忽视未来，只寻求实现当前公民的偏好——成员资格问题仍然以阿马蒂亚·森（Amartya Sen）和肯尼思·阿罗（Kenneth Arrow）所确定的众所周知的社会选择悖论的形式困扰着社会。[14] 虽然具有复杂的形式证明，但阿罗和森的推理结果也可以被看作对立宪民主的基础性悖论的呼应：在共同体合法性的原初时刻，一个民族被说成通过宪法的破坏来表达其形成政治共同体的民主意志，而宪法的破坏同时被说成作为一种意志——承认的机制得到了人民的同意。宪法的正当化需要人民主权，然而人民主权的意志必须通过已经在某种程度上被正当化的宪法原则来辨别。这个悖论不能通过分析来解决；相反，它必须仅仅依靠共同体为克服其基础性的紧张关系所做的持续却从未完全成功的努力，以展示"我们人民"这一表演性语句的持续生命力，它首先将一个社群建构为政治共同体，即使这

---

[12] Seyla Benhabib, Democracy and Diference: Reflections on the Metapolitics of Lyotard and Derrida, in The Derrida-Habermas Reader 128, 136 (Lasse Thomassen ed., 2006).

[13] See Michael Walzer, Membership, in Communitarianism and Individualism 65, 65 (Shlomo Avineri & Avner de-Shalit eds., 1992)（"我们在成员资格方面所做的事情构建了我们所有其他的分配选择：它决定了我们与谁一起做出这些选择，我们要求谁服从并向谁收税，我们向谁分配商品和服务"）。

[14] See generally Amartya Sen, Collective Choice and Social Welfare (1970); Kenneth Arrow, Social Choice and Individual Values (2d ed.1963).

一语句代表了已经形成的共同体。[15] 由此，通过承认而不是否认或忽视这样一个事实，即在政策制定过程中，成员资格始终是一个问题，而每一个社会选择的实例都会重新提出"我们是人民吗"这一问题，民主立宪主义尽管起源于悖论，但它持续存在。[16]

尽管已经在前两章中探讨了成员资格的问题，但是这一问题在其他形式的生活中表现得尤为突出。如上所述，成本效益分析通常以自由主义的观念为前提，在这种观念中，只有人类（更确切地说，只有目前居住的人类个体）才有能力持有利益，因此，非人类生命形式的价值只有在可识别的个人重视这些生命形式的范围内才承认，通常是通过显性偏好或偶然评估研究得出。如第四章所述，该价值必须采用有限的货币化形式，以便自然世界任何方面产生的"价值"都可以轻易地转换为其他价值项目。即使从纯粹福利主义观点来看，非人类生命的价值只在于其对人类的工具性用途或情感价值，但人们可能会质疑，为什么福利经济学家认为自己有权评估这种同质化假设的价值。相反，为什么不请自然科学家直接研究自然现象在生活经验中的作用，他们对"人类与自然世界碰撞过程"的集体判断越来越绝望。[17] 正如第六章的描述，环境经济学中可持续性的"弱"和"强"概念之间的区别主要取决于政策分析者是否愿意顺应自然科学家的主张，即某些自然资源应被视为不可计量和交易，如同先于市场交易框架的词汇。

实际上，在标准方法中赋予词典首要性（lexical primacy）[18] 的唯一价值（因此可以免除不断显示其价值而避免被取代）是经济学家偏爱的偏好主义价值评估。在实践中，这意味着任何生态商品或服务的价值仅是专

---

[15] Cf.Jacques Derrida, Declarations of Independence, 7 New Pol.Sci.7（1986）（处理《独立宣言》中类似的共同起源悖论）. 有关这一主题的精辟论文集，see The Paradox of Constitutionalism: Constituent Power and Constitutional Form（Martin Loughlin & Neil Walker eds, 2007）。

[16] Cf.Seyla Benhabib, Another Cosmopolitanism 33（2006）（指出"每一种自我立法行为也是一种自我构成行为"，同意用这些法律约束自己的"我们，人民"也在自我立法行为中把自己定义为"我们"。）.

[17] Union of Concerned Scientists, "World Scientists' Warning to Humanity"（1992）, available at http://www.ucsusa.org/about/1992-world-scientists.html（由忧思科学家联盟组织并得到 1700 多位科学家的认可的声明，其中包括大多数在世的诺贝尔科学奖获得者）.

[18] "lexical primacy"源自罗尔斯正义论。罗尔斯认为，不同正义原则具有先后顺序，即词典式序列（lexical order），像词典一样按字母先后排序。——译注

业经济学家使用行业建立的工具在个人行为中确定的对商品或服务的货币承诺量。这种方法需要更深层次的理由：无论是接受偏好启发研究的个人，还是解释研究结果的经济学家，都不一定精通关于自然资源和生态系统服务的作用、弹性和可替代性的基本科学问题。因此，个人最知情的偏好（如果坚持使用这一词语，就是指他们的"真实偏好"）可能恰恰是：由于他们不知情和不稳定的消费主义偏好，从而不应对地球的生态命运做出集体决定。⑲

更为根本的是，福利经济学的估价做法之所以作为分析事项取得成功，只是因为它们假定生命形式之间的伦理和政治界限——作为利益持有者的人类和作为估价对象的非人类之间的界限——是预先确定和无争议的。然而，环境法项目恰恰是努力使这些界限接受新的审查和批判。例如，《国家环境保护法》将"追求人与自然能够和谐共存的条件作为基本目标……"⑳ 在"田纳西河谷管理局诉希尔案"中，最高法院解释《濒危物种法》同样反映了"国会有意识地决定将（保护）濒危物种作为联邦机构的'主要使命'"。㉑ 在这两种情况下，将自然界置于相互"和谐"关系中的愿望以及"不惜一切代价阻止和扭转物种灭绝的趋势"㉒ 的愿望至少表明，赋予自然界和非人类生命形式高于单纯客体的法律地位的过程已经开始。正式规定自然界的不可通约性，不仅仅是为了达到人类中心主义的目的（尽管这肯定是支持这种法律的一个理由），即在人类更好地了解自然界的工具价值的同时保护好自然。相反，确定非人类生命形式和环境利益的优先次序，也是为了开始有意识地重新考虑人类与自然界其他部分的关系，并赋予这种关系新的责任感。

这种集体自我检查的过程根本无法在福利经济框架内得到认可，因为它将利益持有者的相关领域视为理所当然，事实上，它特别剥夺了这些利益持有者重新评估基本成员决策的有利地位，这些决策虽然在舞台后面得到解决，却不断地将他们捆绑在一起，形成一个独特的成本效益共同体。

---

⑲ Judy Clark, Jacquelin Burgess & Carolyn M. Harrison, "I Struggled with This Money Business": Respondents' Perspectives on Contingent Valuatio, 33 Ecol.Econ.45, 50 (2000).

⑳ 42U.S.C.A. § 4331 (a) (2009).

㉑ 437 U.S.153, 185 (1978).

㉒ 437 U.S.153, 184 (1978).

第七章 其他生命形式

在这方面，查尔斯·泰勒（Charles Taylor）关于他所称的"现代社会想象"的诱惑力的观察，对成本效益共同体具有特别的力量，因为福利经济学要求在一元化的语言中表达所有形式的价值。正如泰勒所述："一旦我们很好地安置在现代社会想象中，它似乎是唯一可能、唯一意义。毕竟，我们不都是个人吗？我们在社会中结社不都是为了我们的共同利益吗？不然怎么衡量社会生活呢？"[23] 同样诱人的还有福利经济框架。毕竟，权衡不是不可避免的吗？我们在对待每一个决定时，难道不是粗略地了解它将如何影响人们的福祉吗？否则如何衡量社会生活？

正如本章余下部分所论证的，福利经济学坚持无根的管制——也许是现代社会想象的终极表达——正危险地无视笼罩在舞台后的成员资格问题。福利经济学的观点不仅通过假定一种所有权和控制模式，而不是主体间的认可和和谐生产，不适当地截断了我们与自然界的关系，而且它还强加了一个短视的视角，无法认识到，更不用说解决基因工程、克隆和其他对生命形式潜在的激进干预所带来的伦理挑战。最终，这些技术将提供重新定义"目前活着的个人"的前景，而福利经济学不言而喻地将其视为成本效益共同体中唯一的价值中心。从这个意义上说，是否允许超人类——或者更令人担忧的是，亚人类——这类人的工程问题，并不是以对他们，而是以对我们是好是坏来解决。问题将是，"他们"是"我们"吗？

*

熟悉动物福利运动思想史和相关的偶尔会遭到反对、代表"自然权利"运动的读者，会认识到前述论点的一些奇特之处。尽管福利经济学对非人类生命形式的道德和法律地位故意视而不见，但过去两个世纪以来，代表动物福利立法的最有影响力的论点来自功利主义思想家——福利经济学家的近亲哲学。后者通常采用偏好主义的价值论述，认为只有人类才有能力揭示或表达他们对特定结果的渴望，而前者则往往更直接地涉及幸福的享乐心理基础。因此，与福利经济学中狭隘的价值划分不同，功利主义哲学方法邀请人们考虑非人类生命形式是否经历过可能被"算作优化目的的心理状态"。杰里米·边沁（Jeremy Bentham）在这方面有着经

---

[23] Charles Taylor, Modern Social Imaginaries 17 (2004).

典论述。他在功利主义中看到的不仅仅是一种道德计算的方法,而是一种克服偏见的思想习惯和社会实践不可或缺的工具。他关于非人类生命形式的说法值得详细引用:

可能有一天,其余动物生灵终会获得除非暴君使然就绝不可能不给它们的那些权利。法国人已经发觉,黑皮肤并不构成任何理由,使一个人应当万劫不复,听任折磨者任意处置而无出路。会不会有一天终于承认腿的数目、皮毛状况或骶骨下部的状况同样不足以将一种有感觉的存在物弃之于同样的命运?还有什么别的构成那不可逾越的界限?是理性思考能力?或者,也许是交谈能力?然而,完全长大了的马和狗,较之出生才一天、一周甚至一个月的婴儿,在理性程度和交谈能力上强得不可比拟。但假设是别种情况,那又会有什么用?问题并非它们能否作理性思考,亦非它们能否谈话,而是它们能否忍受。㉔

因此,边沁提出了两个观念,这两个观念在随后的几十年里成为动物福利运动的关键:第一,自由主义就其本质而言,促进了利益相关者范围的向外扩张,使个人不论种族、性别、阶级、宗教、性、残疾状况等,都应该被视为政治共同体的正式和平等的成员;第二,自由主义的这种共同体的逐步扩大,不一定在本质上局限于人类,特别是当我们仔细考虑到传统上把人类作为一个排他性价值中心的各种特征时,然而,经过考察,发现这些特征也都为一些非人类生命形式所共有。这条线反而是可以超越的,至少在感觉上如此。

虽然经常掺杂着策略性的人类中心主义论点——比如洛克和康德等人提出的主张,即对动物的残忍行为应该被禁止,因为这使人类在心理上更容易对同类犯下类似的暴行㉕——但边沁的观念仍然是支持非人类生命形式的道德和法律地位的最有影响力的基础,包括彼得·辛格的现代经典《动物解放》。在其早期著作中,辛格首先抱怨说,"在道德和政治哲学

㉔ Jeremy Bentham, An Introduction to the Principles of Morals and Legislation 310-11 n.1 (Clarendon Press 1907)(1789)。中译文引自[英]边沁《道德与立法原理导论》,时殷弘译,商务印书馆 2005 年版,第 349 页。——译注

㉕ See John locke, Some Thoughts Concerning Education (1693), in The Educational Writings of John Locke 225-26 (James L. Axtell ed., 1968); Immanuel Kant, Duties Towards Animals and Spirits, in Lectures On Ethics 239, 241 (Louis Infield trans., 1930).

中，平等问题总是从人类平等的角度出发"㉖，而不是从任何特定的生命实体是否属于利益相关者这一更基本的角度出发。在辛格看来，占主导地位的哲学流派并不赞同边沁所建议的包容性享乐的方法，而是简单地假定非人类生命形式不能满足任何被认为使正义关系成为可能的条件。无论是因为缺乏被认为是激励合作性政治行为所必需的权力或资源的粗略等同，㉗ 因为被认为无力推理或以其他方式参与形成自愿的社会契约，㉘ 因为未能达到自由主义对自我表达需求和利益的要求，㉙ 或者仅仅因为一个未经审查的假设，即"动物算数，但只有在它们增加财富的范围内才算数"㉚，大多数建立公正的政治社会共同体的尝试中都没有出现非人类生命形式。相反，自由主义理论家们通常追随大卫·休谟，认为正义的环境只在人与人之间实现（而且往往只在目前活着的人类之间实现，因为他们在自然界的战场上相互注视，并意识到通过暴力无法可靠地确保统治地位）。㉛

在这方面，休谟与边沁的对比再鲜明不过了。用休谟的话来说：

如果有这样一种与人类杂然相处的被造物，它们虽有理性，却在身体

㉖ Peter Singer, All Animals are Equal, in Applied Ethics 215, 225 (Peter Singer ed., 1986).

㉗ See, e.g., Brian Barry, Democracy, Power, and Justice: Essays in Political Theory 495 (1989) （观察到权力均等往往被认为是正义关系的先决条件，"我们与继任者的关系和我们与同时代人的关系之间一个不言而喻但又根本的区别……就是权力的绝对差异"）.

㉘ See John Rawls, A Theory of Justice 512 (1971) （指出"对动物和自然界其他部分的正确行为"不在"正义理论的范围，不太可能扩大契约理论的范围，从而以自然的方式将其包括在内"）.

㉙ See S.J.Mill, Utilitarianism Liberty And Representative Government 208 (J.M.Dent & Sons, 1964) （"每一个人或任何一个人的权利和利益只有利益相关者本人能够并习惯于维护这些权利和利益时才不会被忽视。"）.

㉚ Richard A.Posner, The Economics of Justice 76 (1983) （"动物是重要的，但只有在它们能增进财富时。羊的最佳数量不是通过推测它们相对于人的满足能力来决定的，而是通过养羊的边际产出和边际成本的交集来决定的。"）.

㉛ See Brian Barry, Circumstances of Justice and Future Generations, in Obligations to Posterity, in Obligations to Future Generations 204, 205 (R.I.Sikora & Brian Barry eds., 1978) （观察到"休谟的正义情境理论确实很清楚地表明动物和后代不在正义范围"）; David Heyd, Genethics: Moral Issues in the Creation of People 50 (1992) （"自霍布斯和休谟以来，这些使正义成为相关政治理想的背景条件被列举为自然权力的粗略平等、脆弱性、相互依赖、有限的相互同情，等等。但是，不同世代的人不能相互合作，他们不可能有休谟式的相互同情，他们不对称地易遭受伤害，甚至他们的资源也不是以确定和固定的方式受到限制。"）.

和心灵两个方面具有如此低微的力量，以至于没有能力作任何抵抗，对于我们施予的最严重的挑衅也决不能使我们感受到它们的忿恨的效果；我认为，其必然的后果就是，我们应当受人道的法则的约束而礼待这些被造物，但确切地说不应当受关于它们的正义的任何限制，它们除了拥有如此专擅的君主，也不能拥有任何权利或所有权。我们与它们的交往不能称为社会，社会假定了一定程度的平等，而这里却是一方绝对命令，另一方奴隶般地服从。凡是我们觊觎的东西，他们必须立即拱手放弃；我们的许可是它们用以保持它们的占有物的唯一根据；我们的同情和仁慈是它们用以勒制我们的无法无规的意志的唯一牵制；正如对大自然所如此坚定地确立的一种力量的运用决不产生任何不便一样，正义和所有权的限制如果是完全无用的，就决不会出现在如此不平等的一个联盟中。[32]

为回应这种对劣等（非）人地位的直言不讳的声明，辛格的策略遵循了边沁的双重进路。首先，他试图重新唤醒个人的伦理敏感性，指出人类的许多阶级和群体在历史上被拒绝承认为利益持有者，因为他们的"内在"或"自然"禀赋使他们无法作为平等者充分参与政治社会。休谟认为，一个法律社会必须"假定其成员之间已经存在一定程度的平等"，从而使那些根据主导的自然主义理解被认为是低等的个体被全盘排除在外。在这个意义上，政治仅仅是本体论；根据哲学关于存在本质的预设，任何被认为缺乏力量或理性的生命形式都不属于权利或利益的范畴。

在通过历史上对妇女、奴隶和其他群体的使用表明这一建构的有害性之后，辛格的第二个举动是追随边沁，认为在关注的共同体中，一个更基本和适当的成员条件是体验痛苦和快乐的纯粹能力。具体而言，他认为，"知觉的极限……是关注他人利益的唯一可辩护的界限"[33]。对辛格而言，这种方法的价值在某种程度上是启发式的，因为它迫使人类意识到自我的非歧视性："只有当我们把人类看作是居住在我们星球上的所有生命中的一个小群体时，我们才会意识到，在提升我们这一物种地位的同时也在降

---

[32] David Hume, An Enquiry Concerning the Principles of Morals, Appendix III, Hume's Moral and Political Philosophy 190-91 (H.D.Aiken ed., Hafner 1949) (1751). 中译文引自［英］大卫·休谟《道德原则研究》，曾晓平译，商务印书馆2001年版，第42页。——译注

[33] Peter Singer, All Animals are Equal, in Applied Ethics 222 (Peter Singer ed., 1986).

低所有其他物种的相对地位。"[34] 更雄心勃勃的是，功利主义框架还旨在强加一种分析的严谨性，以抵制休谟所列举的那种逻辑偏见。因此，为了强调"降低所有其他物种的相对地位"的实际享乐影响，辛格收集了大量令人不安的经验证据，这些证据既包括非人类动物受苦的能力，也包括它们事实上在当代农业系统、研究实验室和其他环境中受苦的程度。此外，在他工作中最具争议的方面，辛格认为，就许多功能而言，黑猩猩和其他高等动物实际上优于人类物种的某些成员，如严重精神障碍者、无脑畸形婴儿或患有痴呆症的老年人。因此，赋予后者道德地位和法律权利，而不赋予前者道德地位和法律权利，似乎是不一致的，也是不合理的，至少从辛格非盲目的功利主义角度来看是这样。他认为，要么说保护动物的理由比传统上更有力，要么说反对杀婴和安乐死的理由较弱。

*

尽管辛格的论点引发了大量的知识兴趣和政治活动，但问题依然在于功利主义固有的概念局限。正如第二章所讨论，当一切都取决于"事实的结果"时——如凯斯·桑斯坦（Cass Sunstein）和阿德里安·沃缪勒（Adrian Vermeule）在支持死刑的论证中所说——主体和责任的基本要素似乎就从视野中消失了。道德成为没有计算器的微积分，因为功利主义框架否认任何特定实体（包括参与决策的实体）观点的重要性和相关性。毫无疑问，在某些情况下，比如当主导者无视广泛的痛苦时，功利主义的安排似乎具有明显的进步倾向。例如，通过将代表动物保护的论点仅仅与世界的经验事实联系起来——"它们会受苦吗？"——功利主义策略似乎减少了集体决策受人类沙文主义不当影响的风险。为了证明动物福利保护的合理性，似乎所需要的只是一个科学的证明，即非人类生命形式的痛苦与快乐体验符合基本的功利主义价值框架。一旦确立，这个经验性的证明有望展开，无须进一步阐述，就能成为一个将非人类生命形式纳入优化计算的严密政治方案。

然而，功利主义的本质缺陷恰恰在于这种诱人却永远无法实现的承

---

[34] Peter Singer, All Animals are Equal, in Applied Ethics 228 (Peter Singer ed., 1986).

诺，即判断可以被程序化，更精确的后果评估方法和更可靠的估价技术可以完全映射出伦理和政治决定的地形。功利主义的眼光没有认识到，一个社会所秉持的真理是通过人类的语言、习俗、程序和体制主动产生的。因此，它们是偶然的，不仅在库恩主义（Kuhnian）的意义上，即根据科学方法，它们总是会被重新描述、修正和偶尔被专家的认识论团体全盘抛弃，而且更多在建构主义意义上，它们的生成发生在社会、经济和文化背景下，这些背景影响着所提出的问题和科学探究所得出的结论的本质。正如布鲁诺·拉图尔（Bruno Latour）所言，"任何科学都不能脱离其实践的网络"[35]。这样一种后实证主义的科学理解在两个相关方面对动物保护的功利主义论点提出挑战：首先，强调了一个显而易见却经常被忽视的观点，即功利主义计算中的经验投入本身就是社会产品，需要经过协商和争论；其次，颠覆了各种基础性的类型区分，如自然与文化或者科学与政治之间的区分，而功利主义框架正是建立在这些区分之上。

广义上讲，产生功利主义的启蒙传统认为，科学拥有独占性的权威，可以通过自然界来传话，而政治则被描述为独占性的媒介，一个自给自足的社会通过它来管理自己。就像新奥尔良的堤坝一样，在重重溢出的类别下，这种观念已经被侵蚀。如全球气候变化或克隆动物等例子明确无误地表明，社会依赖于自然，自然由社会构建，政治由科学形成，科学由政治塑造，等等，无穷无尽的变化，以至于将它们作为可分离的领域来对待已经不再合适——事实上，从来都不合适。它们每时每刻都彼此交织。相应地，启蒙运动的双重委托——把所谓的社会政治问题委托给被认为忠实代表民主意志的专业政治家，把所谓的生物物理问题委托给被认为忠实揭示自然本质的专业科学家——是不稳定的，福利经济学家更雄心勃勃地试图把所有问题委托给一个统一的风险评估和成本效益分析框架，也是不稳定的。

正是在这种去中心化的背景下，辛格等功利主义者希望利用动物遭受痛苦的经验证明，为动物的道德地位和获得法律保护的资格辩护。未来的基因工程技术将揭示这种方法的缺陷，因为人类将被要求考虑的不仅仅是如何对待一个生命体或一个其生物构成仅受人类支配的生命的伦理性，而且是如何去创造全新形式的生命。这些新生命将被赋予什么样的属性和能

---

[35] Bruno Latour, We Have Never Been Modern 24 (Catherine Porter trans., 1993).

力？面对这个问题，我们将不能再依赖辛格的哲学策略，即根据某种自然化的属性分布来比较人类和非人类生命形式，以确定一个实体是否有资格成为利益持有者。相反，我们将有能力设计出新的生命形式，这些生命形式要么符合，要么不符合我们已经建立起来的承认检验，无论这些检验涉及感受痛苦的能力、感知外部环境的能力、与其他生命交流的能力，还是表现出任何其他经验上可证明的特征。通过技术手段，我们能够把这些生命形式纳入或不纳入利益持有者的范围；因此，它们的痛苦程度将不取决于所谓的本体论预设，而是取决于剥离了理论歉意的道德意志。

在设计新生命形式和对待先前存在的生命形式之间的任何明显区别，都可以被看作作为—不作为（act-omission）区别的又一种表现，这种区别在这里可能和在其他地方一样具有误导性。在设计生命的时刻，我们似乎突然重新领悟到我们与其他生命关系的伦理性及其对公式化解决方案的抵抗。因此，考察特征与利益持有者原型的经验"契合度"的功利主义策略，突然间喷薄而出。无论是科学还是本体论，都不能为我们的伦理学提供依据，因为我们自己正在设计属性包（the package of attributes），这些属性是生命形式的特征，并决定了它是否有资格被纳入优化计算中。不过从某种意义上说，这些决定权总是存在。无论是通过建立承认检验本身的方式，还是通过不可避免的科学知识或哲学的社会嵌入，扩大利益持有者范围的功利主义策略总是比其支持者倾向于承认的在更大程度上依赖于人类的自由裁量和代理权。毕竟，就在那些试图通过道德科学扩大关注圈的边沁追随者身边，也有赫伯特·斯宾塞（Herbert Spencer）的追随者，他们试图通过大致相同的手段将关注圈紧紧地封闭起来[36]。

同样，功利主义似乎是雅努斯（Janus）[37]面孔，既能支持进步的政策，又能破坏所有的道德情感。也许从功利主义的双重性中得出的关键洞见是，这种方法作为一种承认而不是优化的方法发挥着最佳作用：当功利主义似乎支持规范上可取的政策时，往往是因为这种方法被用来要求官员

---

[36] Cf. Kenneth E. Goodpaster, On Being Morally Considerable, 75 J.Phil 308, 321 (1978) （"那么，让我冒昧地提出这样一个假设：一个人或一个社会的价值观念与其道德可考量观念之间存在着一种非偶然的亲和力。"）。

[37] 雅努斯是古罗马神话中最古老的神祇之一——双面神。他有前后两副面孔，向前的一副老年人的面孔是面向未来的，向后的一副青年人的面孔是面向过去的。——译注

及其公众考虑那些被主流理解框架所忽视或贬低的主体。然而，当功利主义本身成为主导时，它就无法将其语言限制在一个适当的适用区域内。它蔓延到更广泛的社会想象中，破坏了任何利益持有者——或任何利益——被认为是独特且值得特别考虑的基础。那么，承认可能是功利主义最值得分析的功能，它可以帮助我们确定何时应该征召这个框架为集体自治服务。当然，作为一种承认机制，功利主义面临着许多竞争者，包括备受诟病的预防原则。

也许鉴于这些困难，对动物福利文献有贡献的其他哲学家试图从更加道义论的角度来说明保护政策的理由。[38] 对这些理论家来说，非人类生命形式值得保护，不是因为某些心理数据，如它们的受苦能力，而是因为更基本的观点，即非人类生命形式在世界中持有独特的看法，这种看法可以完全与其他生命形式的看法并存。因此，道德意义不是通过对其他生命形式的能力进行经验性评价而赋予的，而是通过对它们作为特定传记的不可分割的持有者的先验断言而赋予的。用一位主要贡献者的话说，从这个角度来看，"道德地位或道德可考量性取决于一个生物是否是一个经验主体，它有一系列正在展开的经验，这些经验根据其质量，可以使该生物的生活变好或变糟"[39]。

如此说来，很显然，道义论进路有可能陷入一种危险，即演变为与激励辛格及其追随者相同的那种考量。在世界中持有一种独特的观点或拥有一套可能构成特定传记经验的想法，似乎至少取决于一些关于成为其他生命形式是什么样子的假设——这些假设邀请经验分析和批判。更为基本的是，把另一种生命形式看作可以从里向外看的某物，看作激励一种守护伦理的视角，这种进路似乎要求概念上的合理性。[40] 因此，尽管从道义论角

---

[38] See, e.g., Tom Regan, Defending Animal Rights (2001).

[39] R.G.Frey, Animals, in The Oxford Handbook of Practical Ethics 161, 174 (Hugh LaFollette ed., 2003).

[40] 托马斯·斯坎伦在关于通过托管或守护机制将非常规利益持有者接纳到政治理论中所必需条件的论证中，将这一观点说得很清楚："这一（托管）概念的另一个最低限度的要求是，存在者构成一种视角；也就是说，存在着这样一种东西，即作为该存在者是什么样子，这样一种世界对它来说就是什么样子。没有这一点，我们与存在者的关系就不可能使对它的假设性辩解变得适当。" T.M.Scanlon, Contractualism and utilitarianism, 103, 114, in Utilitarianism and Beyond 103, 114 (Amartya Sen & Bernard Williams eds., 1982).

度出发的动物保护一旦开始运作,似乎就不那么依赖于心理条件和其他经验事实,但它似乎仍然依赖于这些考量因素,即关于哪些实体有资格和哪些实体无资格成为"目的王国"(Kingdom of Ends)成员的原初决定的部分考量因素。[41]

*

这种概念上的困境在某种程度上使人联想到第五章中所指出的问题,即政治理论家试图通过检验来解决全球正义问题,这些检验评估国家是否有足够的秩序来获得对主权的承认,并被视为目的本身而不是保护或掠夺的对象。构建承认标准至少部分地预设了评价对象的命运或者更直接地影响被考察实体的特征和可能性,在这两种情况下,评价者往往忽略了自己在影响评价结果方面的校订作用。正如基因工程不可避免地表明人类在塑造其他生命过程中的作用一样,气候变化的不利影响等全球现象也突出表明发达国家在显著影响发展中国家的努力,即必须努力证明自己有能力治理和服务人民,也就是成为他人眼中的主权。同样,我们机构的广泛影响力正直接抵达我们面前,扰乱了我们以前试图合理化世界和约束我们责任界限的范畴。

即使是人类范畴也不能幸免于这一概念的撕裂过程。目前,有关克隆、生殖线遗传工程和其他先进生物技术的许多伦理和政治辩论只是排练了在堕胎辩论中长期僵化的论点和立场。然而,随着时间的推移,人们将看到生物医学大师的出现将带来一系列更深层次的哲学挑战。[42]就堕胎案例而言,人们普遍认为问题是:胎儿是否以及何时"算作"一个值得作为人类主体予以保护的生命体。正如罗纳德·德沃金(Ronald Dworkin)有说服力的论述,堕胎问题也许可以更好地被视为这一问题,即人的尊严是因潜在生命的停止还是因限制妇女的生物自决权而受到更大的伤害。[43]然

---

[41] See generally Christine M. Korsgaard, "Fellow Creatures: Kantian Ethics and Our Duties to Animals" (Tanner Lecture on Human Values, University of Michigan, Feb. 6, 2004), available at http://www.people.fas.harvard.edu/~korsgaar/CMK.FellowCreatures.pdf.

[42] But see Francis Fukuyama, Our Posthuman Future: Consequences of the Biotechnology Revolution 77 (2002) (列出了质疑人类生殖线工程会在短期内发生的理由).

[43] See generally Ronald Dworkin, Life's Dominion: An Argument about Abortion, Euthanasia, and Individual Freedom (1994).

而，在这两种情况下，人类本体论范畴并没有得到认真对待；最重要的问题是，人类范畴在妊娠初期会达到什么程度，或者人的非肉体道德层面会在多大程度上受到社会中堕胎行为的破坏。相反，在即将到来的基因工程技术情形下，人本身的物质构成将成为直接和相当程度的操纵对象。正如哲学家戴维·海德（David Heyd）所言，当面临这种可能性时，我们在伦理学上将不再求助于人类生命"本质"或"尊严"等根本性范畴，因为我们在构建这种范畴时所利用的主体将变得非常显眼。[44]

许多人对这样的前景感到不安。例如，布什总统在 2006 年的国情咨文中呼吁禁止开发"人兽混血儿"，认为这种技术有可能削弱社会关于"每个生命都具有无可比拟的价值"的信念。[45] 同样，1997 年，联合国教育、科学及文化组织大会通过的《当代人对后代人的责任宣言》指出，"必须在充分尊重人的尊严和人权的情况下保护人类基因组"，"不得以任何方式破坏人类生命的本质和形式"。[46] 然而，与辛格所抨击的物种主义一样，这种清教徒式人文主义也很难得到分析辩护，至少会招致辛格在论述动物福利、杀婴和安乐死时所说那种滑坡批判。即使是启蒙运动最富洞察力的当代捍卫者于尔根·哈贝马斯（Jürgen Habermas），在反对人类基因工程的努力中也陷入了这一困境。在一篇以"人类本质的未来"为题发表的演讲中，哈贝马斯认为，"无情"的基因操纵将"模糊自然生长与被制造、主观与客观之间的直观区别"。[47] 他担心这种模糊反过来会破坏"人类物种的伦理性自我理解，而这种理解对于我们将自己视为自己生命史的作者，并将彼此视为自主的人的能力至关重要"。[48] 在哈贝马斯看来，启蒙运动的不朽文化成就，就是许可个人把自己看成自主、自我指导的存

---

[44] David Heyd, Genethics: Moral Issues in the Creation of People 68 (1992)（注意到"我们希望世界和未来的人成为什么样子，这是基因伦理选择的主题"）.

[45] President Bush's State of the Union Address, Wash.Post, Jan.31, 2006 at A1.

[46] UNESCO, "Declaration on the Responsibilities of the Present Generations Towards Future Generations," Nov. 12, 1997, UNESCO General Conference 29th Sess., available at http://wwwunesco.org/cpp/uk/declarations/generations.pdf.See also UNESCO, "Universal Declaration on the Human Genome and Human Rights," Nov.11, 1997, UNESCO General Conference, 29th Sess., at Article 2（"不应允许违背人类尊严的做法，如人类生殖克隆。"）, available at htp://portalunesco.org/shs/en/esphp.URIID=r88r&URL DO=DO_TOPIC&URI.SECrION=2or.html.

[47] Jürgen Habermas, The Future of Human Nature 47 (2003).

[48] Jürgen Habermas, The Future of Human Nature 25 (2003).

在，而不仅仅是本体论上的给定物，但如果人类普遍意识到自己是被设计出来的，是相当真实、特别被制造出来的，是他人一系列选择和欲望的产物，那么这一成就就会被破坏。

在激进工程化人类的情况下，"一个重要的边界已经变得可以逾越——保证人的不可侵犯性、个人的独特性和自身不可替代的主体性等道义论外壳"[49]，由此，哈贝马斯预言了启蒙运动的消亡。由于是被决定的——在某种意义上说，不仅是由他人遗传物质所产生，而且是由他人精确和详细的决定所产生，偶然和神秘的因素被减少到技术上可以达到的最低限度——因此，被改造的人变得"与相互承认的对等和对称关系（无关，而这种关系是）自由和平等的人的道德和法律社会所应有的"[50]。因此，哈贝马斯又回到自由主义所熟悉的正义情境概念，但在他那里，这个概念并没有被用作一种评估政治社会成员适格性的过滤手段。相反，它提供了一个规范性理想，必须保护它，不受经验性攻击，以免个人自主精神从我们的集体愿望中驱动出来。具体来说，这意味着，只要工程的目标不是严格意义上的"治疗"，就禁止对人类进行刻意的工程。在哈贝马斯看来，治疗性工程之所以被允许，只是因为接受治疗的人可能认为他的工程仍然是朝着自主性理想而进行。临床医生的态度将是对病人利益的守护或托管，其操作应以伦理学上设定的内容规范为基础。另外，在所谓的增强案例中，病人将知道他的构造完全是由工具工程师想要实现自己的人类最优性概念所造成的。[51]

尽管具有令人敬佩的精细和紧迫感，但哈贝马斯的论点有两个局限性。首先，就像对非人类生命形式的基因工程一样，他的反对意见低估了所有生命形式——人类和非人类——长期以来受到类似的影响和控制的程度，尽管技术上不那么精确。在这个意义上，哈贝马斯认为基因工程威胁到的单一性和自我创造的"道义论外壳"已经由如下因素而广泛受损：

---

[49] Jürgen Habermas, The Future of Human Nature 82 (2003).

[50] Jürgen Habermas, The Future of Human Nature 65 (2003); see also Bruce A. Ackerman, Social Justice in the Liberal State 117 (1980)（指出"任何父母都无权将'他的'孩子视为满足其个人善的观念的单纯工具"）。

[51] Jürgen Habermas, The Future of Human Nature 96 (2003); see also Francis Fukuyama, Our Posthuman Future: Consequences of the Biotechnology Revolution 208 (2002)（还依赖于治疗和增强之间的区别，并表示相信可以依靠监管机构来进行区分，甚至承认病理和疾病的社会建构）。

最明显的是一个人遗传父母的关键性生育决定（这可能比哈贝马斯所允许的更自我增强），同时也有无数的文化和环境因素强加给个人，确保其符合遗传设计标准。这些都使任何试图在基因"治疗"和"增强"之间划定概念界限的努力受挫。其次，如果对一个人异质性的认知意识真的如哈贝马斯所担心的那样，被视为对启蒙主体和它所促成的政治共同体的威胁，那么基因工程将提供一个现成的解决方案：个人可以简单地被设计成缺乏对其异质性的认识，从而保留哈贝马斯认为对政治道德至关重要的"伦理性自我理解"，同时仍然允许技术继续"无情"地进步下去。

瞧，可不是（Voila）。

当然，如果仅仅将自主意识以这种方式"赋予"人类主体/产品，将是对哈贝马斯和启蒙运动解放遗产的严重侮辱。举这个例子并不是要赞扬它，而是要强调传统哲学方法在这些问题上的局限性。无论是边沁的功利主义、休谟的正义情境，还是哈贝马斯的道义论外壳形式，所考察的每一种方法都没有承认对方的主体性，既从根本上无法获得，又广泛地暴露在我们的行动和决定之下。决定承认另一种生命形式为伦理义务的来源，并不是为了考察一套关于该生命形式的经验性描述，以便看它是否符合利益持有者的某种预设的描述，而是恰恰在他人内部世界的不可知中找到伦理义务。同样，决定对人类工程进行管制，并不是要保留一个本来纯粹、没有问题的个人自主领域，而是要承认，目前我们对人权的承诺太过脆弱，太过虚无缥缈，我们甚至无法确信人类不会被基因工程技术有目的地削弱，而不是像哈贝马斯所担心的那样被增强。毕竟，我们目前有什么伦理和政治概念可以不赞成创造一类亚人类工人——工具性生命（被精确设计为不符合我们为人类关切共同体中的平等成员资格而建立的任何认知、心理或其他标准）？继休谟、霍布斯（Hobbes）和其他奠基人之后，我们在政治哲学中设计了正义的情境，而它们通常没有充分考虑其他国家、其他世代和其他生活方式的成员。为什么我们在直接设计这些他者的时候，不会同样地机会主义呢？

*

正如大卫·伍德（David Wood）所说，要与其他生命形式诚实的哲学相遇，第一步是退后一步。正如他所写，"后退一步标志着哲学实践的某种形态，这种形态不仅屈从于，而且肯定了模糊性、不完整性、重复性、协商性和偶然性的必要"。[52] 以这种方式接受不确定性，不应该被认为是放弃分析，而是恢复责任。正如伊曼纽尔·列维纳斯（Emmanuel Levinas）和雅克·德里达（Jacques Derida）等欧陆哲学家所言，责任取决于"对不可径直决定的承认，对超出概念化事物的回应或开放"[53]。因此，意义必然超越理解，承认这一点是责任的开端；正是这种放弃使分析能够产生决定，决定能够产生行动，行动能够产生后果。功利主义试图扭转这一顺序，将人类责任定义为可以进行结果评估的责任。屈服于这种看似自我执行程序的诱惑可能是巨大的，特别是当更诚实的遭遇会使我们面对永远无法合理化的痛苦时。

要诚实地与其他生命形式相遇——包括我们选择称为人类的生命形式——我们必须对它们存在的无限可能性保持开放。我们必须重新唤醒一种原始的敬畏感和对他人存在的未知，这种敬畏感和未知注入了对我们无法履行的责任的认识，而不是对完全可以达成的思想和行动方案的渴望。我们的重新认识必须超越辛格关于自由主义正义项目不稳定的历史批判，而必须接受列维纳斯的伦理学作为第一哲学的更多革命性见解。休谟或边沁等哲学家致力于通过将本体论置于伦理学和政治之前来预设他者的命运，与这些哲学家的做法不同，列维纳斯试图将伦理学作为所有系统思想的基础。具体而言，他试图唤起对他者不可知性的认识——"他者呈现自身的方式，超越了我身上的他者观念"[54]——并将这种超越性作为一切主体性的基础。在列维纳斯的论述中，我们并不是作为已经具备了理性和话语能力的自我占有的自由主体进入世界，如果我们碰巧遇到值得考虑而非统治的众生，就可以自愿决定正义关系。相反，我们在进入意识时，已经被他人的目光所裹挟，已经被置于无限的伦理要求之下。

---

[52] David Wood, The step back: ethics and politics after deconstruction 4 (2005).

[53] David Wood, The step back: ethics and politics after deconstruction 139 (2005). 至少一位有哲学倾向的经济学家提出了类似的看法。See Brian J. Loasby, Knowledge, Institutions and Evolution in Economics 12 (1999) ("观察到如果没有'责任'或其他手段'通过非逻辑过程强加闭合'，就不会做出决策")。

[54] Simon Critchley, The Ethics of Deconstruction: Derrida and Levinas 5 (2d.ed., 1999) (quoting Levinas).

对列维纳斯来说，主观性始于对另一个人的认识，这种认识使我在对他者的责任中个人化。[55] 他者的面孔无言地发出一个最基本的命令——"不要杀我"，并将我们唤醒：在这个世界里，我们不可避免地辜负了自己最基本的责任。在那一刻之前，我们的意识只是对生命无限价值的共同意识；之后，正如我们所看到的，我们的意识倾向于否认无限性，而是认可那些似乎将生与死合理化的思想体系和决策程序。因此，在列维纳斯看来，必须从根本上重构道德哲学和政治哲学，使我们永远不否认无限的价值，使我们在他者不可满足的要求面前不断地、庄严地承认自己的失败。[56] 回到第一章所阐述的规范伦理理论谱系，我们可以说，将理解主体的元伦理任务与选择一种有说服力的伦理理论来指导这种被理解的主体的行为这一任务分离，列维纳斯也会同意这一分离的重要性。不过在列维纳斯的渲染中，伦理主体是被发现的，而不是被建构或分析的，他睁开眼睛看到的是一种独特的个人责任，这种责任已经超越了任何理论化的伦理学或政治的内容。

这种与他者的个人化相遇不应该被认为发生在世俗的时间里。早在现代社会想象成为我们理解世界的协同镜头之前，我们就已经熟悉了神圣或英雄时间的概念，用列维纳斯的话说，它并没有"以线性方式进行时间化，并不像意向性的射线那样直截了当"[57]。列维纳斯的伦理学时间不是对行为与结果的线性展开，它几乎排除对因果关系的考虑，而只是"通过进入与他者关系的伦理冒险而绕道而行"[58]。由于这种"迂回"，他者发出的责任呼吁不必视为来自任何特定的依赖者，如同胞、当代人代表或人类成员。事实上，这些概念的每一种区分都预设了对他者的某种本体论分类，因而无法对他者保持开放性。先于伦理学和政治的本体论是暴力的，任何利用这些同样知识手段来促进对他者尊重的努力都将是自我限制的。绝对的改变反而要求绝对的开放。因此，对责任的呼唤应该听到从世俗时

---

[55] Jacques Derrida, Adieu to Emmanuel Lévinas 7 (Pascale-Anne Brault & Michael Naas trans., 1990) (quoting Levinas).

[56] Simon Critchley, The Ethics of Deconstruction: Derrida and Levinas 48 (2d. ed., 1999) ("伦理学开始于与一个奇异他者的关系，他者使我受到质疑，然后，也只有在那时，才使我进入理性和正义的普遍话语。政治学始于伦理学").

[57] Emmanuel Levinas, Time and the Other 33 (Richard A.Cohen trans., 1987).

[58] Emmanuel Levinas, Time and the Other 33 (Richard A.Cohen trans., 1987).

间之外的面孔发出的声音。例如，它是由《易洛魁民族宪法》(*Iroquois Nations Constitution*)中提到的那些面孔发出的，这些面孔"尚在地表之下——未来民族的未出生者"[59]。它的问题来自全球范围内发生的看不见的自然灾害的受害者，在亚当·斯密著名的中国地震的例子中，这些受害者仅仅由于他们在地理上所处的位置而在传统上被认为不属于道德关注的范畴。[60]

尽管列维纳斯本人在这个问题上摇摆不定，但责任的呼唤甚至应该从动物的面孔发出，因为在名称和分类学之前的古代，这种生命形式并没有被关于能力或我们责任的哲学预设所掩盖。[61] 一旦被命名，动物就会被对象化，并以福利经济学所预设的方式被占有、交换和消费。然而，在对象化之前，只是一种生命的凝视。这种凝视并不神秘：任何一个被动物猝不及防地盯着的人——也许在一次徒步旅行中发现自己被麋鹿盯上了，而麋鹿在他们走近之前很久就看到了他们，或者也许像德里达一样，只是在洗完澡后发现自己赤身裸体地站在家猫面前，感到一种被一个沉默的他者看到的迷惑感——都会和德里达的反应一样，"没有什么能从我这里夺走我

---

[59] lroquois Nations Constitution, Tree of the Long Leaves §L1, reprinted in Arthur C. Parker, The Constitution of The Five Nations 38-39 (Iroqrafts Ltd.1991) (1916).

[60] 这段话是这样说的："让我们假设中国这个伟大的帝国，与它无数的居民一起，突然被一场地震所吞没，并让我们考虑一位富有人性的欧洲人在收到这个可怕灾难的情报后会受到怎样的影响。我想，他首先会对这个不幸民族的遇难表示非常强烈的悲哀……当所有这些美好的哲理都结束了，当所有这些人性的情感都被公平地表达出来了，他就会像没有发生过这样的事故一样，以同样轻松和平静的心情去追求他的事业或快乐，去休息或消遣。……如果他明天失去了他的小手指，他今晚会睡不着觉；但是……尽管亿万同胞毁灭而自己有着最深刻的安全感，他将安然入睡……" Adam Smith, The Theory of Moral Sentiments 136 (bk.Ⅲ, ch.3, §4) (D.D.Raphael & A.L.Macfie eds., 1976).

[61] Jacques Derrida, The Animal That Therefore I Am (More to Follow), 28 Critical Inquiry 369, 392 (David Wills trans., 2002) ("动物是一个词，它是人们设立的一个称谓，是他们通过给予另一种生物名称而赋予自己权利和权力")。尽管对列维纳斯的著作可以进行更包容的解读，但大多数评论家认为他的伦理学仍然局限于人类，尤其是考虑到其后期著作，哲学家强调了主体不可侵犯的原创能力与主体发声的决定性之间的对比——用列维纳斯的术语，就是在"说"(Saying)与"已说"(Said)之间对比。See, e.g., Matthew Calarco, The Question of the Animal From Heidegger to Derrida 55 (2008). 事实上，德里达称这是"一个值得认真关注的问题"，在列维纳斯对面对面关系的建构中，"他是在说人"。Jacques Derrida, The Animal That Therefore I Am (More to Follow), 28 Critical Inquiry 369, 381 (David Wills trans., 2002).

们所拥有的一种拒绝被概念化的存在的确定性"[62]。也就是说,无数哲学家"没有考虑到他们称之为动物的东西可以从下面,从一个完全不同的源头看着他们,并向他们讲话"[63],与这些哲学家不同,赤身裸体地被他的猫盯着的人禁不住回忆起远古时代,没有主体与客体、人与物的区别。他不能不承认,哪怕只是一瞬间,他面前的动物——从自己的有利位置看他的动物——有一个有利的位置,一个不能被简化为一个名称、一个描述,或者一个存在层次中的位置。因此,他禁不住和德里达一起问道:"在名字之前,谁是首先出生者?彼此看见的生命中哪一个在很久之前就来到了这个地方?谁将是第一个占领者,从而成为主人?谁是主体?长久以来,谁仍然是专制者?"[64]

*

正如马修·卡拉尔科(Matthew Calarco)所指出,对非人类生命道德地位的传统哲学方法的基本缺陷在于它对问题的构思:它的"着手方式就好像道德考虑的问题是一个应许最终答案的问题",而不是在列维纳斯的意义上,从"任何东西都可能以某种面孔出现"的可能性出发,而且"我们还必须永远保持这种可能性"。[65] 通过将伦理学置于本体论之前——通过将自我存在的开始置于承认他者不可知但无可非议的需要的时刻——列维纳斯否定了主体的哲学自满立场。在这方面,与康德启发的动物权利方法的区别是微妙而重要的。主体性并不是基于对他者持有与我们的可考量标准相一致的观点的评估而分配给他者的。相反,主体性是以一种刺耳的责任感的形式分配给我们的,这种责任感先于自我意识,是一种既不能被约束也不能被满足的责任。那个分配的时刻就是我们的破坏性觉醒;它

---

[62] Jacques Derrida, The Animal That Therefore I Am (More to Follow), 28 Critical Inquiry 369, 379 (David Wills trans., 2002).

[63] Jacques Derrida, The Animal That Therefore I Am (More to Follow), 28 Critical Inquiry 369, 382 (David Wills trans., 2002).

[64] Jacques Derrida, The Animal That Therefore I Am (More to Follow), 28 Critical Inquiry 369, 387 (David Wills trans., 2002).

[65] Matthew Calarco, The Question of the Animal From Heidegger to Derrida 71 (2008).

在丹麦神学家 K.E.罗格斯特鲁普（K.E.Løgstrup）称为"生命的主权表达"⑯ 的自发的关注他者中，永久地反复出现，并使我们自己回想那些主体间融合的时刻，当我们被它们所抓住时，对我们来说似乎是最明显、也许是唯一我们可以知道的真理。如果不对这些生命的主权表达保持一种开放的态度，我们就会全然失去寻求顾及他者的动力。如果不允许自己在这个意义上被他人痛苦的可能性击穿，伦理学就容易被简单主题化，政治就容易被合理化，甚至是最可怕的忽视和虐待被正常化。对他人的关怀变成了寻找道德可考量性的"正确"界线——不能在理性或经验上怀疑的界线——的问题，而不是公开体验无可否认的诉求问题。

在这一点上，我们可以听到经济学家朋友们敦促——也许比以往任何时候都更强烈——必须保持务实，并承认在如何分配有限资源方面不可避免的艰难选择。我们也应该听取这些其他人的意见：谈论无限的责任、无限的道德要求、无法超越他人的问题，确实存在着这样的危险，也就是使我们失去对我们所知事物的直接认识，失去对我们面前无数苦难受害者的认识。如果我们只是边读列维纳斯的文章边吃鹅肝，我们只会成功地将责任外包给知识分子的追求，无论这些追求多么深刻和抒情，都缺乏与世界肉身的有意义联系。相反，正如伍德所指出："必须从……可能与该存在物发生的进一步关系的类型方面来考虑一个对其负有无限不对称义务的他者，否则它就会变成一种纯粹的抽象关系。"⑰ 不过，重要的是，承认本体论在构建我们的伦理关系中的有限作用，这种让步并不意味着我们应该接受经济学家关于不可避免的权衡的话语，即仅仅通过将所有价值假定为一元和可交换的，一切都成为对其他东西的权衡。伦理学的基石不是经济

---

⑯ See generally K.E.Løgstrup, Beyond the Ethical Demand (2007).

⑰ David Wood, The step back: ethics and politics after deconstruction 68 (2005). 列维纳斯本人在多大程度上犯了这种过度抽象的毛病，是一个有争议的问题。例如，在西蒙·克里奇利的解读中，"伦理学并不是通过格言在形式和程序上的普遍性或对良知的某种诉求来调解对他者的义务；相反——这才是莱维纳斯真正具有挑衅性的地方——伦理学作为对他者的有形义务而存在，这种义务的形式就是感性"。Simon Critchley, The Ethics of Deconstruction: Derrida and Levinas 180 (2d.ed., 1999). 然而，对伍德来说，面对他者的不可知性，列维纳斯拒绝采取任何本体论上的捷径，这使得该方案过于缥缈，无法指导生活经验。See also Jürgen habermas, Between Naturalism and Religion 208 (Ciaran Cronin trans., 2008)（怀疑列维纳斯对面对面关系的理解能否作为法律义务的基础）。

学家的真理，即权衡是不可避免的，而是由列维纳斯出色复原的更古老真理，即"除了存在，人们可以在众生之间交换一切"[68]。福利经济学通过假设连存在都可以被同化到它的选择计算中来玷污这一真理；因此，在成本效益分析中，没有任何东西不被合理化，以表示一个生命的不可挽回的损失。福利经济学下的伦理关系必须分解为需要者的可识别利益或幸运者的利他偏好。这种做法是双重错误的，因为需要者的利益是不可知的，而幸运者甚至在表达偏好之前就已经负有义务。

为了诚实地承认环境法的他者——承认他们的面孔为面孔——我们最好支持赋予他们肉身的政策，将某些凡人的需求归于他们，这样我们就不能再从容地维持我们的模糊假设，即他们可以被视为复杂因果秩序中的另一个元素，只是在生存的大拍卖中被估价的另一个对象。绝对的相异性是否认行动方案能够真正尊重他人的存在、满足他们的需求或维护他们的权利的一个理由，但这并不是我们不实施那些我们认为能够帮助他们呼吸、喝水、进食和——如果我们继续努力——繁荣的方案的借口。

简言之，我们应该退一步，然后再踏步向前。

---

[68] Emmanuel Levinas, Time and the Other 42 (Richard A.Cohen trans., 1987).

第四部分 我们环境的未来

第八章　生态理性

　　就开放的理想和对不可知他者的回应做行为规范，并不容易；事实上，伦理学作为第一哲学的目的就是拒绝提供关于如何不辜负其他生命的存在所隐含的无限责任的纲领性建议，因为所有这样的建议都不可避免地会带来暴力。然而，从上一章中得出的关键点是，尽管我们永远不知道如何满足不可知的他者的无限伦理要求，但我们确实知道如何辜负它。当我们故意拒绝促成那些尽我们所能而知道的支持生命的必要条件时，我们就辜负了这种要求。因此，我们目前应该努力确保对土壤、森林、淡水和其他自然资源的可持续管理，我们应该寻求最大限度地减少破坏臭氧层、排放温室气体和其他我们认为会伤害生命的行为。我们应该做这些事情，不是因为我们的成本效益分析在适当剥离概念上的偏见之后证明他们是最优的，也不是因为我们受康德主义启发伦理学假定他们是保护一个新扩大的"目的王国"所必需的，最后，也不是因为我们的政治理论认定他们是假想的选择契约的主体，一旦将契约主体置于无知之幕，无论他们被人类称为"人"还是"猫"，都会被遮蔽。相反，我们应该这样做，因为我们经历了列维纳斯所说的"面孔的顿悟"（epiphany of the face），即承认对他者死亡的原始责任，这是所有主体性的开始，并由此延伸到所有伦理学和所有政治学的开端。[1]

　　本章试图通过研究最近关于如何最好地规范美国大型发电厂从邻近水道抽取冷却水的争论，使这些相当深奥的思想更加具体化。诚然，从第七章转变到这一讨论，是一个令人震惊的转变，从最抽象的欧陆理论转向最平凡的官僚计算游戏。然而这个练习是必不可少的。在本书中，讨论一直在理论与实践之间，在政治自由主义的高级教义与自由政治的低级教义之间，在密尔、边沁和西季威克的复杂功利主义与美国管理和预算办公室

---

[1] Emmanuel Lévinas, Totality and Infinity: An Essay on Exteriority 199 (1969).

(OMB）官员日常的福利主义之间自由移动。隐含的方法论前提是，人们无法可靠地将这些不同层次的分析相互隔离。即使有可能，这种隔离也不可取。正如阿尔弗雷德·诺思·怀特海（Alfred North Whitehead）对我们的提醒，我们必须不断地"回到具体的事物中去"，以确保我们的抽象理论既灌注入我们对世界的理解，也贯彻于世界基于我们理解的实践。② 在这方面，福利经济学理论与实践之间的落差令人震惊，这不仅是因为实际的政策决定是以低劣的福利经济学版本为前提，而且还因为它们披上了客观性和精确性的外衣，而这种外衣甚至几乎不适用于物理科学，更不用说像福利经济学这样具有道德含义的领域了。因此，本章的具体分析虽然在语气上有很大的不同，但其目的是补充第七章的哲学思考；具体来说，它的目的是要表明，这些思考的核心问题存在于每一项环境决策之中，无论它看起来多么狭窄或充满技术性。

*

发电厂和其他工业设施通常依赖从河流、湖泊和其他水道中取水，以处理其生产过程中产生的过多热量。所需水量巨大，一个大型工厂每天需要 5000 万加仑或更多的水，而美国所有设施每天需要的水总量达数十亿加仑。由此产生的环境影响也是巨大的。美国环保署估计，每年有超过 34 亿条鱼和贝类（以"1 龄当量"表示）被冷却水取水作业杀死：要么是被困于冷却水取水口结构的部件，因此遭受"疲惫、饥饿、窒息和除鳞"；要么是被吸入冷却水系统，因此遭受"物理影响""压强变化""绝对压力""热冲击"和"化学毒性效应"。③这两种被称为"撞击"和"卷吸"的死亡威胁，不仅影响到环保署在最近规则制定过程中可以定量估计的各种鱼类和贝类物种，而且还影响到某些濒危、受威胁和其他"特殊地位"的物种，如海龟、奇努克鲑鱼和钢头鳟鱼，以及处于水生食物链底部的大量浮游植物和浮游动物。对于所有这些损失，监管者只能对

---

② See Alfred North Whitehead, Science and the Modern World 201（1925）（1991）（认为，"真正的理性主义必须经常超越自身，回到具体事实以获得启示。"）.

③ Final Regulations to Establish Requirements for Cooling Water Intake Structures at Phase II Existing Facilities, 69 Fed.Reg 41, 576, 586（July 9, 2004）.

其可能性和影响进行粗略的预测,因为"种群动态和生态系统的物理、化学和生物过程极其复杂"④。

认识到这些信息方面的困难,国会在《清洁水法》第316(b)条中规定,"冷却水取水口结构的位置、设计、建造和容量应反映最大限度地减少不利影响的最佳可得技术"⑤。环保署第一次为实施这一最佳可得技术条款所做的规定,在1977年因程序原因受到行业质疑,此后,环保署于1979年正式撤销了该规范。⑥ 令人满怀希望的是,环保署在《联邦法规汇编》中为将来冷却水摄入规定保留了空间。⑦ 然而,在20世纪80年代不断变化的政治气候和该机构在其他联邦环境法规下监管责任大量积压的情况下,环保署放弃了制定第316(b)条规则的努力,将对冷却水取水结构的监管交由排污许可证签发机构逐案决策。⑧ 最终,面对环保组织的法律挑战,环保署于1995年签署了一项同意令,要求分多个阶段制定冷却水取水口规则。该机构于2001年12月18日完成第一阶段规则,涉及新设施,一般要求其达到基于所谓的"闭合循环冷却技术"的环境性能标准,在这一过程中,冷却水被循环使用,仅定期从邻近水道中补充,而不是不断抽取。尽管环保主义者提出了一种更严格的方法"干式冷却技术",该技术根本不需要取水,但第二巡回法院在2004年接受了环保署的结论,即这种技术的成本使其不能合理地"提供给工业界"。⑨

第二阶段涉及在政治上更为棘手的现有大型发电厂。美国环保署于2004年7月9日发布了这一阶段的最终规则,并提供了一系列复杂的合规选择,其中最重要的是环保署确定的一些撞击和卷吸性能标准。需要注意这些性能标准,因为它们标志着环保署拒绝使用闭合循环冷却技术作为

---

④ Final Regulations to Establish Requirements for Cooling Water Intake Structures at Phase II Existing Facilities, 69 Fed.Reg 41, 576, 586 (July 9, 2004).

⑤ 33 U.S.C.A.1326 (b) (2009).

⑥ See Appalachian Power Co.v.Train, 566 F.2d 451.457 (4th Cir.1977); National Pollutant Discharge Elimination System; Revision of Regulations, 44 Fed.Reg.32, 956 (June, 1979).

⑦ See Cronin v.Browmecr.898 F.Supp.1052, 1056 (S.D.N.Y.1995).

⑧ See Karl R.Ralbago, What Comes Out Must Go In: Cooling Water Intakes and the Clean Water Act, 16 Harv.Envtl.L.Rev.429.467 (1992).

⑨ See Riverkeeper, Inc, v.US.EPA, 358 F.3d 174, 181 (2d Cir.2004) (Riverkeeper I); Riverkeeper, Inc.v.U.S.EPA.475 F.3d 83, 9o (2d Cir.2007) (Riverkeeper II).

其他拟议保护措施的评估基准。尽管承认撞击和卷吸是"与使用冷却水进水结构有关的主要和独特类型的有害影响"[⑩],而且"闭合循环、再循环冷却(塔)……可以将撞击造成的死亡率降低98%也可以将卷吸造成的死亡率降低98%"[⑪],但环保署还是采用了环境效率较低的技术性能标准。它之所以这样做,是因为它选择"将清洁水法第316(b)条解释为授权EPA不仅要考虑技术,还要考虑其对冷却水取水的影响和收益"[⑫]。因此,该机构制定的性能标准要求的不是最大限度地减少撞击和卷吸的最佳技术,而是最能使减少撞击和卷吸的边际生态效益与这样做的边际经济成本相平衡的技术。[⑬] 这种以效益为导向的方法产生了巨大影响:环保署在其管制影响分析中估计,根据第一阶段规则,125个设施将完全不用采取任何撞击和卷吸控制措施。[⑭] 而且大多数设施并不会将撞击和卷吸减少到98%,而是只能将撞击减少30.9%—59.0%,将卷吸减少16.4%—47.9%。[⑮] 简言之,之所以称为"最大限度地减少不利影响的最佳可得技术",只是因为该技术产生了可以接受的成本效益比,而与其整体环境效益无关。

第二阶段的规则制定提供了一个宝贵的机会,以评估前几章提出的许多关于成本效益分析和更传统的环境法律与政策的比较优势的论点。由于环保署在第二阶段规则制定中采取了前所未有的方法,学者们现在的研究素材既有广泛的成本效益分析,也有基于技术的标准(如果环保

---

⑩ 69 Fed.Reg.41, 576, 598.

⑪ 69 Fed.Reg.41, 601. See also United States Environmental Protection Agency, Economic and Benefits Analysis for the Final Section 316 (b) Phase II Existing Facilities Rule, EPA-821-R-04-005, Feb.2004, at A2-5 ["闭合冷却系统……是保护生物免受(撞击和卷吸)的最有效手段"], available at http://www.epa.gov/waterscience/3i6b/phase2/econbenefits/final.htm.

⑫ 69 Fed Reg.41.576, 41.583.

⑬ See 69 Fed.Reg.41, 603 ("以合规备选方案和性能为指标,环保署在确定何种技术是现有设施的最大限度地减少不利影响的最佳可得技术时,对这些技术的国家成本与国家收益做了比较……")。

⑭ United States Environmental Protection Agency, Economic and Benefits Analysis for the Final Section 316 (b) Phase II Existing Facilities Rule, EPA-821-R-04-005, Feb.2004, at D1-1 (预测有200个设施"没采取守规行动",但注意到其中75个设施已经采用了封闭式循环冷却.)。

⑮ United States Environmental Protection Agency, Economic and Benefits Analysis for the Final Section 316 (b) Phase II Existing Facilities Rule, EPA-821-R-04-005, Feb.2004, at C3-2.

署在第一阶段规则制定中采取了直接的基于技术的方法，那么该机构就继续沿用这种标准）。正如本章所论证，环保署第二阶段的规则制定说明了成本效益分析的几个局限性，这些局限性在实践中还有待克服，甚至在某些情况下，原则上无法克服。最值得注意的是，1972年修订《清洁水法》时，实践挑战促使国会放弃了早先将管制措施与已证明的生态效益联系在一起的尝试，而这些挑战在今天仍然不可逾越。尽管在理解生态系统功能和环境影响货币化方法方面取得了许多进展，但将环境决策简化为经验技术的方案仍然存在严重缺陷。确切地说，没有人否认，作为决策过程的一部分，获取有关管制后果的信息是明智的。但是，将管制结果建基于如何使这些信息符合成本效益分析的形式，其明智性还没有得到证明。相反，就其界定来说，管制成本效益分析应处于更大的制度背景，而从这个制度背景来看，这种方法似乎是一种不切实际且往往是不合法的尝试，因其目的是在法律中体现一种特定的政治观点。成本效益分析得到其追随者的坚决支持，以至于他们甚至没有认识到它的规范性。

相比之下，基于技术的标准和其他传统的预防办法中所包含的简单启发式方法——实质上是"尽力而为"，表达了对保护人类生命和环境的伟大集体承诺，而不要求监管者满足无法实现的信息要求。[16] 在环境、健康和安全监管的常见情况下，与复杂的技术性成本效益分析相比，这种看似

---

[16] 正如理查德·斯图尔特（Richard Stewart）所说，对预防原则经常提出的一种解释是，对于具有不确定的环境、健康或安全威胁的活动，应要求所有支持者采用最佳可得污染控制技术。See Richard B. Stewart, Environmental Regulatory Decision Making Under Uncertainty, in 20 Res. In L. And Econ. 71, 78 (Timothy Swanson ed., 2002); see also Daniel Bodansky, The Precautionary Principle in U.S. Environmental Law, in Interpreting the Precautionary Principle (Timothy O'Riordan & James Cameron eds., 1994); Adam Babich, Too Much Science in Environmental Law, 28 Colum. J. Envtl. L. 19, 125 (2003)（"最佳可得技术的要求体现了像苹果派一样具有吸引力的政策判断。"); Howard Latin, Ideal Versus Real Regulatory Efficiency: Implementation of Uniform Standards and "Fine-Tuning" Regulatory Reforms, 37 Stan. L. Rev. 1267, 1283-1284 (1985)（指出国会在1970年代具有里程碑意义的立法中反复"选择强调及时预防伤害的必要性，而不是强调监管收益和成本之间的最佳平衡"); Thomas O. MCGarity, The Goals of Environmental Lgislation, 31 B. C. Envtl. Aff. L. Rev. 529, 538-545 (2004)（评论实例); Wendy E. Wagner, The Triumph of Technology Based Standards, 2000 U. Ill. L. Rev. 83（把现代环境时代减少污染的成功大部分归功于以技术为基础的标准)。早期重要的法院环境判决也强调了美国风险管制的预防基础。See Reserve Mining Co. v. E. P. A, ST4 F2d 492 (8th Cir. 1975); Ethyl Corp. v. E. P. A, 541 F. 2d 1, 28 (D. C. Cir. 1976)。

"原始"的管制办法反映出更大程度的实用智慧。在这个意义上,我们可以将其描述为"生态理性",[17] 这是认知心理学家开发的一个术语,用于描述在无法获得最优情况下的适应性明智启发式方法。由于基于技术的标准拒绝承认人类或环境的最优损害程度,因此,在生命的脆弱性造成无法满足的道德需求时,这些标准也对维持政治承诺的挑战很敏感。正如下文所解释,第316(b)条的最佳可得技术要求,就像其他看似"不合理"或"极端主义"的环境法规一样,体现了一种重要的表述智慧,因为它拒绝否认生命的不可替代性,也拒绝接受可以确定最优死亡量的功利主义概念。

*

在制定第二阶段规则的公开通告和评议期间,一位颇有影响力的环境经济学家罗伯特·斯塔文斯(Robert Stavins)无意中强调了成本效益分析的许多缺点。在他的公开评论中,斯塔文斯试图对环保署提出质疑,"环保署为支持(其最初提议的)规则而提供的经济分析存在严重缺陷、偏见和误导"[18]。在这位经济学家看来,环保署试图将其基于技术标准的利益货币化所犯的一系列"严重错误"使得"拟议的316(b)规则的审议过程完全成了一个骗局"[19] 这些错误不仅给环保署的结果带来"可怕的偏见",所支持的环境保护水平远远高于"正确的经济分析概念框架",而且似乎还冒犯了斯塔文斯本人。他在信件的最后强调,鉴于他"在过去十年中花费了大量的时间和精力"试图向环保署工作人员传授更可靠

---

[17] Cf. Gerd Gigerenzer, Heuristics, in Heuristics and the Law 17, 23 (Gerd Gigerenzer & Christoph Engel eds., 2006) ("启发法的合理性是外部的或'生态的'[即启发法在现实环境中的表现],而不是内部的。").

[18] Robert N. Stavins, Letter to Proposed Rule Comment Clerk—W-oo-32, Re: Comments on the Proposed Rule RIN 2040-AD62 Clean Water Act Section 316 (b) —National Pollutant Discharge Elimination System—Proposed Regulations for Cooling Water Intake Structures at Phase I Existing Facilities, EPA ICR no.2006.01, at 9 (July 19, 2002).

[19] Robert N. Stavins, Letter to Proposed Rule Comment Clerk—W-oo-32, Re: Comments on the Proposed Rule RIN 2040-AD62 Clean Water Act Section 316 (b) —National Pollutant Discharge Elimination System—Proposed Regulations for Cooling Water Intake Structures at Phase I Existing Facilities, EPA ICR no.2006.01, at 3 (July 19, 2002).

的经济方法,"审查这一分析并提出这些意见",对他来说是多么"令人失望、令人不安和最终痛苦"。[20]

环境保护局所谓的"伪"(bogus)[21]估值技术实际上代表了创新、对背景敏感的努力,以在法定框架内完成管理和预算办公室的管制影响分析任务,该框架在很大程度上拒绝了传统成本效益分析中所体现的狭隘福利主义世界观。国会在制定《清洁水法》第316(b)条的要求时所选择的措辞——"最大限度地减少不利影响的最佳可得技术"——不是偶然的。《清洁水法》包括一系列令人眼花缭乱的相关技术标准,每个标准都有微妙但明显不同的含义。例如,《清洁水法》第301(b)条要求环保署根据"目前可得的最佳可行控制技术"(BPT)为现有污染源制定初始排放限制。到1989年,环保署要用更严格的基于"经济上可实现的最佳技术"标准取代这些标准。与此相反,第306条要求对新污染源的排污限制是基于"最佳可得的示范控制技术(提供)最大程度的排污减量"。这些不同的标准对成本效益分析的可容许性有明显的不同影响。根据最初的BPT方法,管制标准可以明确比较合规成本和环境收益为前提。然而,对于第二代现有污染源标准和新污染源标准的制定,通常禁止环保署进行这种比较。

如果第316(b)条的语言与这些更严格标准的语言一致,那么环保署的冷却水进水结构规则就不能以成本效益平衡为前提。相反,该机构将被要求简单而直接地关注越来越有效的环境控制技术的可负担性,因为国会本身已经确定管制的好处足够广泛但难以量化,只需"最佳控制技术"就足够了。然而,在管理和预算办公室、斯塔文斯和行业评论者的干预下,环保署在发布最终的第二阶段规则时,将"可行"一词解读到《清洁水法》的冷却水取水口结构条款中,从而引入成本效益

---

[20] Robert N.Stavins, Letter to Proposed Rule Comment Clerk—W-oo-32, Re: Comments on the Proposed Rule RIN 2040-AD62 Clean Water Act Section 316 (b) —National Pollutant Discharge Elimination System—Proposed Regulations for Cooling Water Intake Structures at Phase I Existing Facilities, EPA ICR no.2006.01, at 31, 42 (July 19, 2002).

[21] Robert N.Stavins, Letter to Proposed Rule Comment Clerk—W-oo-32, Re: Comments on the Proposed Rule RIN 2040-AD62 Clean Water Act Section 316 (b) —National Pollutant Discharge Elimination System—Proposed Regulations for Cooling Water Intake Structures at Phase I Existing Facilities, EPA ICR no.2006.01, at 34 (July 19, 2002).

分析制度。[22] 环保署将第 316（b）条的最佳可得技术标准转变为 BPT 标准的这一相当厚脸皮的努力——这一努力最终得到了最高法院混乱的多数意见的支持[23]——是在该机构发起关于确定特定地点最佳可得技术的替代性分析方法的公开对话之后进行的。环保署提出的最重要备选方案包括三项测试："完全不成比例的成本测试"，即选择能最大限度地保护环境而不会产生成本与收益完全不成比例的替代技术；"明显更大的收益测试"，即选择既能最大限度地保护环境，又不会导致成本明显大于收益的替代方案；以及"收益应证明成本合理性的测试"，即选择能够实现最大社会净收益的备选方案。在这些备选方案中，前两种方案是对长期以来关于最佳可得技术测试的司法解释的变体，在这种情况下，如果所确定的最具保护性的技术所产生的环境效益明确地被合规成本所抵消，那么环保署就可以给公司一个逃生出口。此外，第三种选择是成本效益分析的直接应用。

在这些备选方案中，斯塔文斯（Stavins）自然只承认一个可行的候选方案："主流经济思维——从缅因到圣地亚哥，从迈阿密到西雅图，任何一所大学都在教授这种思维——指出这些备选标准中有且只有一个能够始终如一地导致符合一般社会利益的决策，即经济学中所谓的'效率条件'。"[24] 在斯塔文斯看来，其他的替代标准并不能确保环保署尊重卡尔多—希克斯效率测试，因此，它们"实际上保证社会决策不会改善福利，反而保证了选定的行动会使世界变得更加糟糕"[25]。在斯塔文斯论点的背后，有一个假设，即环保署运作的政策空间在信息上是丰富的，在概率上

---

[22] See 69 Fed.Reg.41, 603 ["第 316（b）条授权考虑这一举措的环境收益，即通过要求冷却水进水结构的位置、设计、建造和容量反映出现有的最佳经济可行技术，以最大限度地减少对环境的不利影响。"].

[23] See Entergy Corp.v.Riverkeeper, Inc, 129 S.Ct.1498 (2009).

[24] Robert N.Stavins, Letter to Proposed Rule Comment Clerk—W-oo-32, Re: Comments on the Proposed Rule RIN 2040-AD62 Clean Water Act Section 316 (b) —National Pollutant Discharge Elimination System—Proposed Regulations for Cooling Water Intake Structures at Phase I Existing Facilities, EPA ICR No.2006.01, at 8 (July 19, 2002).

[25] Robert N.Stavins, Letter to Proposed Rule Comment Clerk—W-oo-32, Re: Comments on the Proposed Rule RIN 2040-AD62 Clean Water Act Section 316 (b) —National Pollutant Discharge Elimination System—Proposed Regulations for Cooling Water Intake Structures at Phase I Existing Facilities, EPA ICR No.2006.01, at 8 (July 19, 2002).

是复杂的,这意味着该机构可以很容易确定使预期福利结果最大化的行动方案。斯塔文斯在他的评论中没有对以下可能性进行有意义的讨论,即缺乏必要的科学和经济信息来完成教科书式的效率分析,或者在认识论的不确定性和行政成本高昂的决策条件下,非最优的决策标准可能更加实用合理。因此,当经济学家写道,只有成本效益测试"按定义将始终如一地导出使世界变得更好的决策"[26]时,他没有承认,成本效益分析只是"按定义"如此,即通过先验假设,满足优化工作形式所需的信息既可获得又无成本。

就冷却水取水结构而言,这种假设完全没有道理。为了满足管理与预算办公室所要求的管制计算形式,环保署将一个复杂、高度不确定的政策决定化约为一个简单的问题,即为减少撞击和卷吸而投资多少"作为确定绩效的快速、确定和一致的指标"[27]。鱼类存活率的提高成为环保署分析中的主要决定因素,原因很简单,至少对于那些具有商业或娱乐价值的鱼类来说,该因素提供了一个容易量化和可货币化的生态效益。然而,正如该机构所承认的,冷却水取水口结构的潜在影响比直接死亡影响(本身只能粗略估计)要广泛和复杂得多:

除了重要的为人类提供食物和其他直接使用的物品之外,因(撞击和卷吸)而损失的生物对它们所处生态系统的持续运转至关重要。鱼类对于水生食物网中的能量转移、食物网结构的调节、养分循环、沉积过程的维持、底层基质的再分布、从水到大气的碳流调节以及水生生物多样性的维持都必不可少。被(撞击和卷吸)破坏的生态和公共服务的例子包括:

· 生态上关键、稀有或敏感的物种数量减少;
· 未被捕捞的热门物种数量减少(可能是因为渔场已关闭);
· 特殊状态(如受威胁或濒危)物种的数量减少;
· 外来或破坏性物种的数量增加,这些物种没有在(撞击和卷

---

[26] Robert N.Stavins, Letter to Proposed Rule Comment Clerk—W-oo-32, Re: Comments on the Proposed Rule RIN 2040-AD62 Clean Water Act Section 316(b)—National Pollutant Discharge Elimination System—Proposed Regulations for Cooling Water Intake Structures at Phase I Existing Facilities, EPA ICR no.2006.01, at 8 (July 19, 2002).

[27] 69 Fed.Reg.41, 576, 586.

吸）中损失的物种的竞争，生存良好；

- 破坏水生物种所利用的生态位和生态策略；
- 破坏有机碳和养分在食物网中的转移；
- 破坏通过食物网的能量转移；
- 当地生物多样性减少；
- 破坏捕食者与猎物的关系；
- 破坏物种的年龄等级结构；
- 自然演替过程的破坏；
- 扰乱了除渔业以外的其他公共用途，如潜水、划船和自然观赏，以及毁坏公众对健康生态环境的满意度。㉘

在环保署的经济分析中，这些不同的生态和公共服务没有得到货币化价值体现。事实上，正如该机构坦率承认的那样，即使是它对撞击和卷吸损失的关注也是非常不完整的，因为它只对影响商业和娱乐收益的损失进行了说明；因此，该机构"无法对第316（b）条第二阶段规则中所有商业、娱乐和饲料物种98.2%的1龄当量损失的收益进行货币化"㉙，因此，只有1.8%的这类环境收益被货币化。

即使是对于现有的冷却水影响的有限数据，环保署也警告说："由于……方法上的弱点，环保署认为，研究……只能用来衡量撞击和卷吸损失的相对程度。"㉚ 然而，这些研究为该机构的经济分析提供了原材料，而经济分析又拒绝干式冷却和闭合循环冷却技术，支持性能较差的技术。在制定规则的记录中，使用撞击和卷吸研究来衡量"相对程度"的建议也不是唯一未被注意的免责声明。该机构还在不同地方警告说，"仅依靠

㉘ United States Environmental Protection Agency, Regional Analysis Document for the Final Section 316（b） Phase II Existing Facilities Rule, EPA-821-R-02.2003, Feb.12, 2004, at A9-1, available at http：/www.epa.gov/waterscience/316b/phase2/casestudy/final.htm.

㉙ United States Environmental Protection Agency, Economic and Benefits Analysis for the Final Section 316（b） Phase II Existing Facilities Rule, EPA-821-R-04-005, Feb.2004, at C3-2；see also 69 Fed.Reg.41, 661（"该局的直接用途估值没有考虑到根据今天的规则估计将在全国范围内受到保护的其余98.2%的1龄当量水生生物的利益。"）.

㉚ United States Environmental Protection Agency, Case Study Analysis for the Proposed Section 316（b） Phase II Existing Facilities Rule, EPA-821-R-02-001, Feb.2002, at A8-1（emphasis added）, available at http//www.epa.gov/waterscience/316b/phase2/casestudy/.

估计的使用价值将大大低估第 316（b）条最终规则的效益"；"在分析中仍未被评估的生物提供了许多重要的生态服务，而这些服务并没有转为人类直接使用"；以及"在效益分析中没有纳入后者，因而总效益被低估了"。[31] 在其他地方，该机构提出一个明智的建议，即"比较完整的成本和不完整的收益并不能准确地反映社会的净收益"[32]，而且"忽视非使用价值确实有可能导致资源的严重误配"[33]。

尽管有这些多重、看似诚恳的声明，但环保署还是忍不住说："拟议的规则在五个所分析的监管方案中估计的净收益最大，为4.52亿美元。"[34] 因此，对冷却水取水口规则制定的一个重要反对意见集中在该机构的决策上，即允许成本效益分析在很大程度上影响环境绩效标准的最终选择，而分析本身却非常不完整和不确定。由于管制的许多积极影响都不在资产负债表上，该机构实际上没有什么理由相信成本效益分析所提供的结论是福利最大化。然而，正如其他情况一样，面对一个高度政治化、极度不确定和充满道德感的决策，似乎难以抵挡"客观"定量分析的承诺。这种认知上的诱惑在斯塔文斯的公开评论中表现得尤为明显。这位经济学家坚定地相信，监管者能够确定"保护目标资源的技术……直到增加保护所带来的增量收益刚好等于增加保护所带来的增量成本"[35]。由于在环境管制领域甚至很少接近这种经验上的先进性标准，因此必须对如何处理信息落差、科学不确定性、系统复杂性以及管制决策等其他数量上难以解决的特点，做出重要的政策判断。正是在这些判断方面，福利经济学家面临着混

---

[31] United States Environmental Protection Agency, Regional Analysis Document for the Final Section 316 (b) Phase II Existing Facilities Rule, EPA-821-R-02.2003, Feb.12, 2004, at A9-8.

[32] United States Environmental Protection Agency, Economic and Benefits Analysis for the Final Section 316 (b) Phase II Existing Facilities Rule, EPA-821-R-04-005, Feb.2004, at D1-5.

[33] 69 Fed.Reg.41, 576, 41, 660 (quoting Myrick Freeman).

[34] United States Environmental Protection Agency, Economic and Benefits Analysis for the Proposed Section 316 (b) Phase II Existing Facilities Rule, EPA-821-R-02-001, Feb.2002, at D1-4, available at http://www.epa.gov/waterscience/316b/phase2/econbenefits/.

[35] Stavins, Letter to Proposed Rule Comment Clerk—W-oo-32, Re: Comments on the Proposed Rule RIN 2040-AD62 Clean Water Act Section 316 (b)—National Pollutant Discharge Elimination System—Proposed Regulations for Cooling Water Intake Structures at Phase I Existing Facilities, EPA ICR no.2006.01, at 10 (July 19, 2002).

淆"个人意见"和"专业知识"的风险㊱——这是斯塔文斯声称在一位不同意他的乐观方法的评论者的公开评论中看到的重大失误。同样是关于这些判断，预防进路的目的是在风险管制中发挥民主的作用，使正式决策中不可避免的落差、冲突和含糊不清问题得到更广泛的讨论。㊲

这些经济分析在政策制定中作用的混乱也体现在斯塔文斯和环境经济学家弗兰克·阿克曼（Frank Ackerman）之间关于"非使用"价值——仅仅归因于一个物种在世界上存在的事实，而不是被人类娱乐、饮食或其他工具性使用的价值——是否应该由环保署来评估的意见分歧中。阿克曼从预防的背景假设出发，即关于环境的一切有价值东西都可以通过目前人类的理解模式来辨别、剖析和量化，主张尽管方法不完美但还是要试着量化和货币化各种生态影响，而不仅仅是简单地减少商业和娱乐价值鱼类的死亡率。例如，通过对环境背景下使用和非使用价值研究的文献回顾，他指出，各机构可以依靠一个简单的假定比例来给出非使用价值的近似数字估值，即每1美元的使用收益相当于2美元的非使用收益。㊳ 这个比例与环保署惯用的"50%规则"形成对照，后者将非使用收益设定为使用收益的一半，但阿克曼认为该规则是基于过时的研究。然而，无论最终选择何种启发式方法，阿克曼最基本的观点是，环保署应该"避免将有效值设

㊱ Robert N.Stavins, Letter to Water Docket ID No.OW-2002-0049, Re: Comments on Proposed Rule RIN 2040-AD62; Notice of Data Availability Clean Water Act Section 316（b）——National Pollutant Discharge Elimination System—Proposed Regulations to Establish Requirements for Cooling Water Intake Structures at Phase II Existing Facilities, at4（Apr. 21, 2003）; see also Stavins, Letter to Proposed Rule Comment Clerk—W-oo-32, Re: Comments on the Proposed Rule RIN 2040-AD62 Clean Water Act Section 316（b）—National Pollutant Discharge Elimination System—Proposed Regulations for Cooling Water Intake Structures at Phase I Existing Facilities, EPA ICR no.2006.01, at 2（July 19, 2002）（声称阿克曼提出的观点"将方法问题与关于环境资源效益的个人价值判断杂糅在一起，从而造成混淆"。）.

㊲ See, e.g., James Cameron, The Precautionary Principle in International Law, in Reinterpreting the Precautionary Principle 113, 119（Tim O'Riordan, James Cameron & Andrew Jordan eds., 2001）（"明确指出科学决定的局限性，预防原则使公众对这些问题的政治决定合法化，在某种意义上还使国际环境法及其实施民主化。"）.

㊳ Frank Ackerman, Comments on Proposed Rule, RIN 2040-AD62 Clean Water Act section 316（b）—"National Pollutant Discharge Elimination System—Proposed Regulations for Cooling Water Intake Structures at Phase II Existing Facilities," EPA ICR no.2060.01, Aug.1, 2002, at 11-13.

定为零,即便该机构没有时间或资源详细分析价值类别"㊴。任何其他方法都不符合《清洁水法》的环境预防目的。

与此相反,斯塔文斯认为关于使用与非使用价值比率的文献不足以支持决策的定量评估。由于阿克曼所回顾的文献涉及各种各样的环境和自然资源问题,而不是针对冷却水取水口影响这一具体问题,因此,斯塔文斯认为,这些研究没有提供"证据表明,鉴于与拟议的法规相关的环境改善,非使用价值应该是何种具体的量度"㊵。通过要求对非使用效益和其他生态影响进行原始、详细和明确的估值研究,并在没有此类研究的情况下拒绝赋予任何非零价值,斯塔文斯的方法将隐含的举证责任分配给监管机构,由这一责任可预想到偏向不利于环境保护的决定。在大学象牙塔中,这种精确性可能是合适的,学者们旨在通过将福利经济学描绘成"基于既定经济理论和实证研究的收益成本分析的客观实施"㊶来增强它的科学性。然而,在决策的现实世界中,决策必须在掌握了全面知识之后才能做出。斯塔文斯没有为他的隐含断言辩护——这种不可避免的不确定性必须被解释为对环境不利——这是一个令人惊讶的遗漏,因为国会通过《清洁水法》实施最佳可得技术标准,似乎是在立法上提出了一个更具预防意义的假设。㊷ 然而,

---

㊴ Frank Ackerman and Rachel Massey, Comments on Notice of Data Availability, EPA 40 CFR Part 125 Clean Water Act section 316 (b) "National Pollutant Discharge Elimination System—Proposed Regulations for Cooling Water Intake Structures at Phase II Existing Facilities", Notice of Data Availability, Mar.19, 2003, June 2, 2003, at 4.

㊵ Robert N.Stavins, Letter to Water Docket ID No.OW-2002-0049, Re: Comments on Proposed Rule RIN 2040-AD62; Notice of Data Availability Clean Water Act Section 316 (b) -—National Pollutant Discharge Elimination System——Proposed Regulations to Establish Requirements for Cooling Water Intake Structures at Phase II Existing Facilities, at 3 (Apr.21, 2003).

㊶ Robert N.Stavins, Letter to Water Docket ID No.OW-2002-0049, Re: Comments on Proposed Rule RIN 2040-AD62; Notice of Data Availability Clean Water Act Section 316 (b) -—National Pollutant Discharge Elimination System——Proposed Regulations to Establish Requirements for Cooling Water Intake Structures at Phase II Existing Facilities, at 2 (Apr.21, 2003).

㊷ 围绕着是否假设被吸入冷却水系统的鱼的存活率问题,也出现了类似的混乱。尽管一些证据表明,并非所有被卷吸的鱼都会死亡,但环保署的结论是,证据过于不确定和零散,无法支持任何具体的存活率;因此,该机构假设存活率为0,这一假设引发了行业评论员的强烈批评。然而,正如第二巡回法院所说,"在不确定的情况下,环保署有自由裁量权来做决定,而且最好给数值一个保守的估计,而不是在另一边犯错。" Riverkeeper II, 475 F.3d at 127 (quoting Am.Iron & Stel Inst.v EPA, 115 F.3d 979, 993 (D.C.Cir.1997).

斯塔文斯的评论达到了他们所期望的效果：鉴于环保署甚至因为谨慎使用50%的比率来评估非使用效益而受到了强烈批评，该机构最终没有确定任何数值。[43]

对环保署做法的第二个也可能是更重要的一个反对意见，集中在采用管制成本效益分析的机会成本上。如上所述，斯塔文斯在他的整个评论中忽略了环境法的一个决定性特征，即它要求社会在对这些选择的后果有彻底和可靠的信息之前就做出选择。因此，按照环境法律和政策的预防性进路，管制决策不应仅仅对现有信息做出反应，还应积极干预产生信息的过程和机构。例如，通过认真分配和管理举证责任，监管者能够调动公司和其他私人行为者的信息生成资源，为公众的环境愿望服务。将识别、量化和货币化市场活动的潜在不利影响的责任放在监管者身上，成本效益分析就失去了一个利用激励措施、处罚违约和其他管制策略直接推进信息目标的宝贵机会。这种机会在环境管制方面尤为重要，因为正如公共选择理论所预言，在行政规则制定过程中，被管制群体通常比非政府组织和其他公共利益代表有更好的表述和更好的资源。[44]

*

关于冷却水取水过程中无数复杂的环境影响，即便假设环保署确实掌握了可靠而全面的信息，根据成本效益分析，环保署仍然需要将这些影响转化为货币价值，以便能够与保护技术的预期成本进行量化比较。如上所述，在设计第二阶段规则时，环保署只关注"撞击和卷吸的减少，将其作为确定绩效的快速、确定和一致的指标"[45]。此外，只有在撞击和卷吸的减少可能影响可识别商业和休闲价值的鱼类收益时，才对其进行估值。[46] 这种衡量标准的选择对环保署来说是有用的，因为它使该机构避免了难以解决的评估问题，而这些问题会伴随着对受冷却水取水过程影响的

---

[43] 69 Fed.Reg.41, 576, 41, 624.

[44] See Amy Sinden, In Defense of Absolutes: Combating the Politics of Power in Environmental Law, 90 Iowa L.Rev.1465 (2005).

[45] 69 Fed.Reg.41, 576, 41, 586.

[46] 69 Fed.Reg.41, 624.

受威胁或濒危物种的解释。㊼ 事实上，将重点放在撞击和卷吸的减少，因其是衡量"减少环境影响的控制措施之功效的方便指标"㊽，而整个方法似乎是为了确保该环保署已经满足了成本效益分析的量化和货币化要求，而不管该机构计算中所包含的后果主义视角下的实际份额如何。

在分析的早期阶段，环保署坦率承认，环境经济文献中现有的估值技术只关注人类对生态系统的干扰所带来的最容易理解和量化的影响，往往低估了环境保护的效益。因此，该机构试图用一种环境保护间接价值衡量方法来弥补其初步分析的不足，即探究取代一个功能健全的生态系统所提供的各种商品和服务的成本是多少。传统的估价技术根据对环境资源果实的货币价值的评估来讨论环境资源是否值得保存，而环保署的"生境替代成本"（Habitat Replacement Cost，HRC）方法则根据开发替代产生这些果实的环境资源的难度和成本来讨论这些果实的价值。前一种方法反映了需求方对环境价值的评估，其依据是个体愿意为保护分离的环境商品和服务而支付的金额；后一种方法则是供给方对环境价值的评估，其依据是社会为在相互关联的生态中替代这些环境商品和服务而需要花费的金额。

斯塔文斯强烈谴责 HRC，认为它是"一种完全不合法的分析方法"，"本质上是矛盾的、完全无效的"。㊾ 在斯塔文斯看来，HRC 方法混淆了环境成本和收益，犯了"经济学中最严重的错误"。㊿ HRC 的估算主要是假设环境保护的对象是一种独特的资本资源，它能产生有价值的商品和服务，而这些商品和服务的价值只能通过探究开发一种能产生同样商品和服务的替代资源的成本来确定。在斯塔文斯看来，这种方法是错误的，因为

㊼ 69 Fed.Reg.41, 587（注意到受威胁、濒危和其他特殊地位的物种可能受到冷却水抽水行为的影响，并举例指出，"有 3200 只受威胁或濒危的海龟进入佛罗里达州圣卢西核电站的封闭式冷却水进水渠道"）.

㊽ 69 Fed.Reg.41, 612.

㊾ Robert N.Stavins, Letter to Proposed Rule Comment Clerk—W-oo-32, Re: Comments on the Proposed Rule RIN 2040-AD62 Clean Water Act Section 316 (b) —National Pollutant Discharge Elimination System—Proposed Regulations for Cooling Water Intake Structures at Phase I Existing Facilities, EPA ICR no.2006.01, at 3, 15 (July 19, 2002).

㊿ Robert N.Stavins, Letter to Proposed Rule Comment Clerk—W-oo-32, Re: Comments on the Proposed Rule RIN 2040-AD62 Clean Water Act Section 316 (b) —National Pollutant Discharge Elimination System—Proposed Regulations for Cooling Water Intake Structures at Phase I Existing Facilities, EPA ICR no.2006.01, at 3, 15 (July 19, 2002).

管制成本效益分析的重点是环境资源是否值得保护。也就是说，斯塔文斯认为，与其仅仅假设社会必须拥有清洁的水、生物多样性以及其他各种从完好生态系统（或其构建的替代物）中流淌出来的商品和服务，不如说监管者必须估算出个人为了获得这些特定商品和服务而愿意支付的货币金额。在这种观点中，没有任何一种资源——无论是鱼类、淡水，还是人类的生命——被认为是足够重要或不可替代，从而可以避免受到生产性转换。

这种观点让人想起传统环境经济学家与生态经济学家之间存在的更为普遍的理论区别：前者倾向于将所有自然和人为资本视为可替代的资本，而后者则认为许多自然资源和生态系统服务实际上是不可替代的。至少在这一点上，国会站在了生态经济学家一边。《清洁水法》的目标是恢复和维持"国家水域的化学、物理和生物完整性"。[51] 目标不是将这些水域仅仅视为偶然资源，为了促进抽象、无差别的福利最大化，可随时受到损害或牺牲。就此而言，《清洁水法》也并不特别。如前几章所述，理解环境法项目的一种方式是努力确定环境要素——如特定物种、生境、生态系统或全球大气过程——对人类福祉足够重要，或其本身就足够值得赞美和尊重，从而使其脱离工具主义交易的范畴。

尽管如此，在斯塔文斯看来，价值仍然是一个坚定不移的一元化概念。"从经济学的角度来看，某种行动的利益相当于受影响的人类对该行动或结果的支付意愿的总和。"[52] 在这一视角下，世界上一切有价值的东西都可以很容易量度，因为根据假设，价值仅表现为人类个体的偏好，体现为个体表达出来的可衡量的支付意愿。这种价值一元论倾向在环保署对交易项目的草率设计中也显而易见，环保署将交易项目作为企业在最终的第二阶段规则下的额外合规选择。根据这种激进的可量度方法，允许企业从其他公司购买降低环境影响的信用额度，这就相当于购买了合规义务。[53] 有趣的是，环保署并不认可这种交易计划所隐含的"可比性和实施

---

[51] 33 U.S.C.A. § 1251 (a); see also Rapanos v. United States 547 U.S.715 (2006).

[52] Robert N. Stavins, Letter to Proposed Rule Comment Clerk—W-oo-32, Re: Comments on the Proposed Rule RIN 2040-AD62 Clean Water Act Section 316 (b)—National Pollutant Discharge Elimination System—Proposed Regulations for Cooling Water Intake Structures at Phase I Existing Facilities, EPA ICR no.2006.01, at 17 (July 19, 2002).

[53] 69 Fed.Reg.41, 576, 610.

上的挑战"。环保署认为,"目前无法充分肯定这种交易量化对生态系统功能、群落结构、生物多样性和遗传多样性的潜在影响,尤其是存在受威胁和(或)濒危物种的情况下"[54]。然而,相同的挑战也适用于对冷却水进水结构进行成本效益分析的尝试,因此,环保署在进行这种分析时也会犹豫不决。

除了这些实际问题外,福利经济学的价值一元论还必须应对生态经济学家更基本的概念性反对意见,即支付意愿的估值措施混淆了收入和资本、流量和存量、现在和未来的差别。正如第六章所述,从严格的福利经济角度来看,只有在预期的收益能证明其成本合理的情况下,渔业管理才是可持续的。如果"清算"(liquidating)渔业并将货币收益再投资于其他比可持续利用更高净现值的领域,那么在福利经济学的价值一元论中,没有任何理由反对这种清算。另外,将自然资源定性为资本货物或存量,表明了其不可替代的代际性。正如第六章所说,最大可持续产量这一直观、吸引人的标准,从根本上说,代表了一种关于代际分配公平的规范性判断:渔业产量的价值被认为足够大且独特,值得保留基本资本存量,从而不论可持续管理所隐含的机会成本如何,年流量都应继续保持下去。

对于冷却水取水口规则的制定,其基本的概念问题是:环保署只计算最终捕获上来的鱼类价值,是否低估了鱼类的商业和娱乐价值。从生态经济的角度来看,未捕获的鱼也应该被记为有价值,因为它们构成未来鱼类生长的种群,包括那些后来登记在环保署收益计算中将捕获的鱼。而将自然资本视为一种纯消耗品,可能会导致一种状况:即使它不能确保可持续性,也认为是有效的。就像福利最大化模型能够促进福利甚至使未来人类灭绝一样,环保署只关注捕获的鱼类,忽视了这些鱼类所在的基础社群的健康。考虑到国家渔业的严峻状况,这个概念性问题在环保署的决策中本应发挥更突出的作用。甚至环保署也承认:"一些估计撞击和卷吸对主要商业或休闲鱼类种群影响的研究预测种群数量将大幅下降。"[55] 同样,尽

---

[54] 69 Fed.Reg.41, 576, 610.

[55] National Pollutant Discharge Elimination System——Proposed Regulations to Establish Requirements for Cooling Water Intake Structures at Phase II Existing Facilities, 67 Fed. Reg. 17, 122, 138 (proposed Apr.9, 2002). 例如,一项使用保守的卷吸生存假设的研究估计,在哈德逊河口,仅仅由于三个发电厂的卷吸,每年将失去多达20%的条纹鲈鱼、25%的海湾凤尾鱼和43%的大西洋小鳕。See 69 Fed.Reg.41, 576, 610.

管有证据表明，受威胁、濒危和其他“特殊地位”的物种遭到冷却水抽水行为的危害，但环保署的管制影响分析中没有量化这些物种的价值。此外，该机构确实对受威胁和濒危物种进行了价值评估的尝试，只不过是以个体对物种生存的偏好为基础，将物种保护作为一种投资决策。从这个角度来看，某些有魅力的物种，如蠵龟，可能会因为其作为摄影对象和其他间接用途的非消耗性高价值而得到较高估值，而更多“默默无闻的物种”将被归入“纯粹的非使用价值”这一声名狼藉的难以估值的类别。(56) 虽然比起环保署最终压根没有将濒危和受威胁物种的影响记入贷方，这种投资（估值）方案要更可取，但它还是未能认真对待灭绝作为一种集体行为的可怕性。就像曾经的大鱼种群不可逆转的枯竭一样，物种灭绝是一种位于纯世俗时间之外的事迹。一旦这些种群和物种消失，它们就会灭绝。因此，正如第六章所解释，建立适当保护标准所面临的挑战不是如何最大限度地提高分配效率——从假定属于当代人的资源中榨取最大的净现值——而是如何确定，作为一个代际分配公平的问题，这些资源是否应该继续为后代人的利益服务……甚或为他们自己的利益服务。

*

由于环保署最终认为有必要放弃其保守的50%非使用价值估算规则和生态系统价值的HRC衡量标准，(57) 该机构最终只捕捉到冷却水取水口管制价值的一个非常局部的情况，因此该机构确实提出了它所称的“盈亏平衡分析”，该分析说明，为了使该规则的成本与收益相等而需要对损失的生态影响进行总的和人均的年度估值。这种方法——基本上允许政策制定者及其公众检查《清洁水法》预防任务所隐含的生境保护价值，并扪心自问：“值得吗?”——与另一种估值技术有一定的关联，环保署在严厉的公众评论后被迫放弃了这种技术，即“社会显示偏好”（societal revealed-preference）方法。按照这种方法，该机构检查了与先前政府行动

(56) United States Environmental Protection Agency, Regional Analysis Document for the Final Section 316（b）Phase II Existing Facilities Rule, EPA-821-R-02.2003, Feb.12, 2004, at A13-12, available at http: /www.epa.gov/waterscience/316b/phase2/casestudy/final.htm.

(57) 69 Fed.Reg.41, 576, 624-25.

有关的社会已承担的合规成本水平,这些政府活动试图获得依第316(b)条制定的规则所能促进的生态效益。与该机构的人类资源中心和盈亏平衡分析一样,尽管生态效应具有很大的不确定性,但社会显性偏好方法代表了一种创新的方式,以回应管理与预算办公室对有关第二阶段规则的成本效益量化、货币化信息的要求。

然而,与HRC相比,斯塔文斯对社会显示偏好方法更不满意:"与HRC方法一样,这种方法在经济理论中没有任何基础,不被经济学家接受为合法的实证估价方法,只不过是一种成本分析方法,被错误地计入分类账目的收益栏。"[58] 斯塔文斯不厌其烦地特别强调,在他看来,"所提出的方法不是显示偏好方法"[59]。事实上,他抱怨说:"社会显性偏好概念是对显性偏好概念的彻底腐化。"[60] 通过这些评论,斯塔文斯再次坚持无情的价值一元论,责备环保署和阿克曼等论者相信"政府做出的选择可以像个人选择一样,可以客观地建立有效的效益衡量标准"[61]。

关于社会显性偏好方法的争论具有启发性,因为它在一个离散的环境中提出了马克·萨格夫(Mark Sagoff)在其经典的成本效益分析批判中提出的基本规范性问题:毕竟,允许公共物品的价值从作为公民采取集体行动以保护这些物品的社会意愿中产生,有什么问题?简单地允许个人通过

---

[58] Robert N.Stavins, Letter to Proposed Rule Comment Clerk—W-oo-32, Re: Comments on the Proposed Rule RIN 2040-AD62 Clean Water Act Section 316 (b) —National Pollutant Discharge Elimination System—Proposed Regulations for Cooling Water Intake Structures at Phase I Existing Facilities, EPA ICR no.2006.01, at 3 (July 19, 2002).

[59] Robert N.Stavins, Letter to Proposed Rule Comment Clerk—W-oo-32, Re: Comments on the Proposed Rule RIN 2040-AD62 Clean Water Act Section 316 (b) —National Pollutant Discharge Elimination System—Proposed Regulations for Cooling Water Intake Structures at Phase I Existing Facilities, EPA ICR no.2006.01, at 27 (July 19, 2002).

[60] Robert N.Stavins, Letter to Proposed Rule Comment Clerk—W-oo-32, Re: Comments on the Proposed Rule RIN 2040-AD62 Clean Water Act Section 316 (b) —National Pollutant Discharge Elimination System—Proposed Regulations for Cooling Water Intake Structures at Phase I Existing Facilities, EPA ICR no.2006.01, at 27 (July 19, 2002).

[61] Robert N.Stavins, Letter to Water Docket ID No.OW-2002-0049, Re: Comments on Proposed Rule RIN 2040-AD62; Notice of Data Availability Clean Water Act Section 316 (b) --National Pollutant Discharge Elimination System——Proposed Regulations to Establish Requirements for Cooling Water Intake Structures at Phase II Existing Facilities, at 16 n.36 (Apr.21, 2003).

政治渠道直接表达他们对环境目标的偏好,又有什么问题呢?[62] 可以肯定的是,环境货币价值将在事后由实现所采取的环境政策所需的资源水平暗示出来——这种价值甚至可以通过随后使用社会显示偏好方法进行定量估计——但这种价值将不会推动最初的政策选择。相反,货币价值只具政策选择的辅助效应,而政策选择的前提是社会价值,并通过民主决策过程进行明确讨论和调和。

从这个角度看,成本效益分析引发的最关键问题不在于更精细估值模式的细节,而在于初始阶段决策关于什么是适当、什么是不适当的判断,是通过显性偏好成本效益实践进行工具主义交易的主题。对于福利经济学家而言,这种区别的更强有力的例子可能是强大的私有财产权和合同自由的古典自由主义原则:这些法律的内容是否应该通过成本效益分析来确定?如果是这样,由于正在考虑的法律正是引起市场结构和交换活动以进行显示偏好分析的法律,那么如何计算成本和收益的相关估值呢?像财产权和合同自由等基本自由保护一样,环境法律和政策的许多主要目标也具有类似基本特征,因此不能在成本效益分析的语言中适当地提出,相反,必须通过关于立宪民主的更为熟悉的论辩和程序,这一点在下一章再次讨论。

斯塔文斯强烈反对 HRC 和社会显性偏好方法,似乎是因为怀疑这些话语和程序。毕竟,如果他愿意承认团体行为也可以揭示有意义的利益信息,[63] 那么他为什么不赞成以政治团体为主体的更大团体的审议?相反,也不清楚为什么应该将个人支付意愿视为福利评估的黄金标准。斯塔文斯似乎暗示着,社会显示偏好方法尤其不可靠,因为无法保证个人"实际(自愿)产生成本,从而避免(或容忍)所涉及的环境破坏"[64]。但是,

---

[62] See Mark Sagoff, The Economy of the Earth: Philosophy, Law, and the Environment 7-14 (1988).

[63] See Stavins, Robert N. Stavins, Letter to Water Docket ID No. OW-2002-0049, Re: Comments on Proposed Rule RIN 2040-AD62; Notice of Data Availability Clean Water Act Section 316 (b) ——National Pollutant Discharge Elimination System——Proposed Regulations to Establish Requirements for Cooling Water Intake Structures at Phase II Existing Facilities, at 3 (Apr. 21, 2003) [争辩说,"一种商品或服务的成本不能用来替代其各自的收益,除非观察到个人(或群体)自愿购买该商品或服务的情况。"].

[64] Robert N. Stavins, Letter to Proposed Rule Comment Clerk—W-oo-32, Re: Comments on the Proposed Rule RIN 2040-AD62 Clean Water Act Section 316 (b) —National Pollutant Discharge Elimination System—Proposed Regulations for Cooling Water Intake Structures at Phase I Existing Facilities, EPA ICR no.2006.01, at 25 (July 19, 2002).

成本效益分析是一种假定私人市场活动［个人“实际（自愿）产生成本”］未能使福利最大化的分析。确实，布什政府对强制行政命令成本效益分析的修订，旨在根据这一进路识别市场失灵，从而成为采取行政行动的先决条件。(65) 根据假设，传统支付意愿评估活动必须在被认为价值指标特别可靠的语境之外应用。奇怪的是，这一点并未得到重视。例如，在其评论中，斯塔文斯对“利益转移分析”实践投入了大量的批判性关注，在这种实践中，从一项经济研究中得出的价值被转移用于某种程度相似但又截然不同的用途。斯塔文斯应该注意的是，在管制环境中，每一项有意愿支付的研究，在规范情况下使用时，从定义上讲都是一项利益转移活动，从而导致严重的概念和实践困难。

对于某些观察家来说，坚持将环境决策强加到原子化的私人市场决策中，这是完全错误的。在这些观察家中，也许最著名的是诺贝尔奖获得者阿马蒂亚·森。他写道：“我像购买私人物品一样对待环境损害预防，这一想法本身就是荒谬的……我准备为拯救自然而付出的代价完全独立于他人为自然付出的代价，这也令人惊讶，因为拯救自然是社会特别关注的问题。”(66) 在第二阶段规则制定评论中，斯塔文斯认为，森的这句话仅反映了一个共识：在诸如环境保护一类的公共产品中，人们可以期望个人搭便车，从而在他们对公共物品的真实需求与他们对提供此类物品的观察到的（不受管制）贡献之间产生缝隙。但实际上，森提出了一个更加强烈的主张，即社会特别关注就需要特定的社会思考、评估和决策方法。正如他在另一种情况下所指出的，“我们有很多理由进行保护工作，但并非所有理由都对自己的生活水平产生寄生效应，而其中某些理由恰恰取决于我们的价值观和托管责任感”。(67)

由于他相信价值多元化是当代自由社会所固有的，森强调必须保证个人的环境决策的“参与自由”。因此，这位著名的经济学家和政治理论家并没有投向传统的显性偏好方法论，甚至没有投向HRC和社会显性偏好等所谓激进的经济方法论，而是投向萨格夫等人所倡导的那种民主论坛、

(65) See Executive Order No.13.422, 72 Fed.Reg.2763, 2763-2765 (Jan.18, 2007); Final Bulletin for Agency Good Guidance Practices, 72 Fed.Reg.3432 (Jan.25, 2007).

(66) Amartya Sen, The Discipline of Cost-Benefit Analysis, 29J.Legal Stud.931, 949 (2000).

(67) Amartya Sen, Why We Should Preserve the Spotted Owl, London Rev.Books, Feb.5, 2004, available at http://www.lrb.co.uk/v26/no3/sen_01_html.

制度和程序。"公民身份和社会参与的相关性,不仅仅是工具性的。它们是我们有理由维护的东西的组成部分。我们必须将基本的(工具主义)可持续性概念与更广泛的人类观结合起来——将他们视为自由的重要主体,而不仅仅是与他们生活水平相称的病人。"[68] 同样,法律和政策不应仅仅被视为服务人类"病人"的工具,它们应被视为文化价值和意义的宝库,这些价值和意义既来自人类"主体",也有助于形成人类"主体",甚至包括由政治社群形成的集体机构。

减少这种复杂性的诱惑是巨大的。例如,最高法院的多数意见决定,第316(b)条的最佳可得技术标准可以理解为允许环保署进行成本效益分析,因为该机构长期以来一直拒绝那些成本与环境收益"完全不相称"的技术。[69] 然而,这种对成本的有限考虑不应解读为将最佳可得技术标准延伸等同于成本效益分析。基于技术的标准仍然有着与成本效益分析截然不同的表达内涵,其内涵与第七章中提出的道德要求更有共鸣。国会认定环境健康或安全目标足够重要,只有社会集体"最佳"努力才能满足,这导致立法愿望与监管成就之间不可避免、令人惋惜的落差。相应地,那些在最佳可得技术标准下无法预防的危害,就会成为道德上的遗留问题,意味着集体需要在未来寻求"更好"的方法,进一步保护生命和降低环境影响。在成本效益分析下,那些未能避免的危害只是代表了"正确""有效"或"最优"的危害程度。事实上,正因为成本效益分析的目的是要考虑所有相关后果,所以它必须将风险管制的道德剩余舍弃为零,不留下任何痕迹来表明社会需要继续保持警惕。例如,在环保署的第二阶段规则制定中,每年有数十亿条鱼被该机构的经济分析所忽视,就好像它们的损失毫无意义,因为它们的价值问题已经被放弃了。

*

第二阶段规则制定的最后一个教训是关于学术理论在法律和政治中的作用。像许多福利经济学家一样,斯塔文斯宣称自己在一个方法论体系中

---

[68] Amartya Sen, Why We Should Preserve the Spotted Owl, London Rev. Books, Feb. 5, 2004, available at http://www.lrb.co.uk/v26/no3/sen_01_html.

[69] Se, e.g., Riverkeeper II, 475 F.3d at 105, 113 n.25.

操作，在这个体系中，所谓的"规范"问题可以与所谓的"实证"问题分离。例如，在评估环保署最初提出的要求采用闭合循环冷却技术的提案时，斯塔文斯确信环保署的分析建立在"有缺陷的推理、混乱的概念和根本无效的研究方法之上"[70]。他相信，只要该机构运用适当的福利经济技术，就会意识到"拟议规则中确立的目标存在巨大的低效率"[71]。对于阿克曼更多生态信息的评论，斯塔文斯同样相信他的经济学同事犯了不可原谅的错误，"把实施成本合适分析的客观问题与决策中使用成本合适分析的规范性问题混为一谈"[72]。斯塔文斯确实慷慨地允诺："有人基于哲学或伦理而反对使用收益成本分析，这肯定不应该使其失去对拟议规则发表评论的资格。"[73] 然而，他坚持认为，这种"哲学"或"伦理"讨论必须与"关于正确衡量收益和成本的问题"分开，[74] 而且"规范维度和实证维度不应夹杂和混淆"。[75]

---

[70] Robert N.Stavins, Letter to Proposed Rule Comment Clerk—W-oo-32, Re: Comments on the Proposed Rule RIN 2040-AD62 Clean Water Act Section 316 (b) —National Pollutant Discharge Elimination System—Proposed Regulations for Cooling Water Intake Structures at Phase I Existing Facilities, EPA ICR no.2006.01, at 42 (July 19, 2002).

[71] Robert N.Stavins, Letter to Proposed Rule Comment Clerk—W-oo-32, Re: Comments on the Proposed Rule RIN 2040-AD62 Clean Water Act Section 316 (b) —National Pollutant Discharge Elimination System—Proposed Regulations for Cooling Water Intake Structures at Phase I Existing Facilities, EPA ICR no.2006.01, at 37 (July 19, 2002).

[72] Robert N.Stavins, Letter to Water Docket ID No.OW-2002-0049, Re: Comments on Proposed Rule RIN 2040-AD62; Notice of Data Availability Clean Water Act Section 316 (b) ——National Pollutant Discharge Elimination System——Proposed Regulations to Establish Requirements for Cooling Water Intake Structures at Phase II Existing Facilities, at 3 (Apr.21, 2003).

[73] Robert N.Stavins, Letter to Water Docket ID No.OW-2002-0049, Re: Comments on Proposed Rule RIN 2040-AD62; Notice of Data Availability Clean Water Act Section 316 (b) ——National Pollutant Discharge Elimination System——Proposed Regulations to Establish Requirements for Cooling Water Intake Structures at Phase II Existing Facilities, at 4 (Apr.21, 2003).

[74] Robert N.Stavins, Letter to Water Docket ID No.OW-2002-0049, Re: Comments on Proposed Rule RIN 2040-AD62; Notice of Data Availability Clean Water Act Section 316 (b) ——National Pollutant Discharge Elimination System——Proposed Regulations to Establish Requirements for Cooling Water Intake Structures at Phase II Existing Facilities, at 4 (Apr.21, 2003).

[75] Robert N.Stavins, Letter to Water Docket ID No.OW-2002-0049, Re: Comments on Proposed Rule RIN 2040-AD62; Notice of Data Availability Clean Water Act Section 316 (b) ——National Pollutant Discharge Elimination System——Proposed Regulations to Establish Requirements for Cooling Water Intake Structures at Phase II Existing Facilities, at 4 n.6 (Apr.21, 2003).

然而，斯塔文斯没有意识到，在构建福利分析的所谓规范和实证之间的既定区别时，有许多不可避免的道德和政治判断。此外，他也没有意识到，这些判断直接关系到许多环境法律和政策。因此，即使斯塔文斯准确地代表了福利经济学专业的主流，他也没有提供任何理由让环保署或经济学之外的世界接受该专业对其知识项目的自我理解。换句话说，只有福利经济学家才会认为，作为成本效益分析核心的基础性伦理和政治判断已经足够定型，可以将其括入（bracketed）"规范"分析这一独立且被普遍忽视的领域。事实上，在现代环境立法史上，包括《清洁水法》第 316（b）条，处理污染控制、资源管理和其他环境问题的福利经济方法多次被明确和全面地拒绝，因为其一个或多个基本假设遭到集体反对。

大学有其学科自律，当溢出这个范围时，经济学家坚持分离"实证"分析与"规范"分析，就等于努力将专业的首选价值观延伸到生活的其他领域。事实上，当我们观察到这个行业在处理自己所谓的既定区别是多么草率时，我们开始怀疑即使是热心的支持者是否还相信他们正在获得"正确的利益和成本衡量"。这一点在斯塔文斯对福利经济学的描述中表现得太明显了，他试图建立这门学科的科学诚信，并斥责那些像阿克曼一样，通过支持异端方法而使其受到怀疑的人：

在促进公共政策辩论的过程中，经济学界早已在"实证"经济学和"规范"经济学之间建立了明确的区别。前者处理的问题可以提供客观和经过严格证明的答案，而后者处理的问题不可避免地涉及由个人价值观所决定的观点。恰当地进行收益成本分析，完全属于实证经济学的范畴。扎根于广泛接受的经济理论严格确立的方法可以提供客观信息，说明一项法规是否具有经济效益，即所有从一项法规中受益的人愿意为这些利益支付的金额是否超过为确保没有人处境恶化而需要向受该法规影响的个人支付的总金额。[76]

---

[76] 福利经济学家的这种说法比比皆是。另一个令人难忘的例子来自威廉·诺德豪斯，他认为，使用自由放任的基线来量化气候变化政策的影响，是一种类似于自然科学的观察姿态："基线模型是试图从实证角度预测人口、产出、消费、储蓄、利率、温室气体排放、气候变化的水平和增长，以及如果不采取任何干预措施来影响温室气体排放，就会出现的气候损害。这种方法并不能说明现有条件下收入在空间或时间上分配的社会可取性，就像海洋生物学家在试图了解酸化对海洋生物的影响时，并未对海洋生物饮食习惯的公平性做出道德判断一样。" William D. Nordhaus, A Review of The Stern Review on the Economic of Climate Change, 45 J.Econ.Lit.686, 692 (2007).

在这段话中——在为实证经济学"客观"信任状辩护的背景下——斯塔文斯犯了"经济学中最严重的错误之一",即混淆了支付意愿和接受意愿的估值标准。这两种估值方法之间的选择会从根本上影响成本效益分析的结果,因为这种选择实质上抹去关于最初哪个参与者应被赋予合法权利的规范性判断。估值可能会有很大的不同,这取决于一个人是必须付费才能获得权利,还是可以要求足够的货币补偿,从而使其自愿放弃权利。[77]

福利经济学家希望避免这种公开的规范性问题,因此他们通常不作太多解释就采用支付意愿估值。当被追问时,他们通常会提出一个实际的论点,即支付意愿的估值比接受意愿的估值更"良性",因为前者受到实际或假设的预算约束,从而倾向于给出更一致(和更低)的价格。相比表达偏好(expressed-preference)和意愿调查评估(contingent valuation),显性偏好的传统优势也是以类似的实用理由来辩护。[78] 但这些选择也具有方便的规范性效果,迫使工人、消费者、鱼类和其他受威胁的实体利用他们现有的权利和资源,只能通过市场,而不是通过法律来要求更高水平的保护。因此,法律的变革潜力受到抑制,因为估值被束缚在现状上——恰恰是同样存在问题的现状导致对法律的需求。我们不应该把支付意愿估值的相对稳定性看作社会可以通过传统成本效益技术确定"最优"死亡水平的证据。相反,我们应该把那些持续矮化的支付意愿估值看作工人、消费者和鱼类应该直接通过法律获得更多权利的证据,以帮助缩小这两种估值之间的差距。

斯塔文斯深知支付意愿和接受意愿的估值框架之间的区别。正如他在

---

[77] Robert N.Stavins, Letter to Water Docket ID No.OW-2002-0049, Re: Comments on Proposed Rule RIN 2040-AD62; Notice of Data Availability Clean Water Act Section 316(b)——National Pollutant Discharge Elimination System——Proposed Regulations to Establish Requirements for Cooling Water Intake Structures at Phase II Existing Facilities, at 5(Apr.21, 2003).

[78] Robert N.Stavins, Letter to Proposed Rule Comment Clerk—W-oo-32, Re: Comments on the Proposed Rule RIN 2040-AD62 Clean Water Act Section 316(b)——National Pollutant Discharge Elimination System—Proposed Regulations for Cooling Water Intake Structures at Phase I Existing Facilities, EPA ICR no.2006.01, at 20(July 19, 2002)("经济学界有一种共识,即当有一种适当和可靠的显性偏好方法用于评估某一特定环境设施的价值时,就应使用这种方法,而不是诉诸意愿调查评估等意向偏好方法。").

其他地方所评论的那样,"从经济学的角度看,某种行动的收益相当于受影响人口对该行动或结果的总支付意愿……"[79] 因此,他在为福利经济学的学术严谨性进行辩护时,将这两种标准混为一谈是甚为奇怪的。也许他对自己明显失误的解释在于接受意愿估值术语具有超强修辞性。通常情况下,如果赢家获益的金额超过输家的损失,那么结果似乎更有说服力,衡量这个结果的标准不是输家愿意为避免损失付出多少,而是斯塔文斯所说的"需要付出多少……才能确保没有人变得更糟"。后一种描述似乎表明,输家的损失并不是因为他们已经是输家,没有足够的资源来支持他们的偏好,从而改变市场结果,而是因为他们自愿选择自我受苦而使社会变得更好。

通过不适当地援引接受意愿估值修辞,斯塔文斯为福利经济学争取到了该学科不应得到的规范性尊重。然而,由于忽视了法律的许多作用,这些作用超出了自我放弃的范围,而是延伸到社会福利功能,他也低估了对环境法律和政策采取更传统的预防进路的智慧。

---

[79] Robert N.Stavins, Letter to Proposed Rule Comment Clerk—W-oo-32, Re: Comments on the Proposed Rule RIN 2040-AD62 Clean Water Act Section 316(b)—National Pollutant Discharge Elimination System—Proposed Regulations for Cooling Water Intake Structures at Phase I Existing Facilities, EPA ICR no.2006.01, at 17(July 19, 2002).

第九章　环境立宪

《美国宪法》是世界上为数不多的没有明确处理环境保护问题的文本之一。① 与此恰恰相反，《美国宪法》包含了许多特征——包括国家立法权的有限列举、私人财产权的强力保护、州际商业规制的司法审查、对诉讼资格和其他可诉性要求的规定——这些特征可以说限制了美国满足当前和未来公民的环境需求的能力。② 虽然美国许多州宪法确实专门针对污染和资源保护问题做了规定，③ 但法院通常拒绝赋予这些条款自动执行的效力；相反，公民被拽回到同样的政治机构，而这些机构善于修正和现实主义的能力使其更有动力去实现首先在州宪法中规定的环保条款。④

鉴于这种情况，美国学者和活动家多年来一直主张，无论是通过对现有宪法条款的司法解释，还是通过正式的修正案，都需要在国家层面将环境保护宪法化。⑤ 他们认识到这一提议所面临的挑战：将宪法保护的范围扩大到包括后代或非人类生命形式——更不用说环境本身——需要对

---

① 在世界大多数国家的宪法中，通过各种表述健康和可持续环境的权利或政府保护环境的义务，赋予环境宪法上的重要性。根据蒂姆·海沃德（Tim Hayward）的说法，虽然确切的统计方法因论者而异，但"大约50个"国家的宪法中包含了环境权，"100多个国家的宪法中都有某种形式的环境条款"。Tim Hayward, Constitutional Environmental Rights 3-4 (2005).

② See Robert V.Percival, "Greening" the Constitution—Harmonizing Environmental and Constitutional Values, 32 Envtl.L.809 (2002).

③ See Barton H.Thompson Jr, Constitutionalizing the Environment: The History and Future of Montanas Environmental Provisions, 64 Mont.L.Rev.157, 158 (2003)（观察到超过1/3的美国州宪法，包括1959年以来的所有宪法，都涉及现代社会对污染和资源保护的关注）。

④ See Barton H.Thompson Jr., Environmental Policy and State Constitutions: The Potential Role of Substantive Guidance, 27 Rutgers L.J.863, 897 (1996)（指出"法院为避免环境决策而积极寻找法律理由，即使是在那些规定了强有力环境政策条款的州，法院也认为这些规定从表面上看对立法机关或直接对受监管社区施加任务或义务"）。

⑤ For a compilation of sources, see Douglas A. Kysar, The Consultants' Republic, 121 Harv.L.Rev.2041, 2060-2062 (2008).

自由秩序所强烈依赖的人类中心主义、个人主义和工具主义的观点进行重大调整。许多环境法学者要求立刻做这样的调整，因为他们认为启蒙伦理不仅阻碍了世界性、代际和物种间正义的最终实现，而且阻碍了迫在眉睫的环境问题的成功解决。因此，他们敦促学者们重拾知识分子的精神，这种精神曾经引领该领域倡导树木的法律地位、复兴和扩展古老的公共信任原则、代表子孙后代的监护义务以及其他诸如此类的大胆方案。⑥ 他们还主张减少环境决策对科学、经济学和手段—目的理性的严重依赖，因为他们认为，这种进路迫使环保主义者将其目标放在一个不可避免的低估可持续性的框架内。⑦ 相反，他们认为，应该在环保主义演变为技术导向的倡议运动之前，恢复曾经激励环保主义的浪漫甚至是自由主义的精神。

但是，另一些论者怀疑根据现有的法律秩序来创造后启蒙时代（post-enlightenment）环保主义的努力，转而主张环保主义者应该继续主张传统的自由派福利主义议程。⑧ 他们认为，环境保护主义的最终目标很可能是在社会的内在生成规则中传播，可持续理所当然地从宪法体系中浮现出来，而不总是依赖于政治选择和政治环境。然而，目前，对环境立宪持怀疑态度的人认为，旨在确保"某些基本的绝对的环境保护水平"的

---

⑥ 关于这些早期的学术，see, respectively, Christopher D. Stone, Should Trees Have Standing? —Toward Legal Rights for Natural Objects, 45 S. Cal. L. Rev. 450 (1972); Joseph L. Sax, The Public Trust Doctrine in Natural Resource Law: Effective Judicial Intervention, 68 Mich. L. Rev. 471 (1970); Edith Brown Weiss, In Fairness to Future Generations: International Law, Common Patrimony, and Intergenerational Equity (1989); Luis Kutner, The Control and Prevention of Transnational Pollution: A Case for World Habeas Ecologicus, 9 Law. Am. 257 (1977)。

⑦ Cf. David A. Westbrook, Liberal Environmental Jurisprudence, 27 U. C. Davis. L. Rev. 619, 711 (1994)（"迄今为止，当代自由主义意识形态试图将本质上具有宗教含义的自然概念挪作个人偏好，因而对政治的重要性非常有限，或挪作新科学认证的客观真理，因此与个人经验严重脱节。"）。

⑧ See Carol M. Rose, Environmental Law Grows Up (More or Less), and What Science Can Do to Help, 9 Lewis & Clark L. Rev. 273, 293 (2005)（建议继续仰仗科学，将之作为环境法的基础）; A. Dan Tarlock, Environmental Law: Ethics or Science? 7 Duke Envtl. L. & Pol'y Forum 193, 223 (1996)（得出环境法必须以科学为基础的结论）; Paul Wapner, Environmental Ethics and Global Governance: Engaging the International Liberal Tradition, 3 GLOBAL GOVERNANCE 213, 213 (1997)（建议重新拟定框架，以自由主义所承认的民族主义和个人主义术语来重新界定国际环境问题）。

目标反映了"政治理想与科学天真（scientific naivety）的结合"。⑨ 作为对这一主张的支持，他们指出，美国几部关键环境法已经宣称要规定绝对的保护标准，但美国缺乏必要的决心来执行法律的字面意义。在他们看来，现代福利经济方法对环境法的核心坚持——坚持权衡是不可避免的——注定了任何可靠和稳定地确定安全的最低标准、环境保护的绝对权利或其他类似宪法概念的努力都将失败。至少，他们相信，"在宪法中规定任何特定的环境政策似乎为时过早"，因为"关于何谓环境保护的社会适当水平和类型，仍然存在实质性的分歧"。⑩

或许这种尚未解决的分歧也解释了为什么那些在宪法中明文规定了环境条款的国家，其规定往往很模糊，而且执行力度很弱，就像美国各州宪法中的对应条款一样。当然，宪法中也有一些罕见的具体规定，如《不丹王国宪法》规定"至少60%的不丹土地应永远保持森林覆盖"⑪，恰如偶尔也有一些严肃的立法承诺，以逐步实现基于环境的人权，如南非的一项计划，具体表达了满足生存需要的水权。⑫ 然而，总的来说，即使在过去半个世纪里通过了社会和环境的进步宪法，环境法宪法化的努力在很大程度上仍然是象征性的工作。在超国家层面，情况相对来说比较黯淡：正如最近论者所得出的结论，"虽然似乎有一种日益增长的趋势，即有利于享有清洁和健康环境的人权——涉及社会、经济、健康和环境因素的平衡——但国际机构、民族和国家尚未阐明一个足够明确的法律检测或法律

---

⑨ Barton H. Thompson Jr, Constitutionalizing the Environment: The History and Future of Montanas Environmental Provisions, 64 Mont.L.Rev.157, 187（2003）.

⑩ Barton H. Thompson Jr, Constitutionalizing the Environment: The History and Future of Montanas Environmental Provisions, 64 Mont.L.Rev.157, 198（2003）; see also A.Dan Tarlock, Environmental Law, but Not Environmental Protection, in Natural Resources Policy and Law: Trends And Directions 162, 171（L.J.MacDonnell & S.F.Bates eds., 1993）（环境法未能发展出关于环境质量权利的实质理论。西方传统的人类尊严概念也没有留下保护非人类价值的空间）; A.Dan Tarlock, Is There a There There in Environmental Law? 19 J.Land Use & Envtl.L.213, 223（2004）（指出"关于现代环保主义的核心问题——人类对自然界的'正确'管理关系，还没有长久稳定的社会共识"）.

⑪ See The Constitution of the Kingdom of Bhutan art. 5（3）, available at http://www.constitution.bt/ TsaThrim%20Eng%20（A5）.pdf.

⑫ See Robyn Stein, Water Law in a Democratic South Africa: A Country Case Study Examining the Introduction of a Public Rights System, 83 Tex.L.Rev.2167（2005）.

框架，以确保这种权利得到一致的应用和执行"[13]。

最后一章试图在这种悲观背景下重构环境立宪问题。它勾勒出一种渐进、务实的环境立宪进路，但仍可能以现代环境法的早期和大胆支持者所期望的方式从根本上改变我们的理解。本章首先论证我们未能就社会应如何"权衡"经济和环境利益达成共识，在很大程度上是由确定权衡的框架本身造成的。由于权衡问题是以一种限制和预设我们对它的潜在反应的语言提出的，因此，这个问题从来没有以它应有的庄严、谦逊和可能性的意义来提出。正如我们将要论证的那样，由于需要在无法决定（undecidability）的条件下做出决定，才使环境法具有很强的规范吸引力。承认环境法在这个意义上的不可能——它的目标永远不会实现，我们的价值观永远不会得到最佳平衡——是使环境法成为可能的前提条件。因此，为了提高我们就环境保护的基本规范达成共识的机会，我们必须把环境保护的经济方法放回原位。我们决不能让它的教训掩盖更古老的智慧，如预防原则中所体现的智慧，这些智慧被错误地理解为成本效益分析的竞争者，而不是更简单、更本质的对集体责任的提醒。正如第二章所解释的那样，推动任何形式的环境立法都必须注意这些提醒，甚至包括福利经济学的优化逻辑。

然后，本章借鉴布鲁斯·阿克曼对宪法发展的扩张解释，论证实现环境立宪所需的许多愿景，在我们还没有最终遗忘之前，早已写进了现代环境法的框架。从福利经济学的角度来看，20世纪70年代环境法的特征被人诟病，但其实可以理解为改变福利经济学所要优化的潜在市场基质的努力。[14] 如今，这些努力似乎是"无效的"或在很大程度上被误导了，因为它们的目标被误解了：当我们用宪法不可改变的假设来评估为实现宪法重

---

[13] Barry E.Hil, Steve Wolfson & Nicholas Targ, Human Rights and the Environment: A Synopsis and Some Predictions, 16 Geo.Int'l Envtl.L.Rev.359, 361（2004）. 第二巡回上诉法院在一项裁决中表达了类似的观点，该裁决驳回了外国原告根据《外国人侵权索赔法》对一个据称造成污染的铜矿设施提出的索赔："作为一个实践问题，法院不可能以任何严格、系统或法律的方式来辨别或适用促进未定型、一般原则性的国际声明。" Flores v.Southern Peru Copper Corp., 343F.3d 140, 158（2d Cir.2002）.

[14] 艾米·辛登（Amy Sinden）同样认为，最好将20世纪70年代环境法的绝对主义理解为对环境法律和政策制定背景中普遍存在的政治失衡的矫正。See Amy Sinden, In Defense of Absolutes: Combating the Politics of Power in Environmental Law, 90 Iowa L.Rev.1405（2005）.

第九章 环境立宪

整而做出的努力时，我们混淆了一阶和二阶主题。将传统的环境法作为一个一阶主题——作为一个宪法上的诉求者——来记忆，就会扫除今天困扰该领域的许多混乱和分裂的基础。因此，本章不是呼吁召开新的立宪会议，也不是要求进行费力的正式修宪，而是要求我们简单地遵守我们已经拥有的法律，希望这些法律中所蕴含的民众宪法运动能够被重新唤醒。正如本书导言中所指出的，人们经常说"用理论打败理论"（It takes a theory to beat a theory），却忽略了一个关键的事实，那就是我们已经有了一个理论，而且还在发挥作用。同样，人们经常要求环保主义者为环境法律和政策提供一个全面的改革方案，但却忽略了一个事实，即现有的框架中包含着尚未实现的承诺。

然而，本书认识到，要想重振我们的环境立宪运动，可能需要一个强有力的冲击，因此，本书最后附加了一个立法提案，即《环境可能性法案》。《环境可能性法案》20世纪90年代以声名狼藉的"超级授权"（supermandate）提案为蓝本，该提案要求所有联邦环境法都得通过成本效益测试，[15] 而《环境可能性法案》规定任何联邦环境、健康和安全法律都不得被解释为允许用货币化的成本效益平衡来满足其要求。相反，根据该法案，这些法律的解释和执行必须始终明确承认生命损失是不可挽回的，并要求不断寻找使依赖我们的生命过得更好的方式。成本效益分析不会被该法案所禁止，而是被重新定位，以使其看似乐观的结果永远不会掩盖努力

---

[15] 辛登对这一超级任务的描述如下："作为共和党'与美国签约'（Contract with America）的一部分，1995年风险评估和成本效益法案……要求各机构对所有拟议的重大健康、安全和环境规则（年度成本在2500万美元或以上的规则）进行正式的成本效益分析，并禁止颁布任何最终规则，除非该机构'证明'其收益与成本相比是合理的。该法案明确指出，它的规定是为了'补充并在有冲突的情况下，取代'制定规则的决定标准，否则就适用根据该制定法颁布的法规。该法案在众议院以277票对141票通过后，参议院的相应法案只差两票就能克服'阻碍'（filibuster）。" Amy Sinden, In Defense of Absolutes: Combating the Politics of Power in Environmental Law, 90 Iowa L.Rev.1405, 1422 n.54 (2005). "filibuster"是一种政治程序，在这种程序中，议会的一名或多名成员对一项拟议的立法进行辩论，以拖延或完全阻止对该提案做出决定。它有时被称为"把法案说死"，是一种阻挠立法通过的形式。由于一次成功的"filibuster"活动往往需要极长的时间，许多演讲者在穷尽了原来的主题后就开始偏题，如通读不同州的法律、背诵演讲稿，甚至阅读烹饪书和电话簿。"filibuster"很难有一个准确的中文对译词，有人将之翻译为"冗长辩论"或"冗长演说"，也有人翻译为"拉布"，甚至有人形象地翻译为"费力把事拖"。——译注

保持环境开放可能性的重要性。福利经济学的核心重点是机会成本，它将可能性视为一种价值来度量，且只有当它已经被关闭时才会被评估，而不是作为未来冒险的前景，应不惜一切代价使之保持开放。[16] 关闭可能性确实标价了替代选择，但它永远不只如此。

*

与大多数美国州不同，在蒙大拿州，法院对环境保护的宪法权利做了广义的解释。正如巴兹·汤普森（Buzz Thompson）所说，蒙大拿州的规定在以下几个方面独一无二。它是美国唯一规定健康环境权"不可剥夺"（inalienable）的州条款；它明确将"后代"（future generations）纳入其保护范围；它规定了公民保护环境的积极义务；它规定了一套详细的标准，以保护和恢复"健康"（healthful）和"清洁"（clean）的环境。[17] 更令人惊讶的是，在具有里程碑意义的"蒙大拿环境信息中心（MEIC）诉环境质量部"一案[18]中，蒙大拿州最高法院赋予私人原告质疑环境质量恶化的诉讼资格，并适用严格审查标准，从而使宪法规定直接长出牙齿（immediate teeth）。[19] MEIC案的法庭在分析中指出，尽管蒙大拿州宪法受到了学术界的大量批评，但它还是体现了预防原则。如果对法院的承诺还有任何怀疑，随后的一项法庭意见表示，宪法规定可以用来质疑私人当事方的活动，从而为逐步重新评估蒙大拿州经济自由的意义和价值开辟了道路。[20]

这些判决的重要性还可以通过一个下级法院的案件来说明，该案涉及蒙大拿州森伯斯特（Sunburst）居民提出的索赔，他们的土地和地下水受到

---

[16] Cf.David Wood, The Step Back: Ethics And Politics After Deconstruction 185 (2005) （"每一个物种的消亡，都是失去了一次与未来的奇遇。随着这种差异性的丧失，我们也失去了生态的复杂性，从而也是自然界中原发关系的减少。"）.

[17] Barton H. Thompson Jr, Constitutionalizing the Environment: The History and Future of Montanas Environmental Provisions, 64 Mont.L.Rev.157, 166 (2003).

[18] 988 P.2d 1236 (1999).

[19] 988 P.2d 1249 (1999) （这些授权并不只是禁止环境退化，因为环境退化显然会导致健康危害或人身危险，我们的宪法并不是说，要等到死鱼漂浮在我们国家的河流和溪流之上，才可以援引其有远见的环境保护条款）.

[20] See Cape-France Enterprises v.Estate of Peed, 29 P.3d 1011 (2001).

德士古公司（Texaco）汽油精炼设备的污染。德士古公司注意到，早先的州级判例将损害赔偿金的上限设定为损害发生前财产的市场价值，因此，德士古公司辩称，应将原告的财产视为永久性损害，它不需对超过市场价值的恢复费用负责。这一辩护遭到法院拒绝，理由是当原告遭受污染时，"将原告的赔偿限制在财产价值缩水的范围之内，对纠正争议中的环境欺凌没有任何帮助"[21]。法院援引州宪法，认为："通过允许损害恢复的赔偿方式，将进一步推动蒙大拿州强有力的环境保护公共政策，因为损害恢复赔偿金将用于清除环境污染。"[22] 简言之，与福利经济模式不同，该模式没有区分预防和补偿，也没有区分造成的环境危害和失去的市场机会，蒙大拿州的宪法文化似乎正在向基础主义（foundationalist）环境保护体系发展。

一旦这种区别散布复杂的社会法律体系的规范秩序中，并受到其潜在的强化和放大效应的影响，人们很容易低估这种区别的力量，也很容易低估福利经济学的原则与这种环境立宪方案之间的巨大冲突。举例来说，请考虑一下 EPA 最近进行的成本效益评估，这是其长期延迟严格控制汞排放努力的一部分。[23] 由于汞减排的许多健康益处被随意分配给与汞规则同时发布的另一项法规（空气污染法规）——这两项法规最终都因超出《清洁空气法》对 EPA 的授权而遭到推翻[24]——分配给汞规则的主要健康益处仅包括避免新生儿汞暴露造成的精神损害。为了评估这一影响，环保

---

[21] Sunburst School District No.2 v.Texaco, Inc., 2004 WL 5314057（Mont.Dist）.

[22] Sunburst School District No.2 v.Texaco, Inc., 2004 WL 5314057（Mont.Dist）蒙大拿州最高法院以普通法为由维持了这一裁决，而没有指出在普通法救济不足时，环境宪法条款在多大程度上提供追偿的基础。然而，在关于普通法损害赔偿问题的推理部分，法院确实指出："鉴于具有巨大生态价值的地区可能只有很少的商业价值或没有商业价值，对损害恢复赔偿设置严格上限，将无法为环境损害提供足够的补救。" Sunburst School District No. 2 v. Texaco, Inc., 2004 WL 5314057（Mont.Dist）, at 1090.

[23] 在一系列重要贡献中，凯瑟琳·奥尼尔跟踪分析了 EPA 的汞规则制定工作，并特别注意到该机构在制定规则时于环境正义方面的错误做法。See Catherine A.O'Neill, The Mathematics of Mercury, in Alternative Approaches to Regulatory Impact Analysis: a Dialogue Between Advocates and Skeptics Cost – Benefit Analysis（Winston Harrington, Lisa Heinzerling & Richard Morgenstern eds., forthcoming）; Catherine A. O'Neill, Protecting the Tribal Harvest: The Right to Catch and Consume Fish, 22 J.Envtl.L.& Litigation 131（2007）; Catherine A.O'Neill, Mercury, Risk, and Justice, 34 Envtl.L.Rep.11, 070（2004）.

[24] See North Carolina v.EPA, 531 F.3d 896（D.C.Cir.2008）; New Jersey v.EPA, 517 F.3d 574（D.C.Cir.2008）.

署的规制分析人员估计了将因汞排放而损失的智商（IQ）点数。分析人员通过参考智商水平与收入潜力之间关系的经验研究，将损失转化为美元价值。然而，分析人员以综合考量为由，降低了避免智商损失的美元价值，理由在于智商水平较低的人通常会寻求较少的受教育年限（反过来，这又为社会"节省"了社会因学费支出和放弃的生产劳动年限而损失的资源）。[25] 因此，避免汞引起的精神损害的益处首先被降低为智力对工资影响的粗略衡量，然后进一步降低为与较高智商水平相比的折抵"成本"。

回到第七章基因工程的例子，假设社会面临的问题不是是否允许汞排放对未出生的儿童造成伤害，而是是否直接对新生儿智力降低进行工程设计，有些人可能因此引发关于无知是否真的幸福的哲学争论，[26] 但有人会严肃地主张，这个问题应该通过将孩子的收入潜力与避免的学费开支进行金钱比较来解决吗？要想知道为什么环保署的做法如此不妥，不妨考虑一下，如果高智商的机会成本最终大于收入提高潜力，会有什么后果。如果真的如成本效益最优者所言，"一切都取决于实际结果"，那么环保署强制增加汞排放很可能是最佳选择，因为根据环保署的福利核算，我们提高孩子的智商水平会显得效率不高。虽然这个例子纯属假设，但关键的分析点在于，在福利经济范式中没有方案可以避免这个结论。就像导致后代不再存在可以被视为福利最大化一样，也可以在故意降低儿童心智能力的情况下将社会视为"更好"。

在环境法的经济分析中，关于"避免受害行为"的作用，也出现了类似的混乱。[27] 偶尔，可以通过减少活动或回避潜在受害者来避免污染和其他对环境有影响活动的危害。例如，在汞排放规则的制定中，环境正义倡议者提出的一个关键问题是，美国五大湖原住民部落成员和其他自给自

---

[25] See Catherine A. O'Neill, Environmental Justice in the Tribal Context: A Madness to EPA's Method, 38 Envtl.L.495, 524 (2008).

[26] See, e. g., John Stuart Mill, Utilitarianism 10 (George Sher ed., Hackett Publishing 1979) (1861) ("做一个不满足的人胜过做一只满足的猪；做不满足的苏格拉底胜过做一个满足的傻瓜。").

[27] See generally Catherine A. O'Neill, No Mud Pies: Risk Avoidance as Risk Regulation, 31 Vt.L.Rev. 273 (2007); Catherine A. O'Neil, The Perils of Risk Avoidance, 20 Nat. Res. & Env't 9 (Winter 2006); Catherine A.O'Nell, Risk Avoidance, Cultural Discrimination, and Environmental Justice for Indigenous Peoples, 30 Ecology L.Q.1 (2003).

足的渔民食用受污染鱼的比例较高。毫不意外的是，暴露估计显示这些人面临的汞健康风险比环保署的一般人口模型所预测的要大得多。那么问题就来了：如果避免部落伤害比避免社会伤害在金钱上更便宜，那么是否应该让部落放弃他们的传统做法？从福利经济的角度来看，没有先验的理由去选择一种或另一种方案，因为一切都取决于去掉道德内容的成本和收益。事实上，罗纳德·科斯（Ronald Coase）的传奇文章《社会成本问题》的天才之处，恰恰在于颠覆了通过受害者和污染者的道德化术语来描述环境问题的传统方式。科斯坚持认为，只需看到那些欲以无法共存的方式使用资源的各方之间的互惠关系。[28]

美国环保署在对最终汞法规的"环境正义"分析中也没有增加太多的道德内容：环保署没有真正承认货币化的成本和收益不能贯彻决策的始终——而是要进行彻底调查，迫使美国原住渔民在健康和对其认同有重大影响的文化习俗之间做出选择，从道德和历史角度来讲，意味着什么——相反，环保署明显地松了一口气，报告说，它选择的排放限制并没有严格到部落将因该规则而获得不成比例的利益。[29] 在环保署规则通过的那个瞬间暴露了成本效益分析俘获意识形态的深度：只有一种过度扩展的福利经济推理形式——一种将无形的福利影响排除在这些影响所涉及的生命、社区和历史之外的推理形式——才会将美国原住民的不公平利益确定为汞问题上环境正义的主要关切。正如凯瑟琳·奥尼尔（Catherine O'Neill）观察到的那样，环保署的"方法重新定义了相关的基线：它忽略了当前环境利益和负担的不均衡，并抹去了殖民和同化原住民的长期历史。如果认真地进行这种调查，就会使通过改善不相称负担而在环境正义方面取得进展的努力失格"。[30]

下面这一例子说明，当被并入福利主义框架，正义诉求的表现有多糟。在反歧视法方面，我们曾试图迫使雇主不分种族和其他受保护的身份而进行雇用、晋升和解雇，并取得了一些成功。在没有这种法律保护的情

---

[28] See Ronald H.Coase, The Problem of Social Cost, 3 J.L & Econ.1 （1960）.

[29] See Standards for Performance for New and Existing Sources: Electric Utility Steam Generating Units, 70 Fed.Reg.28, 606, 28, 648 （May 8, 2005）（to be codified at 40 C.F.R.pts.6o, 72, 75）.

[30] Catherine A.O'Neill, Environmental Justice in the Tribal Context: A Madness to EPA's Method, 38 Envtl.L.495, 520 （2008）.

况下，弱势群体中的许多人历来都试图"掩盖"（cover）自己的身份，以便以主流群体成员的身份出现，并获得平等或至少是更好的待遇。[31] 今天，掩盖身份的行为最突出地延续到了性行为方面，而性行为尚未受到联邦反歧视法的保护。对于负责量化反歧视法的成本和收益的福利经济学家来说，个人为了获得公平的就业待遇而较少需要掩盖的事实，可能会被视为法律的一个可识别甚至是可量化的收益。至少可以说，掩盖是需要付出心理代价的。但如果福利分析者进一步表示，担心少数群体可能会因反歧视法而不成比例地"受益"——因为优势群体的成员可以节省的掩盖费用较少——那么分析者就会忽视立法行动的道德基础。如果分析者更进一步地提出，与反歧视法规相比，掩盖可能是获得平等就业待遇的一种成本较低的方式，那么——呼应伯纳德-威廉斯的说法——分析者"思虑过多"了。[32] 分析者将使反歧视法的内容取决于其后果，而不是让后果从法律的道德决定内容中流淌出来。

同样，福利经济学也没有工具来识别它何时已经超出其能力范围。作为这方面混乱程度的一个标志，一些成本效益分析的支持者试图否认福利主义根本就是一个规范框架。例如，他们说，他们"不是从道德标准的角度，而是从社会福利最大化的角度，分析风险公平"[33]，相同的立场导致环保署关切其汞规则可能使美国原住民部落得到不公平利益。同样，成本效益分析的支持者表示相信，在代际政策背景下，关于贴现的"道德辩论"可以通过"调查人们在这一领域的实际偏好"[34] 来解决。这种进路隐含着这样的偏好：当前活着的个体永远对所有资源拥有主权，为了当前的享受，甚至将未来个体的生命降到商品的地位。就像罗伯特·斯塔文斯在上一章评论的一样，这些分析者想向观察者保证，成本效益分析只包括确定和表征政策制定的福利后果这一积极任务。然而，任何实际界定结构、实施社会福利功能的努力，都需要进行异常困难的规范判断。在整个经济范式中设计的各种二分法——公正与福利、公平与效率、预防与最大

---

[31] See Kenji Yoshino, Covering: The Hidden Assault on Our Civil Rights (2006).

[32] Bernard Williams, Persons, Character, and Morality in Moral Luck: Philosophical Papers 18 (1981).

[33] W.Kip Viscusi, Risk Equity 29 J.Legal Stud.843-844 (2000).

[34] Cass R.Sunstein and Arden Rowell, On Discounting Regulatory Benefits: Risk Money, and Intergenerational Equity, 74 U.Chi.L.Rev.171, 178 (2007).

化、可持续与最优以及最终的主观性与理性——只有在分析者用包括前者的标准来定义后者之后才会出现。无论其学术化身变得多么严格，福利经济学都没有足够的知识堤坝来防止其实践蔓延到规范性领域。

*

这些局限性表明，不仅从福利主义的角度，而且从环境法制定者自我理解伦理的角度，都有必要重振环境法。[35] 按照一般的做法，规制成本效益分析通过任意规范权利和资源的分配现状，提供了一种全面和公平的假象；这样一来，环境法的范围就被限制在仅仅考虑社会法律系统的渐进变化，而这种变化在其他方面是不容置疑的。在福利经济意义上，优化就意味着对特定自由市场制度进行不断精细的修补，其未经审查的规则有助于形成一套约束优化产生的条件。法律的变革潜力就这样被遏制了：正如经济学在19世纪经历了一场边际主义革命一样，成本效益分析的倡导者也希望在21世纪让法律经历一场边际主义革命。然而，他们面临着一个无法克服的问题，即法律的主题不能以一种能使成本效益分析看起来足以满足我们需要的方式加以限定。法律不能像经济学那样自我否定：诚然，许多法律在本质上是边际或渐进的，除非于潜在的剧变时刻——基础性的秩序重构——潜藏在法律中的方式，否则法律就不再对其主题做出积极反应。事实上，它不再是法律，因为它不再代表一个整合政治共同体自我表达的承诺。法律的承诺就是拥有重塑法律的权力。

即使是哲学上最细微的成本效益分析的捍卫者也对这种可能性不屑一顾。例如，马修·阿德勒（Matthew Adler）和埃里克·波斯纳就避免了福利经济分析的最恶劣过激行为，但他们最终还是接近于认可其霸权倾向。他们明智地否认成本效益分析是一个具有"道德基石意义"的框架，而只把它看作一种"决策程序"，作为"总体福利的一个不精美但可用的替代物"提供启发式价值[36]。同样，他们也否认总体福利是道德的唯一基石。在他们看来，"道德当然包括整体福利，但它也可能包括诸如道德权利、

---

[35] Cf. Ronald Dworkin, Law's Empire 189 (1986)（争辩说，公民必须将自己理解为法律的制定者）.

[36] Matthew D. Adler & Eric A. Posner, New Foundations of Cost-Benefit Analysis 25 (2006).

福利的公平分配等因素，甚至包括完全脱离福利的道德考虑，如内在的环境价值”[37]。然而，尽管有这些令人钦佩的克制观点，他们仍然建议，福利计算结果即使不能完全支配法律和政策，也应该占据主导地位。这一建议最显著地表露在作者的断言中，即“整体福利是机构的基线目标”，[38]而任何相关的非福利主义考虑都“或多或少”已经被美国宪法所涵盖。[39]

如果在成本效益状态下，重要的道义论和其他非利己主义因素只能在《宪法》中找到，那么我们就无法充分理解我们已经拥有的诸多环境法。例如，我们不能理解《国家环境保护法》的首要命令，即我们不仅要考虑我们行动的合理性，而且要考虑这些行动所产生的后果，还要考虑决定这些后果的程序。我们不能理解《清洁空气法》中基于健康的任务，该法要求环保署和各州确保有足够的措施避免空气污染，而在这样做时不需考虑经济成本。[40] 我们不能理解《濒危物种法》《海洋哺乳动物保护法》(MMPA)、《荒野法》以及许多其他立法，将某些生命形式和自然资源从市场——以及延伸到福利主义——要求中隔离开来，要求不断地证明它们的价值，以避免被转化为另一种生产要素。我们无法理解《渔业保护与管理法》，该法明确规定，虽然渔业保护与管理措施可以“考虑渔业资源的利用效率……但这种措施不得以经济分配为唯一目的”[41]。我们也无法理解环境法的未来，因为正如本书通篇所论证的那样，我们越来越被迫审视我们政治共同体与环境法上的他者之间存在的关系。未来世代和非人类生命体，既容易受到环境损害的影响，又无法参与到在很大程度上决定其命运的政治共同体中去。它们也没有被纳入宪法权利的范畴，而阿德勒和波斯纳还认为宪法权利穷尽了相关道义。因此，按照他们的进路，这些他

㊲ Matthew D.Adler & Eric A.Posner, New Foundations of Cost-Benefit Analysis 53 (2006).

㊳ Matthew D.Adler & Eric A.Posner, New Foundations of Cost-Benefit Analysis 102 (2006).

㊴ Matthew D.Adler & Eric A.Posner, New Foundations of Cost-Benefit Analysis 157 (2006). 最近波斯纳进一步提出了一个惊人的主张，即尽管人权与康德思想传统之间存在着明显的长久关联，但国际人权法应该转向促进社会福利。See Eric A.Posner, Human Welfare, Not Human Rights (Univ.of Chicago Law Sch.John M.Olin Program in law & Econ., Working Paper No.394, 2d series, 2008), available at https://papers.ssrn.com/sol3/papers.cfm?abstract_id=1105209.

㊵ See Whitman v.American Trucking Associations, 531 U.S.457 (2001)（驳回工业界关于环保署根据《清洁空气法》制定空气质量标准时应考虑成本的主张）.

㊶ 16 U.S.C.A. § 1851 (a) (5) (2009).

者的改变将仅被接受为自然秩序的一部分,写进福利分析的公理中,而不是被视为对伦理参与的不断呼吁。

自由立宪必须做得比这更好。启蒙运动的人文主义、理性和经验主义的价值在福利主义中达到顶峰,它提供了这样的承诺:我们的社会契约可以被最终确定,一劳永逸地写进一个自我执行的福利最大化计划中,在这个计划中,所有的价值都存在于个体之中,他们的偏好——虽然是主权选择的——仍然可以通过科学观察客观地被发现。为了使福利经济学能够安全地发挥它所倡导的作用,必须首先改革它所依据的宪法框架,以更好地反映生态学和自然科学的教训,并更好地适应关于边缘化或不可企及利益拥有者地位的持续伦理对话的需要。环境法的承诺是,今世后代、全球社会和其他生命形式的某些需求和利益可以被赋予基础的法律重要性,从而使经济学家所观察到的成本和收益反映出政治社会追求环境可持续的先验决心。而管制成本效益分析的支持者则试图将可持续和代际正义强加到一种预先设计的成本和收益表的语言中,这种语言只是从不可持续和任意特权的现状中"读"出来。只有当市场首先受到生态可持续的基本约束时,其随后的运作——表面上"自然的"成本和收益表——才会具有福利经济学家目前赋予它们的那种经验和规范地位。[42]

对资源使用的宪法限制——例如,要求可再生资源只能按其替代率使用,不可再生资源只能按可再生替代品的发展速度开发[43]——将需要许多

---

[42] Cf. Holly Doremus, Constitutive Law and Environmental Policy, 22 Stan. Envtl. L. 295 (2003) (倡导环保主义的"宪法进路",要求明确阐发和辩论环境法的目标。).

[43] See Herman E.Daly, Beyond Growth 82 (1996). 正如巴兹·汤普森所说,《阿拉斯加州宪法》要求将"可持续产量原则"作为所有可再生公共资源的管理标准,但法院并没有在实践上强力支持这一规定。See Barton H.Thompson Jr., Environmental Policy and State Constitutions: The Potential Role of Substantive Guidance, 27 Rutgers L.J.863, 901-902 (1996). 值得注意的是,汤普森也指出,可持续性是一个远不如通常所描述那样精确的概念。"例如,在不同的存量水平上,资源都可以是'可持续的'。因此,可持续发展标准使人们对宪法是否打算维持某一特定资源的高、中、低水平产生疑问。还可以讨论可持续发展是否只要求保持一定的产量,还是更合理地要求保持质量。即使是'可再生资源'概念,也可以根据所涉时间框架进行不同解释。实际上,只要时间足够长,包括石油在内的所有资源都是可再生的。" Barton H. Thompson Jr., Environmental Policy and State Constitutions: The Potential Role of Substantive Guidance, 27 Rutgers L.J.863, 901-902 (1996). 汤普森从这一讨论中得出结论,法院很可能会遵从立法对宪法上可持续义务内容的确定。然而,考虑到正当程序、平等保护、州际商业和其他一系列标志性宪法概念同样无定论,因而仅凭模糊性似乎无法推出这一结论。

基础主义的秩序重构,减少福利经济学在环境法和政策背景中的误导。这种限制并不是激进的或与自由立宪传统不一致。相反,它们在很大程度上可以服务于人类中心和福利主义目的,即确保生态可持续的发展道路,这种发展道路不再依赖于乐观的假设,即始终为后代提供"足够多和同样好的"资源,即使确实出现了特定的稀缺性,所有资源都是可以替代的,或者社会必然"成长"到"偏好"环境保护方式。从这个角度来理解,可持续约束所带来的看似戏剧性的改变,实际上并不构成对人文主义、理性和经验主义等启蒙传统的破坏。相反,它只是反映了不同于科学的前分析取向(即更多的预防)和道德与政治关注视野的扩大(即包括未来个体)。

可持续约束的另一种概念化——拒绝将约束视为服务于特定权利个体,甚至是未来个体的需求——将对启蒙传统构成更直接的挑战。从这个角度看,可持续约束将被视为对公共和私人权力的绝对限制:它们所施加的限制将涉及对维持生命资源的开发,而这些资源是为所有生命而托管的。[44] 如前所述,环境法的许多主题并不是以通行的自由主义方式进行政治表述的。相反,它们是通过科学和伦理学的结合而被瞥见,从而使这两种知识体系承受了巨大压力。事实上,环保主义常常显得不科学和不自由,因而它的科学和伦理探究的真正主题并没有得到持怀疑态度的观察者所认可。[45] 鉴于这种困境,评论者经常争辩说,环境法的终极目标——那些超越人类中心主义保护环境的目标——很可能会失败,因为它们"没有利用宪法的哲学、宗教和法理基础,而所有这些基础都植根于增强人类尊严"。[46]

下这一结论还为时过早。就像被用来稳定国际秩序的领土和主权概念

---

[44] Cf. Joseph L Sax, The Unfinished Agenda of Environmental Law, 14 Hastings W. Nw. J. Envtl.L.& Pol'y 1 (2008) ("我们应该清醒地认识到,虽然我们认为几乎所有至关重要的其他利益都已成为法律权利主体或可执行的法律权利,但我们生物多样性遗产在很大程度上还处于法学理论的既定框架之外。").

[45] John O'Neill, Representing People, Representing Nature, Representing the World, 19 Env't & Planning C: Gov't & Pol'y 483, 497 (2001) ("鉴于必然缺乏授权、问责和在场,代表非人类和未来世代发言依赖于认识论的诉求及关怀。").

[46] A.Dan Tarlock, Environmental Law, but Not Environmental Protection, in Natural Resources Policy and Law: Trends And Directions 162, 224 (L.J.MacDonnell & S.F.Bates eds., 1993).

一样，被用来组织宪法框架的人类尊严概念也受到环境法的质疑。尽管承认这一点可能会让人感到不舒服，但我们还不知道我们的知识堤坝是否能够维持，如果不能维持，它们又会向哪个方向妥协？例如，一旦基因工程技术将社会与自然、人与物、自主性与全能性这些并列范畴暴露出来，我们将如何理解它们？对于那些将自我的诞生不是来自超凡神灵或世代相传的世俗契约，而是来自生命科学公司的主体来说，自由和选择的概念是否还有熟悉的意义？当我们面对我们所选择的生活方式正在以地质学——实际上是圣经——尺度影响环境时，理性和经验主义是否还能提供自由主义的中立公共词汇？当人们认为自由主义活动将整个星球束缚在一个共同甚至可能是惨淡的气候命运中时，对自由主义甚为重要的公共领域和私人领域之间的界限还能成立吗？

即使在更为大胆的理论表述中，环境法试图将他者纳入在内的做法也不应视为对自由主义传统的破坏，而应视为对自由主义传统的加强。在一个跨越空间、时间和物种界限的理想话语共同体中，环境法上的他者本身是存在的，而不仅仅是被代表。他们的面孔将是可见的，他们的需求也是明确无误的。目前还没有这样的理想情境，我们必须追求扩大环境影响评估和自然资源规划的实践方法，以便开始一个承认的过程。

如果宪法要求我们评估我们的生物清单和自然资源，监测我们的活动对我们领土边界以外的生命形式的有害影响，想象我们未来的人口及其环境状况，并深思熟虑地考虑我们驯化和工程化的生命形式及其生存质量，那么未来的利益拥有者可能会得到更好的承认，并最终被邀请作为政治社群的成员。仅仅断言"国家缺乏面孔"[47]，就因此认为我们无法用道德情感来处理国际关系，这样的论据是不够的。相反，我们必须努力给国家以面孔，就像我们必须寻求更好地认识和尊重非人类生命形式一样。[48] 同样，如果如布鲁斯·阿克曼所描述，宪法是几代人之间的对话，[49] 那么我们必须寻求更好地倾听后代人的跨时空表达。

---

[47] Cass R.Sunstein, Worst-Case Scenarios 65（2007）.

[48] Cf.Paul Slovic, "If I look at the mass I will never act": Psychic numbing and genocide, 2 Judgment & Decision Making 79（2007）（说明在心理学研究中，当通过统计信息和增加受益人数来引导分析思维时，向人道主义事业捐款的积极情感和意愿都会下降。）.

[49] Bruce Ackerman, The Living Constitution（2006 Oliver Wendell Holmes Lectures）, 120 Harv.L.Rev.1737, 793（2007）.

这种对环境立宪的理解——部分是结构性的努力，部分是承认的手段——与环境立宪讨论中更关注个人人权相比，更为可取。目前，法院和评论者都认为环境立宪是一种不稳定的努力，因为他们认为环境宪法与宪法的既定特征并不具有相同的地位。例如，正如汤普森所指出，美国各州法院往往对环境宪法条款避而不谈，因为与言论自由和正当程序等权利不同，法院认为环境条款并不是"有效代议制民主的基石"[50]。然而，从适当的角度来看，环境条款也可以是有效政府的先决条件。它们将反映出这样一个事实，即任何自由主义政治共同体都不应该认为自己已经完满，相反，该共同体应该始终质疑其和谐的自我秩序愿景是否可以变得更加包容。可以肯定的是，即使对获得承认的一代同胞来说，确定一个公平的社会合作框架的适当轮廓，也是一个巨大的挑战。然而，任何全面的政治理论——以及任何实际存在的政治共同体——都必须寻求建立一个与其他共同体成员合作的公平框架，包括将他们完全接纳为平等主体的可能性。[51]

由于环境法对相互关系的不懈关切，它可以在这个事业中发挥巨大作用：环境法恰当地提出了困扰自由主义视野的依赖性和成员资格问题。在自由主义传统中，环境法上的他者常常被简单视为处于正义条件之外；结果，即使在自由主义理论的强力表达中，我们也只能看到对其需求微薄的实质性规定，更不用说体现在生活经验中了。同样，这些实体在经济成本效益分析中也没有表达出自己的支付意愿，而总是必须由已经以某种方式获得成本效益共同体地位的生命来表达。正如本书通篇所论证，这些排他性往往建立在历史偶然性和实践让步上，而不是建立在有说服力的道德推理上。就像早期福利经济学家认为贴现是一种令人遗憾的便利一样，那些认为社会经济的正义条件在国家之间并不一致的人，往往羞于承认世界主义的选择具有明显的规范吸引力。在这两种情况下，理论家们对一个既不能最终解决也不能在伦理上商谈的问题，提出一种伦理上最终妥协的回应。我们至今或永远无法确定全球正义的实质内容，正如我们无法预测后代的需求和偏好，也无法充分描述物种灭绝的可怕之处。但是，我们也不

---

[50] Barton H. Thompson Jr., Environmental Policy and State Constitutions: The Potential Role of Substantive Guidance, 27 Rutgers L.J.863, 898 (1996).

[51] See Bruce A. Ackerman, Social Justice in the Liberal State 93-95 (1980).

能无视这些呼吁。

因此，自由立宪不应寻求承认和成员资格问题的最终答案。相反，它应该寻求加强集体自我意识，即需要面对这些问题，并始终对这些问题的即时答案不满意。当个人结合在一起形成一个政治共同体时，他们创造的不仅仅是一套使个人利益最大化的机构和程序。他们还创造了一个集体主体，它与其他集体主体之间持有一种必然的关系。[52] 这些集体之间的正义要求，不能简单地根据一种全球福利演算来确定，不能简化为一种承认算法，也不能排除在正义理论之外。正如个人既不能把代理权升华为一个后果主义—功利主义的程序，也不能把代理权升华为一套不可侵犯的道义格言，而与总是必须在日常语境中不完美地决定一样，集体主体也必须总是承担不可回避却又无法满足的责任。因此，自由立宪应始终把自己看作一项正在进行的工作，渐进地朝着一个无法实现却不可否认的普遍承认和尊重的目标努力。

塞缪尔·贝克特（Samuel Beckett）经常被引用的一段话，尤其是最后的两个词，捕捉到了这种必要的不安："努力过，失败过。没关系，再努力。再努力，再失败，失败得更好。"[53] 贝克特"失败得更好"的告诫有力地提醒我们，知识和权力的局限并不能抹杀奋斗的责任。事实上，它们是代理和责任诞生空间的一部分。正如雅克·德里达（Jacques Derrida）所言（这句话值得我们不断参考）："一个决定只有在一个超越可计算程序的空间里才能产生，而这个程序将摧毁所有的责任……没有这种试验和这种不可决定（undecidability）的通道，就不会有道德或政治责任。我们被告知，政策并不是由一个负责任的主体判断出来的，而是'受制于特定领域的真实结果'。"[54] 没有任何空气可以进入这个封闭的通道。尽管我们试图栖居在福利经济学的可计算程序中，但在不可决定条件下做出决定的必要性仍然存在，而事实上也是环境法的意义所在。不可决定既解释了福利经济学试图将制定环境法简化为客观主义技术的缺陷，也

---

[52] Cf. Jürgen habermas, Between Naturalism and Religion 273（Ciaran Cronin trans., 2008）（描述了卢梭传统，"主权对内的一面是一个国家社会成员政治自由的社群主义理解，对外的一面则是与其他国家相抗衡的一个国家自由的集体主义理解"。）.

[53] Samuel Beckett, Worstward Ho 7（1983）.

[54] Jacques Derrida, Afterword: Toward An Ethic of Discussion, in Limited Inc, 116（Samuel Weber & Jeffrey Mehlman trans., Gerald Graff ed., 1988）.

解释了预防原则隐含的智慧，即我们是一个政治共同体，其判断必须包括一个飞跃——也是不可编程的飞跃，它促使我们承诺以谨慎和荣誉的方式执行我们的判断。毕竟，它们是我们的判断。

*

如果本章到此结束，就不会有渐进和务实的音调。无论环境立宪的理据有多大的理论力量，还必须注意这种转变发生的世界背景。鲁尔（J. B.Ruhl）对美国宪法环境修正案的前景表示怀疑，他冷峻地提醒人们，在美国短暂的历史上，已经有超过一万个宪法修正案被提出，但只有一小部分通过了宪法第五条令人生畏的修正程序。[55] 为了评估环境修正案成功的可能性，鲁尔首先根据功能目标在双轴矩阵上绘制宪法条款。鲁尔根据宪法条款的实际指向来绘制功能轴："（1）改变政府的运作规则；（2）禁止特定的政府行为；（3）创造或确定权利；（4）表达理想目标。"他按条款所规范的关系绘制了目标轴："（1）政府内部和政府之间的关系；（2）政府与公民之间的关系；（3）公民之间的关系。"[56] 正如鲁尔所言，在他的目标轴上，一个条款的目标越远，它似乎越不可能渗透到宪法文化中，至少从过去的经验来看是如此。最值得注意的是，那些提供雄心勃勃的目标或针对公民之间关系的条款显然不成功。他的结论是，享有清洁和健康环境的个人权利在这一宪法矩阵中的得分很低，原因在于，在社会就何谓环境保护的适当水平达成共识之前，其实质内容必然显得雄心勃勃，而作为一个实践问题，其必须规范纯属私人之间的关系。

然而，正如本章所述，可以重新界定环境立宪，以避免人们认为它与自由立宪传统如此不兼容。从本质上讲，环境立宪旨在对自由主义思想进行两项改进，而这两项改进都不必视为激进或断裂。首先，它旨在用有限性和不可替代性的保守假设代替这一期望，即"足够多且好的资源之存在证明，不去管制私有化和财产权的行使是合理的"。这种生态假设不必

---

[55] J. B. Ruhl, The Metrics of Constitutional Amendments: And Why Proposed Environmental Quality Amendments Don't Measure Up, 74 Notre Dame L.Rev.245, 253 (1999).

[56] J. B. Ruhl, The Metrics of Constitutional Amendments: And Why Proposed Environmental Quality Amendments Don't Measure Up, 74 Notre Dame L.Rev.245, 253 (1999).

被认为是反市场或具有强迫价值：正如赫尔曼·戴利（Herman Daly）所强调，通过可交易许可计划来对可再生和不可再生资源的使用施加可持续限制，包括大气和其他自然汇（natural sinks）的污染吸收能力，其方式是继续促进分配效率和分散的私人决策。[57] 在一系列改进的约束条件下，自然发生优化。其次，环境立宪旨在迫使自由主义对其成员决策更加自觉。从历史来看，超越人类中心主义是环保主义提出的最引人注目的关于成员资格的挑战；实际上，正是这种生态中心主义特征使许多观察者对该运动引起宪法变化的能力表示怀疑。但是，环保主义对空间、时间和生物相互联系的不懈关注，只是提出了自由主义已经面临、不再能回避的成员资格问题。环境立宪不会迫使我们放弃所珍视的人类尊严观念，而只是迫使我们放弃我们已经尽可能广泛地画出了尊严圈的自满。简言之，环境立宪制不是将个人权利模糊或空洞地扩展到平权领域，而是适当地置于更牢固的宪制结构和代表性方面。

也不应将环境立宪理解为取决于烦琐的宪法修正程序或司法解释的英雄行为。正如布鲁斯·阿克曼通过一系列令人信服的著作所论证的那样，必须想象宪制生活在书面文本的四角和最高法院的四壁之外。[58] 在某些情况下，基础性的法律变革通过更多样化和更分散的媒介发生，包括通过党派运动、媒体政治、戏剧性的共同社会经验、高度象征性的总统选举以及诸如《社会保障法》或《民权法》等里程碑法规的通过。尽管很难将其建模为因果系统，但在某些情况下，这些更广泛的宪法决定因素可以集合起来，使宪法变革的提议、接纳和巩固成为可能，就像司法解释和正式修正案等更为传统的机制一样有力。确实，正如阿克曼所言，即使传统上主导我们宪法的正式法院意见和书面修正案，也可以在这个更大的制度和文化背景下得到更好的理解。例如，20世纪下半叶这个国家出现的对平等保护和国家责任的修正解释，其全部含义，肯定不能在最高法院以州际商

---

[57] See Herman E.Daly, Beyond Growth 82 (1996).

[58] See generally Bruce Ackerman, We the People: Foundations (1991); Bruce Ackerman, We the People: Transformations (1998); Bruce Ackerman, The Living Constitution (2006 Oliver Wendell Holmes Lectures), 120 Harv.L.Rev.1737, 793 (2007). 阿克曼并不是唯一鼓励学者关注发生宪法变革的多样化机制的人。对于众多机制的有益概述，see Heather K.Gerken, The Hydraulics of Constitutional Reform: A Skeptical Response to Our Undemocratic Constitution, 55 Drake L.Rev.925 (2007)。

业为由对《民权法》合宪性的软弱接受中找到。[59]

  我们是否可以从这个角度理解 20 世纪 70 年代的联邦环境法规？毕竟，环保运动的许多诉讼、媒体和宣传策略都是以民权运动为蓝本；在文化中广泛接受环境目标和价值观的同时，人们对种族和平等的态度也发生了类似的进步变化；环境立法在国会中得到了两党不同寻常的共同支持；理查德·尼克松建立了环保署，并普遍接受环境政策，这似乎印证了环保运动的基本正当性，就像他拒绝反对《民权法》有助于昭示二次重建最终在宪法上取得成功一样。[60] 也像联邦民权立法一样，许多具有里程碑意义的联邦环境法，从表面上看，似乎都比"一切照旧"（business-as-usual）立法更具戏剧性。[61] 例如，除非人们已经意识到随后的司法紧缩，否则，《国家环境保护法》只能被解读为一种刻意的努力，以彻底改变各机构和法院实施法律的方法——如果有什么的话，那就是一种对超级法律地位的雄心。事实上，虽然今天很少有人注意到，但该法律中的一项规定很容易被解读为赋予环境保护宪法权利。[62] 从扩展的宪制角度来看，同样雄心勃勃的还有《濒危物种法》，该法案不仅禁止政府助长物种损失，而且同样禁止私人行为者；《清洁水法》明确禁止优质水域的退化，而不管这样做的机会成本如何；《清洁空气法》将影响深远的监管权力赋予一个联邦机构，只是在环保署开始考虑如何遵循马萨诸塞州诉美国环保署案（Massachusetts v. EPA）判决实施温室气体排放控制方案之后，其全部范

---

  [59] Bruce Ackerman, The Living Constitution (2006 Oliver Wendell Holmes Lectures), 120 Harv. L. Rev. 1737, 1781-1782 (2007).

  [60] 部分由于这个原因，学者们经常将 20 世纪 70 年代联邦环境法作为公民共和时刻的一个例子，"终于迎来这一天，在权力政治的喧嚣中短暂地听到公善（public good）难以捉摸的声音"。Amy Sinden, In Defense of Absolutes: Combating the Politics of Power in Environmental Law, 90 Iowa L. Rev. 1405, 1447 (2005) (citing Jerry L. Mashaw, Greed, Chaos, and Governance: Using Public Choice to Improve Public Law 33 (1997); see also Daniel A. Farber, Politics and Procedure in Environmental Law, 8 J. L. Econ. & Org. 59, 65-67 (1992); Steven Kelman, "Public Choice" and Public Spirit, 87 Public Interest 80, 91 (1987); but see Christopher H. Schroeder, Rational Choice versus Republican Moment—Explanations for Environmental Laws, 1969-1973, 9 Duke Envtl. L. & Port'y Forum 29 (1998) (认为理性选择/利益集团理论可以解释现代联邦环境法的兴起).

  [61] See 42. U.S.C.A. § 4331 (c) (2009) ("国会承认，每个人都应享有健康环境，每个人都有责任为保护和改善环境做出贡献").

  [62] 42. U.S.C.A. § 4331 (c) (2009), at 1783-1784.

围才变得明显。[63]

当然，正如阿克曼所告诫："大多数法规和行政命令根本不是从我们伟大的人民主权行为所特有的持续审议中产生。"[64] 因此，大多数法律和规章在我们扩大的宪法理解中并不值得奉为圣典。然而，与种类繁多的法规和命令不同的是，联邦环境法的大部分制定工作都是在宪法意义上进行的，直到法院的一连串限制性解释和不断变化的政治环境导致其潜在的权力和意义被降等。20世纪70年代末的石油冲击和经济危机使环保主义成为一种更加两极化和不确定的国家价值观，这无助于解决问题。如果美国仍然普遍致力于环境法规中的改革主义愿景，那么人们怀疑环保署和法院是否还会像现在这样狭隘地解释这些法规。同样，如果这些法规得到充分的贯彻和执行，那么对我们今天来说，它们就不会显得如此理想化和天真，因为我们用来评估它们的技术、知识和价值观会完全不同。这些法规也不会轻易被成本效益分析评估为低效或不合理，因为我们不能忽视它们改变产生成本效益评估的基本系统的雄心，而并非简单地对这些评估做出回应。环境法将不会在边缘运作或评估。相反，它将存在于我们的宪制对话之内。

本书认识到，巩固这一环境立宪努力所需的文化、政治和法律势头已经减弱，因此，本书最后提出一个简单但有希望起到催化作用的立法建议：《环境可能性法案》。该法案旨在唤起民众对环境的重新关注。在近30年的时间里，科学的扭曲和误导性的经济分析掩盖了人为温室气体排放的严重性，现在，气候变化问题引起了广泛的关注，甚至在一般不赞成环境政策的群体中也是如此。然而，解决气候变化问题的主流政策框架既没有正视气候变化问题的综合性，也没有考虑我们可能采取的一系列富有想象力的动态应对措施。该框架将静态和局部效率分析应用于一个明确的动态和范围广泛的问题。事实上，如果不是因为过去三十年来政府管理预算局、保守派智囊团和学术评论家成功地推动了成本效益分析，人们会怀

---

[63] See Environmental Protection Agency, "Advance Notice of Proposed Rulemaking: Regulating Greenhouse Gas Emissions under the Clean Air Act", EPA-HQ-OAR-2008-0318, July 11, 2008, available at http://www.epa.gov/climatechange/anpr.html.

[64] Bruce Ackerman, The Living Constitution (2006 Oliver Wendell Holmes Lectures), 120 Harv.L.Rev.1737, 1805 (2007).

疑我们是如何认定福利经济框架适合应对气候变化问题的。事实上，气候变化是成本效益分析局限性的一个典型例证。

因此，《环境可能性法案》的一个中心目标是重新定位政府与成本效益分析的关系，使气候变化等环境问题不需要在概念束缚下解决。该法案旨在将被遗忘的环境法预防进路的智慧制度化，包括最重要的谦逊和自我反省的美德，这些都是其核心所在。从更广泛的意义来看，该法案旨在为我们曾经的环境立宪议程提供一个民众再动员的焦点，相信我们曾经开展的变革仍然是我们需要的变革。

*

环境法最关切生命和支持生命的条件。然而，尽管环境法与浪漫主义和超验主义传统有着深刻的联系，尽管其现代初始是一个变革甚至准宪法的领域，但近年来环境法已转向一种技术性方向，即把生命作为一种工具资源来处理，以服务于整体福祉。环境法不是保护生命本身，而是将其重心降低到吉奥乔·阿甘本（Giorgio Agamben）所说的"裸命"（bare life），即从科学、工具主义和官僚主义等角度来理解生命。不仅是湿地、鲸鱼和油井，人类也被当作资源来管理。所有的生命和价值都成为研究和操纵的对象。从这个角度来看，"自然生命本身及其福祉似乎成了人类最后的历史任务"⑥。阿马蒂亚·森坚持将人类视为"攸关自由的主体"，而不是"不过是其生活水平的病人"，⑥⑥ 这种细致区分以及将追求自由的主体阶层扩大到即时、公认的人类个人群体之外的任何希望都消失了。

我们一再被告知，这种生命的工具化对我们自身的利益是必要的，并且由于我们代理机构的管理专长，我们将"过得更好"。但是，正如阿甘本所言，"一个不再能被承认为人类或动物的生命的福祉是否能让人感到充实"⑥⑦。举一个看似轻佻的例子，想想美国的消费者每年在家庭宠物上

---

⑥ Giorgio Agamben, The Open: Man and Animal 76-77 (Kevin Attell trans., 2004).
⑥⑥ Giorgio Agamben, The Open: Man and Animal 76-77 (Kevin Attell trans., 2004).
⑥⑦ Giorgio Agamben, The Open: Man and Animal 76-77 (Kevin Attell trans., 2004).

的花费比大多数国家的国内生产总值还要多。[68] 还可以考虑这样一个事实：美国制药公司已经成功地打开了这些宠物的行为矫正辅助工具的市场，其中包括百忧解和其他精神药物的配方，用于被主人认为精力过旺的猫和狗。[69] 这些迹象是否表明，作为对他者道德呼唤的回应，"人"与"猫"之间的偏见性区别正在消失？或者说，这些迹象表明，离完成所有生命的工具化更近了一步？如果是这样的话，对他们来说，会不会很充实？对我们来说呢？

正在开展的基因工程技术揭示出将生命视为赤裸裸生命的愚蠢和危险。正如第七章所论述，我们主流道德和政治传统缺乏足够的手段来指导这些技术的使用，因为这些技术所依赖的正是我们的设计和控制能力所质疑的那种绝对区别。当这些传统的基本工具相互对立的时候，我们将如何应对？我们对理性和经验主义的信心，通过科学和技术的展现，是否会使我们在生活工具化的道路上走得更远，或者我们对人类个体的承诺是否会在看到太多生命沦为病人时重新燃起？当我们不再求助于任何自然主义秩序的概念，而是必须直接衡量我们内心的伦理野心时，我们对道德和政治认可的考验将是什么？这些张力一直伴随着我们——从这个意义上说，我们从来就不是现代人[70]——但基因时代将以不可否认的清晰性将它们凸显出来。

清晰也将是预防的要点。本书一开始就认为，自现代环境法的黎明之初，预防原则和相关的规制方法就体现了各种智慧，而这些智慧在福利经济计划的主导下已经变得岌岌可危。最基本的智慧仍然隐含着这样的提醒：一个社会如何在地缘政治、跨时空和跨物种的条件下实施其因果能力，将决定其认同的一致性。可以理解的是，这种自觉的集体政治观念往往不被信任。例如，2007年，当全世界的注意力都集中在气候变化的挑战时，捷克共和国总统瓦茨拉夫·克劳斯（Václav Klaus）声称，"现在对自由、民主、市场经济和繁荣的最大威胁是雄心勃勃的环境主义，而不

---

[68] See Diane Brady & Christopher Palmeri, The Pet Economy, Business Week, Aug. 6, 2007, available at http://www.businessweek.com/magazine/content/07-32b4o45ooI.htm?chan=search.

[69] See James Vlahos, Pill-Popping Pets, N.Y.Times Magazine, July 13, 2008, available at http://www.nytimes.com/2008/07/13/magazine/13pets-t.html?pagewanted=all.

[70] Bruno Latour, We Have Never Been Modern (Catherine Porter trans., 1993) (1991).

是共产主义"[71]。然而，像克劳斯这样的论者所犯的错误是，认为政体必须在自由个人主义和集体主义的自我概念之间做出排他性选择。可能最需要自由个人主义框架来管理政体内部关系，在这种情况下，少数派和其他边缘化居民很容易被多数派的政治文化所忽视或滥用，而这种政治文化已经习惯于宣称"我们人民"这样的浓厚、拟人化的用语。但是，如果把这个框架向外延伸，把政体与缺失的利益相关者（如外国和未来世代）的关系也包括在内，那就是一个错误：同样的个人主义保护了一个社群的现有成员，使其不至于被当作他者而被摒弃或恶意对待，当它应用于那些还不是政治社群中自我存在的成员时，就会产生异化。因此，"我们人民"在构建与他者的关系时，必须承认更多的集体自我意识，否则我们将无法理解这些关系展开的历史尺度。

福利经济学倡导者或许赞同克劳斯的某些观点，他们为自己的框架辩护，理由是该框架有望减少自由裁量权、判断力以及强大集体机构的其他缺陷。他们希望消除这种机构，因为他们相信无处监管的视角———一种对参与政策制定的政治共同体身份没有特别意义的客观视角——最能避免压迫性、家长式、腐败或其他误导性的政府行动。无论经济框架在实现这些目标方面取得了怎样的成功，但它却把我们带向毫无意义的方向，使我们忽视了我们自身和面临的挑战，因为它承诺环境法的规范性可以仅通过福利后果的经验评估来确定。预防原则"抵制客观欲望的贪婪"[72]，因而它不能被批评者匆忙否定。正如本书通篇所论证的，预防原则与长期以来广为传诵的格言——"首先，不要伤害"——是一脉相承的，正如这句格言作用是提醒医生意识到自己的特殊角色和因果能力，预防原则的作用是提醒政治社群，自己是历史中的一个独特行为者。这种要求的语言不是字面上的行动纲领，而是更古老的提醒，提醒人们不能舍弃的责任、不能系统化的伦理。与科学主义或理性主义的严谨相比，正义前沿的问题更多的是要求谦卑、努力和毫不懈怠的自觉。它们需要敬畏身处历史之中的纯粹力量，敬畏自己能够通过在一个本来就有联系的世界中把思想与行动联系起来而影响历史，而这个世界以我们无法预见且往往是我们不愿意看到的

---

[71] Vaclav Klaus, What Is at Risk Is Not the Climate but Freedom, Financial Times, June 14, 2007, at 9.

[72] Thomas Nagel, Mortal Questions 211 (1979).

方式做出反应。如果把这种敬畏发挥到极致,就会使我们像耆那教信徒一样,小心翼翼地踱步在金雀花后面,以免我们做出的举动会给我们视野所及的生命造成死亡。但是,基本的智慧——本质的智慧——是造成死亡也必须始终保持庄严,并希望明天有更多的预防措施。

我们正面临着一场全球性的环境危机,但其根源在于认识论、伦理和政治:在认识论方面,自启蒙运动以来,我们对知识的制度化探索主要是以还原论和经验为导向,然而现在我们面临的挑战,只有通过综合和想象力的思考,才能感受到其全部的严重性,更不用说解决了;在伦理方面,我们目前人类行为的主导模式,痴迷于仅仅通过描述和预测来利益最大化,然而我们的模式及其表达已经开始内生地限制了我们对自身和相互关系的理解;在政治方面,也是自启蒙运动以来,我们所习惯的组织概念,主要是个人主义的,在形式上是孤立的,但我们现在需要的概念是顺利地接纳统计学上受害者、外国公民、后代、非人类生命形式以及其他似乎不存在的利益持有者。因此,全球环境危机在很大程度上是一场思想的危机。

解决我们的智识危机并确保环境的可持续,既需要谦虚地预测和控制,也需要勇气进行公共决策,将政治社群视为有其自身的主体、责任和历史的行为者。这样的愿景所带来的压迫风险是众所周知的,也是我们所担心的。但是,20世纪已经给我们够多的教训。现在和将来都必须防范在集体自我意识的治理机制中潜藏的贫困和压迫可能性,这仍然至关重要,但是,相反的梦想,即一个完全公正、高效和可持续的星球迟早会自发地从自由秩序中生长出来,其实是其自身的噩梦。它推动了丰饶谬论(cornucopian fallacies):通过不断扩大人类活动规模来抬高我们曾经历过的全球实验的风险,甚至否认通过更直接和勇敢的措施来解决我们环境困境的必要性。

我们着迷于理性和观察力,只追求明确的东西,忘了不可否认的东西。启蒙运动不可否认的承诺,即便无法实现,但就是如此:让每一个生命,让每一个死亡,都为自己说话。

附录　环境可能性法案

重申并加强1969年《国家环境政策法》所支持的原则；承认并接受预防原则的核心意义，即国家站在对今世和后代、对外国人和其他生物的责任关系上；并宣布国家承诺为环境和它所支持的生活提供开放的可能性。

由美利坚合众国参议院和众议院在国会中颁布：

第1款　简称。

本法可被称为"2009年环境可能性法"。

第2款　认定。

国会发现（认为）：

（a）国家的环境，健康和安全法律法规已改善了环境，并大大降低了人类健康风险；然而，在确保繁荣，包容和环境可持续的发展方式和水平上，国家和世界仍然面临严峻挑战。

（b）环境决策的技术日益复杂，阻碍了公众参与科学和经济评估中不可避免的差距、不确定性和模糊性，以及这种评估所涉及的道德和政治价值。

（c）特别是经济成本效益分析方法的使用，促进了对环境、健康和安全法的狭隘理解，这种理解利用特定的价值标准追求某些个人福祉的最大化，而不是做出更广泛的研究努力，不仅为当下活着的公民，而且为后代和外国人，为非人类生命形式，以及为环境本身，提供繁荣发展的可能性。

（d）虽然政策选择不可避免地涉及各种相互竞争的考虑因素之间的权衡，但以下情况并非不可避免：国家对解决权衡的方式感到沾沾自喜；可以接受而不是后悔所造成的生命损失或伤害；任何构成对不可避免的权衡的瞬间描述的机构，技术和过程本身都无法进行改革；或者，当社会旨在保护生命和环境时，成本效益分析方法只会更易招致失败，而不是实现最优化，对环境保护没有任何好处。

第三款　经济成本效益分析的原则。

（a）一般来说，每个联邦机构的负责人均应采用（b）小节中规定的原则，以确保其使用或进行的任何经济成本效益分析，包括任何联邦法律或行政命令所要求的任何分析，都能促进有效和透明的决策，而不至于过分拘泥于任何特定的、可能不具代表性的道德和政治价值观。

（b）原则—适用的原则如下：

（1）初步判断。在使用或进行经济成本效益分析之前，机构应首先确定正在实施的法规是否适合使用经济成本效益分析。相关因素应包括：国会在通过该法规时是否考虑并拒绝了经济成本效益分析；该法规是否要求采用与成本效益分析不同的政策方法，如基于健康的、基于技术的或基于可行性的标准；该法规是否表明国会有意改变引起常规成本效益评估的潜在市场结构，而不是由这些评估来确定法规的实施；对所要解决的问题的现有科学和经验理解是否足以合理地支持成本效益分析方法；以及该机构为政策分析确定成本和效益的尝试是否可能因政策本身的内生效应而受挫。

（2）福利标准。如果在进行经济成本效益分析时，机构选择使用支付意愿价值衡量标准来计算福利后果，则机构还应使用其他替代的价值衡量标准（例如意愿）的计算结果，如接受意愿（可能与支付意愿大相径庭）、公平加权福利函数或客观衡量标准，如联合国人类发展指数所依据的指标。除了提出这些替代计算方法外，机构还应对所使用的每项价值标准提供清晰和完整的概念性解释。

（3）代际效应。对于任何涉及重大代际效应的经济成本—效益分析，机构应避免将未来的成本和效益折现为基于纯时间偏好率或任何其他仅与时间性有关的因素的现值。如果机构选择通过私人资本成本或社会贴现率等方式对未来成本和收益进行贴现以反映机会成本，则机构应提出使用其他贴现因素的多种计算方法，并应清楚、完整地解释每个因素的概念基础。当子孙后代生命或健康的货币化价值被贴现为现值时，该机构应明确说明，并应提出非贴现计算。当涉及重要的自然资源或生态系统服务时，该机构应提出替代算法，其中假设这些资源或服务至少部分属于后代，并通过建立包括这种代际所有权约束的市场模型，以得出相关的成本和收益价值。

(4) 域外效应。对于任何涉及重大域外效应的经济成本效益分析，该机构应提出多种计算方法，使用替代方法来解决是否和如何评估这种域外效应的问题，包括对域外效应的评估与国内效应没有区别的替代方法。该机构应当对所使用的每一种替代方法提供清晰完整的概念性解释。

(5) 无法量化的效益。在任何经济成本效益分析中，如果非量化的环境、健康或安全效益相对于正在评估的整体后果而言可能是重要的，那么该机构应避免在其分析中分析量化的净成本效益使用结果。

第4款 决策标准。

(a) 总则：任何联邦机构不得颁布最终规则，除非该机构在发布规则的同时，在《联邦公报》上发表声明，证明该机构使用或进行的与规则有关的任何经济成本效益分析都符合第3款的原则。

(b) 更好的承诺。如果任何规则的主要目的是环境保护，健康和安全保护，则(a)项中的声明还应包括该机构的证明，即最终规则的颁布包含对促进环境、健康和安全保护的重大实质性或程序性要求，而无论通过何种方式计算成本和收益，都无法通过单独比较成本和收益来得出。

(c) 判定标准的效力。尽管联邦法律另有规定，但(a)和(b)款的判定标准应作为补充，并且在有冲突的情况下，应取代本规则适用的法规制定的判定标准。颁布该法规所依据的法规。

第5款 司法审查。

任何利害关系人都有权提起民事诉讼，以强制联邦机构遵守本法的要求。美国地区法院应具有审理此类诉讼的管辖权，而不考虑争议金额或当事人的国籍。如果一方成功地证明某机构不遵守本法的要求，法院应酌情通过禁令救济执行本法的规定，并应向投诉方支付律师费和其他诉讼费用。

在本节中，"利害关系人"是指任何自然人或任何希望被视为自然人的生物实体；如果对该生物实体的意愿有疑问，法院应指定一名公认的自然人作为诉讼监护人，并允许诉讼继续进行。

THE Environmental Possibilities CT AN ACT

  To reaffirm and strengthen the principles espousedin the National Environmental Policy Act of 1969; to acknowledge and embrace the central meaning of the precautionary principle, which is that the nation stands in relations of responsibility to present and future generations, to members of foreign nations, and to other living beings; and to declare a national commitment to hold open possibilities for the environment and for the lives that it supports.

Be it enacted by the Senate and House of Representatives of the United States of America in Congress assembled,

Section 1. Short Title.

This Act may be cited as the "Environmental Possibilities Act of 2009."

Section 2. Findings.

The Congress finds that:

(a) The nation's environmental, health, and safety laws and regulations have led to improvements in the environment and have significantly reduced human health risk; however, the nation and the world continue to face serious challenges in ensuring a mode and level of development that is prosperous, inclusive, and environmentally sustainable.

(b) The increasing technical sophistication of environmental policymaking has discouraged public engagement with the inevitable gaps, uncertainties, and ambiguities of scientific and economic assessment, as well as the moral and political values that are implicated by such assessment.

(c) The use of economic cost-benefit analysis in particular has promoted a narrow understanding of environmental, health, and safety law, one that pursues the maximization of well-being for certain individuals using certain criteria of value, rather than undertaking a broader effort to hold open possibilities for flourishing, not only for presently living citizens, but also for members of future generations and foreign nations, for non-human life forms, and for the environment itself.

(d) While it is inevitable that policy choices involve tradeoffs between competing considerations, the following are not inevitable: that the nation become complacent about the manner in which tradeoffs are resolved; that lives lost or harms caused be accepted rather than regretted; that the institutions, technologies, and processes which structure any momentary depiction of inevitable tradeoffs are themselves beyond reform;

or, when society aims to protect life and the environment, that there be no advantage in seeking to fail better, rather than to optimize.

Section 3.Principles for Economic Cost-benefit Analysis. (a) IN GENERAL— The head of each Federal agency shall apply the principles set forth in subsection (b) in order to ensure that any economic cost-benefit analysis it uses or conducts, including any analysis required under any Federal law or executive order, promotes effective and transparent decisionmaking, free of undue attachment to any particular, and possibly non-representative, set of moral and political values.

(b) Principles—The principles to be applied are as follows:

(1) Preliminary Judgment—Before using or conducting an economic cost-benefit analysis, the agency shall first ascertain whether the statute being implemented is appropriate for the use of economic cost-benefit analysis at all. Relevant factors shall include: whether the Congress considered and rejected economic cost-benefit analysis when adopting the statute; whether the statute requires policy approaches, such as health-based, technology-based, or feasibility-based standards, that are analytically distinct from cost-benefit analysis; whether the statute evinces a congressional intent to alter the underlying market structure that gives rise to conventional cost-benefit valuations, rather than to have the statute's implementation be determined by those valuations; whether existing scientific and empirical understandings of the problem to be addressed are adequate to plausibly support the cost-benefit methodology; and whether the agency's attempt to identify costs and benefits for policy analysis is likely to be frustrated by endogenous effects of the policy itself.

(2) Welfare Criteria—If, when engaging in an economic cost-benefit analysis, the agency chooses to calculate welfare consequences using willingness-to-pay measures of value, the agency shall also present calculations using alternatives measures of value, such as willingness-to-accept (when likely to diverge significantly from willingness-to-pay), equity-weighted welfare functions, or objective measures such as those underlying the United Nations Human Development Index.In addition to presenting such alternative calculations, the agency shall also provide a clear and complete concep-

tual explanation of each value criterion used.

(3) Intergenerational Effects—For any economic cost-benefit analysis in which significant intergenerational effects are at issue, the agency shall refrain from discounting future costs and benefits to a present value based on the pure rate of time preference or any other factor relating solely to temporality. If the agency chooses to discount future costs and benefits to reflect opportunity costs, such as through the private cost of capital or a social discount rate, the agency shall present multiple calculations using alternative discount factors and shall clearly and completely explain the conceptual basis for each factor. When the monetized value of future generations' lives or health is being discounted to a present value, the agency shall state so clearly and shall also present non-discounted calculations. When significant natural resources or ecosystem services are at issue, the agency shall present alternative calculations in which such resources or services are assumed to belong at least in part to future generations, and relevant cost and benefit values are derived by modeling markets that include such intergenerational ownership constraints.

(4) Extraterritorial Effects—For any economic cost-benefit analysis in which significant extraterritorial effects are at issue, the agency shall present multiple calculations using alternative approaches to the question of whether and how to value such extraterritorial effects, including an alternative in which extraterritorial effects are valued no differently from domestic effects. The agency shall provide a clear and complete conceptual explanation of each alternative approach used.

(5) Nonquantified Benefits—For any economic cost-benefit analysis in which nonquantified environmental, health, or safety benefits are likely to be significant in relation to the overall set of consequences being evaluated, the agency shall refrain from specifying a quantified net cost-benefit outcome in its analysis.

Section 4. Decision Criteria.

(A) In General—No Federal agency shall promulgate afinal rule unless the agency certifies, in a statement published in the Federal Register concurrently with the issuance of the rule, that any economic cost-benefit analyses used or conducted by the agency in connection with the rule are in compliance with the principles of Section 3.

(B) Commitment To Fail Better—In the case of any rule, the primary object of which is environmental, health, and safety protection, the statement referred to in subsection (a) shall also include the agency's certification that the final rule being promulgated contains significant substantive or procedural requirements in furtherance of environmental, health, and safety protection that have not been derived through comparison of incremental costs and benefits alone, irrespective of the method for calculating such costs and benefits.

(C) Effect of Decision Criteria—Notwithstanding any other provision of Federal law, the decision criteria of subsections (a) and (b) shall supplement and, to the extent there is a conflict, supersede the decision criteria for rulemaking otherwise applicable under the statute pursuant to which the rule is being promulgated.

Section 5. Judicial Review.

Any interested person shall have the right to commence a civil suit to enforce compliance by a Federal agency with the requirements of this Act. The United States district courts shall have jurisdiction to hear such action without regard to the amount in controversy or the citizenship of the parties. In the event that a party successfully demonstrates noncompliance by an agency with the requirements of this Act, the court shall enforce the provisions of this Act as appropriate through injunctive relief and shall award attorney fees and other costs of litigation to the complaining party.

An "interested person" for purposes of this Section means any natural person or any living entity desiring to be recognized as a natural person; in case of doubt regarding the desire of such living entity, the court shall appoint a recognized natural person as guardian ad litem and permit the suit to proceed.

译后记

本人曾将美国哈佛大学法学院理查德·拉撒路斯教授的《环境法的形成》一书译介给中国读者，那是一本关于美国环境法史的经典著作，美国耶鲁大学法学院道格拉斯·A. 凯萨教授出版于2010年的《无根的管制：环境法与客观性的追寻》，则是一本关于美国环境法哲学的经典著作。在该书中，他基于对美国政府应对气候变化的政策与法律裹足不前现状的深刻反思与犀利批判，坚定地主张回归美国环境法的伟大传统——"预防原则"。

感谢凯萨教授和耶鲁大学出版社慷慨授权我与汪再祥博士共同翻译此书。凯萨教授专门为中国读者撰写了中文版序言，这篇序言一如既往、旗帜鲜明地反对环境法的成本效益分析这种技术官僚主义方法，主张回归到由人与自然和谐共生关系所引发的环境伦理观，重申和捍卫了预防原则在环境政策和环境立法中的核心地位，强调义无反顾、不计条件地严格遵循希波克拉底誓言中的"不伤害原则"，善意对待其他国家、未来世代和其他生命形式的生态环境利益。细心的中国读者会有似曾相识之感，凯萨的环境法哲学与当下我国领导人倡导的人类命运共同体和地球生命共同体理念相当契合，有异曲同工之妙，可谓环境法治之路上远在异邦的志同道合者，其对现代环境法理性回归的哲理阐微，无疑是我国生态文明法治建设中可资借鉴的人类法治文明成果，我们理应虚心涵泳，含英咀华，消纳转化，为我所用。

正如多位美国法律学者和环境科普作家对本书的推介人评语，这是一本综合运用哲学、经济学、政治学、法学、伦理学、心理学等跨学科知识，引经据典、文笔华丽与富有创见的环境法著作，这些让人击节叹赏的英文学术著作的特色和法哲学的思辨性，却给译事平添了几分困扰。翻译过程中，就拿不准的用词、典故和谚语等，我们与凯萨教授进行了多次沟通和请益，承蒙他热情与耐心地答疑解惑。

再次感谢美国芝加哥大学法学博士、我国台湾地区"中研院"法律学研究所黄丞仪研究员，这本书与《环境法的形成》一样，均是他在我赴美访学期间力荐的最具学术价值的美国环境法著作。特别感谢武汉大学环境法研究所所长秦天宝教授为我们出版译著提供大力支持，本书为他主持的国家社科基金重大项目"整体系统观下生物多样性保护的法律规制研究"（19ZDA162）的翻译成果。衷心致谢本书的责任编辑梁剑琴女士，她费心联络谈妥版权事宜，提出了专业的修改意见，进行了精益求精的编辑校对。我带的研究生李业状和阳晨姿同学为本书的翻译做了些辅助性工作，在此一并致谢。

本书是我与海南大学法学院汪再祥教授秉持共同的学术兴趣，通力合作翻译而成的学术作品，我们的具体分工如下：庄汉（中文版序言、前言、导论、第一章至第五章）；汪再祥（第六章至第九章、附录）。

翻译过程中，面对凯萨教授宽广的交叉学科背景和哲学式思辨，囿于自身专业的局限和英文背景知识的匮乏，虽常常有"译学相长"之获，但也时时令译者抓耳挠腮、一筹莫展。故而，译文中的错漏不妥之处在所难免，还请方家批评指正。

庄汉
于珞珈山南麓
2021 年 10 月 28 日